AF309346

LA

« CONSTITUTION D'ATHÈNES »

ET

L'ŒUVRE D'ARISTOTE

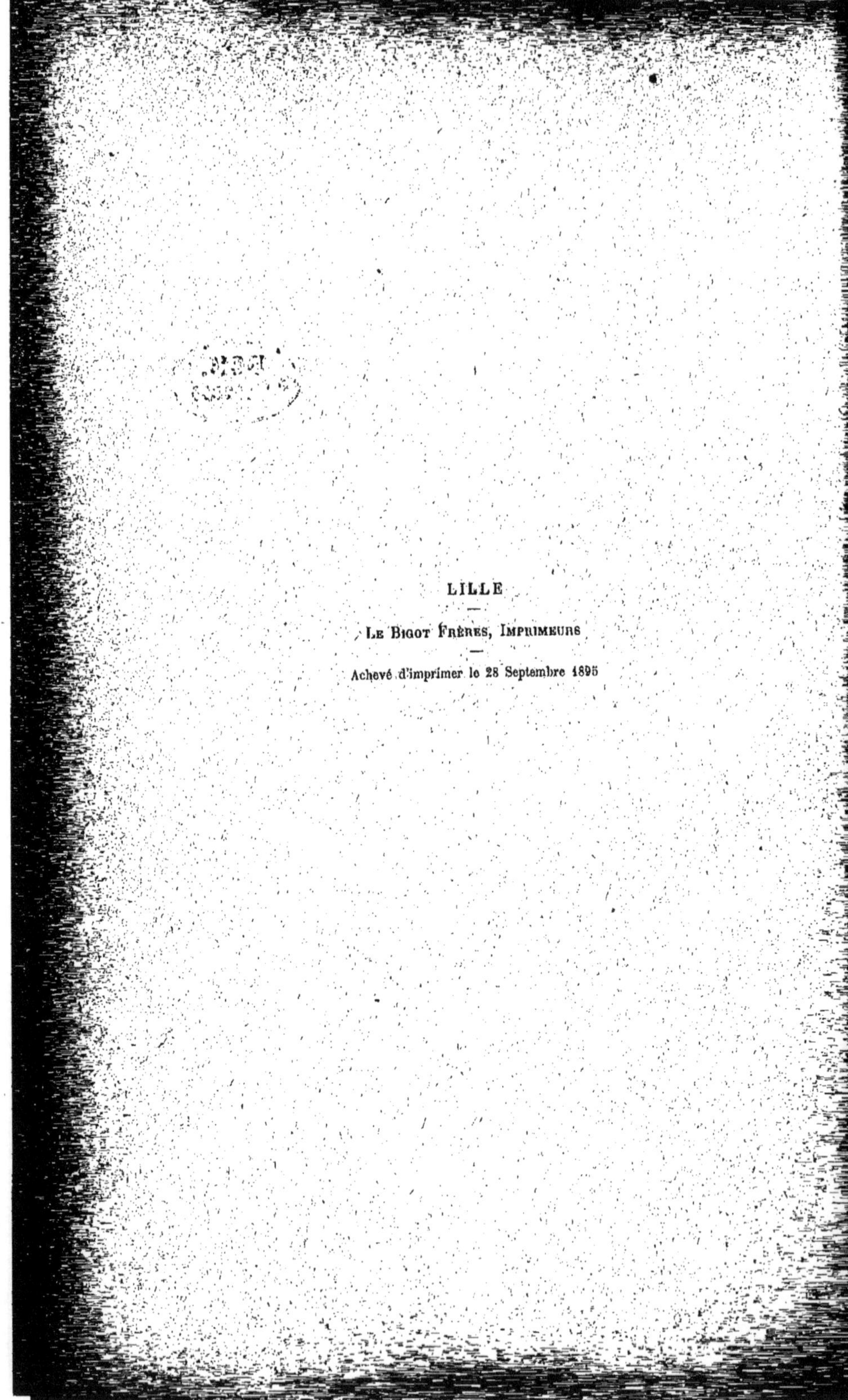

LILLE

—

Le Bigot Frères, Imprimeurs

—

Achevé d'imprimer le 28 Septembre 1895

LA
" CONSTITUTION D'ATHÈNES "

ET

L'ŒUVRE D'ARISTOTE

PAR

MÉDÉRIC DUFOUR

Ancien élève de l'École normale Supérieure et de l'École Pratique des Hautes Études
Chargé du cours de Littérature grecque à la Faculté des Lettres de Lille

PARIS

LIBRAIRIE HACHETTE ET Cie

79, BOULEVARD SAINT-GERMAIN, 79

1895

Droits de propriété et de traduction réservés

INTRODUCTION

I

La surprise fut grande et l'émotion profonde quand, au mois de janvier 1891, les journaux anglais annoncèrent au monde savant que la *Constitution d'Athènes*, attribuée à Aristote par le témoignage unanime de l'antiquité, avait été retrouvée à Londres sur un papyrus du *British Museum*.

Le silence était gardé sur la provenance du papyrus, et un véritable mystère diplomatique enveloppait les circonstances de la découverte. Aussi, en même temps que la curiosité, la défiance fut-elle éveillée.

Nous possédions déjà d'assez nombreux fragments de cet ouvrage, conservés dans les citations des historiens, des grammairiens et des lexicographes (1). Mais l'authenticité, contestée par certains critiques (2), n'en était rien moins que certaine ; et les textes étaient si courts qu'ils n'offraient aucun moyen de l'établir avec évidence. En 1885, d'autres morceaux avaient été déchiffrés sur un papyrus mutilé, acquis par la Bibliothèque de Berlin, et publiés par Blass (3). Bergk avait reconnu

(1) V. ROSE : *Aristotelis qui ferebantur librorum fragmenta* (Leipsig. Teubner. 1886).

(2) Voir, en particulier, V. ROSE : *Aristoteles pseudepigraphus* (Leipsig. Teubner. 1863). — E. HEITZ : *Die Verlorenen Schriften des Aristoteles* (Leipsig. Teubner. 1865).

(3) *Hermes* (XV, p. 366).

qu'ils appartenaient à Aristote (1); et c'est sous le nom du philosophe que les avait réédités Diels (2). Mais ces fragments n'avaient ni plus d'étendue ni plus d'importance que les parties déjà connues. Ils ne permettaient pas davantage à la critique de porter un jugement motivé sur l'œuvre historique d'Aristote. D'autre part, l'on n'y retrouvait point les qualités de style, louées par les érudits de l'antiquité en des termes que justifiait si peu, aux yeux des modernes, la lecture des ouvrages systématiques, tels que la *Rhétorique*, l'*Ethique à Nicomaque* ou la *Politique*.

Enfin, dès l'année 1891, l'édition *princeps* de la *Constitution d'Athènes* parut sous le nom de Kenyon (3). Elle fut bientôt suivie par la publication du *fac simile* (4), destinée à lever tous les doutes et à établir l'authenticité de la découverte. L'on put ainsi voir en quel mauvais état est le papyrus. Le texte est écrit sur quatre bandes de diverses longueurs. L'avant-dernière est mutilée, la dernière tout-à-fait fragmentaire. Dans toutes, des mots illisibles, des lacunes, des fautes grossières. Le commencement et la fin du traité manquent; plusieurs parties ne peuvent être reconstituées avec certitude.

Quatre mains ont copié l'ouvrage. L'écriture de la première (*col.* 1-12) est une demi-cursive, que de nombreuses abréviations rendent difficile à lire. La seconde main (*col.* 13 à milieu de 20) dessine une belle onciale, dans laquelle on relève de nombreuses fautes d'orthographe. La troisième (milieu de 20 à fin de 24) trace une demi-cursive mal formée, plus grande

(1) *Rheinisches Museum* (XXXVI, p. 87).
(2) *Abhandlungen* de l'Académie de Berlin (1885).
(3) ΑΘΗΝΑΙΩΝ ΠΟΛΙΤΕΙΑ, *Aristotle on the Constitution of Athen*, edited by F. G. Kenyon (London and Oxford. 1891)
(4) ΑΘΗΝΑΙΩΝ ΠΟΛΙΤΕΙΑ, *fac simile of papyrus* CXXXI *in the British Museum* (22 pl. in-folio. London and Oxford. 1891).

que celle de la première main. Enfin, la quatrième (*col.* 25 à
30) emploie généralement une demi-cursive, très semblable à
la première, mais plus belle. Ces indications suffisent à montrer
combien était ardue la tâche de l'éditeur et combien de recon-
naissance lui doivent les amis des lettres grecques. Désormais ils
peuvent lire, au moins dans leurs plus importantes parties, le
récit des révolutions constitutionnelles et l'exposé des institutions démocratiques d'Athènes. Le plan de l'ouvrage apparaît
dans toute l'unité de son ordonnance et dans toute la régu-
larité de sa composition. La forme en a été assez respectée par
le temps et les copistes pour que l'on y puisse retrouver toutes
les qualités de l'écrivain, apprécier non seulement la simplicité,
la concision et la clarté, mais aussi l'élégance et l'agrément
de son style. La science peut enfin contrôler, au moyen d'un
texte étendu et continu, les jugements des lettrés et des érudits
de l'antiquité.

La publication de Kenyon était, sans doute, fort imparfaite,
et il n'en pouvait être autrement; elle n'en donna pas moins
un nouvel essor aux études péripatéticiennes. Les éditions se
multiplièrent ; et, dans chacune, la lecture du papyrus était
plus exacte, et le texte établi avec plus de vraisemblance.
Nous les avons toutes consultées, et toutes nous ont été d'un
grand secours. En les citant, nous reconnaissons bien volontiers ce que nous devons aux auteurs, dont nous avons accepté
les interprétations toujours ingénieuses et souvent décisives.
Ce sont celles de G. Kaibel et von Wilamowitz-Moellendorf (1); de H. van Herwerden et J. van Leeuwen (2); de

____

(1) *Aristotelis* Πολιτεία Ἀθηναίων (Berlin. Weidmann. 1891).
(2) *De Re Publica Atheniensium Aristotelis qui fertur liber* Ἀθηναίων
Πολιτεία (Leyde. Sijthoff. 1891).

F. Blass (1); et aussi celles dans lesquelles Kenyon a mis à profit les travaux les plus récents de la critique (2). — Nous sera-t-il permis, à ce propos, d'exprimer un regret : pourquoi l'érudition française est-elle tant en retard, et pourquoi sommes-nous obligés de lire l'ouvrage d'Aristote dans un texte publié à Londres, à Leyde ou à Berlin ? —

Nous avons aussi consulté, à chaque instant, les deux traductions françaises, si exactes qu'elles équivalent à un commentaire, de M. Th. Reinach (3) et de M. B. Haussoulier (4). Après ces deux traductions a paru le beau livre de M. Dareste sur *la Science du droit en Grèce* (5), dans lequel l'auteur présente un résumé analytique de la *Constitution d'Athènes*. Cet ouvrage nous a été fort utile. L'auteur a réussi à reconstituer, avec une certitude presque complète, les chapitres dans lesquels Aristote traitait des tribunaux athéniens, et dont il ne reste plus, dans le papyrus, que d'informes lambeaux. Nous avons suivi de très près cette analyse ; et, si nous n'avons pas averti le lecteur de tous nos emprunts, c'est qu'il nous eût fallu ajouter une note à presque toutes les pages de cet essai.

Outre les éditions et les traductions, des articles de revue, des opuscules, de gros ouvrages étaient publiés, en France et à l'étranger ; et tel en est le nombre, qu'ils suffiraient déjà à remplir une bibliothèque, et qu'il est désormais impossible à qui étudie la *Constitution d'Athènes* de les lire et de les

(1) *Aristotelis* Πολιτεία Ἀθηναίων (Leipsig. Teubner. 1892).

(2) La troisième édition, publiée sous le même titre que les deux premières, à Londres et à Oxford, est datée de janvier 1892.

(3) *Aristote. La République athénienne.* (Paris. Hachette. 1891).

(4) *Aristote. Constitution d'Athènes. (Bibliothèque de l'École des Hautes Études,* 99ᵉ fasc. Paris. 1891).

(5) *La science du droit en Grèce. Platon, Aristote, Théophraste* (Paris. Larose et Forcel. 1893).

discuter tous. Nous ne mentionnerons ici que les articles ou les livres, dans lesquels nous avons puisé des renseignements, ou dont nous avons accepté ou combattu les conclusions.

Ce sont d'abord l'analyse de M. H. Weil (1), puis les deux articles de M. Th. Reinach (2), dans lesquels était débattue l'authenticité de certaines parties de la *Constitution d'Athènes*, et dont nous avons rapproché les dissertations de Headlam (3), de Busolt (4), et de Thalheim (5), dans lesquelles sont traitées les mêmes questions.

Nous avons lu aussi, avec un vif intérêt, les études de F. Cauer (6) et de J. Schwarcz (7), qui se prononcent contre l'authenticité de l'ouvrage ; de H. Diels (8) et de K. Niemeyer (9), qui l'attribuent à Aristote. La comparaison de la *Constitution d'Athènes* et de la *Politique*, qui fait l'objet du présent travail, avait déjà été tentée par P. Meyer (10). Nous devons beaucoup à l'auteur, qui nous a souvent guidé dans nos recherches, et qui avait, avant nous, tiré de ce rapprochement d'intéressantes conclusions. La plupart des textes de la *Politique*, qui peuvent être confrontés avec la *Constitution d'Athènes*, sont, d'ailleurs, indiqués dans les notes de la traduction française de M. B. Haussoulier, dont il a été parlé

(1) *Journal des Savants* (Avril 1891).

(2) *La Constitution de Dracon et la Constitution de l'an 411, d'après Aristote (Revue des Etudes grecques, 1891, p. 82). Aristote ou Critias ?* (id., 1891, p. 143).

(3) *The Constitution of Dracon (Classical Review.* Avril 1891).

(4) *Zur Gesetzgebung Drakons (Philologus.* L. p. 393).

(5) *Die drakontische Verfassung bei Aristoteles (Hermes,* XXIX, p. 458).

(6) *Hat Aristoteles die Schrift vom Staate der Athener geschrieben ?* (Stuttgart. 1891).

(7) *Aristoteles und die* 'Αθηναίων πολιτεία *auf dem Papyrus des British Museums* (Leipsig. 1891).

(8) *Zwei Funde (Archiv für Geschichte der Philosophie* (1891, p. 479, 482-6).

(9) *Zu Aristoteles* 'Αθηναίων πολιτεία *(Neue Jahrbuecher für Philologie und Paedagogik* (1891, p. 407-15).

(10) *Die Aristoteles Politik und die* 'Αθηναίων πολιτεία (Bonn. 1891).

plus haut. Il y a là, en effet, comme une première esquisse de la comparaison que nous nous sommes proposé d'établir entre les deux ouvrages.

Le vocabulaire et la syntaxe de la *Constitution d'Athènes* ont été caractérisés par J. B. Mayor (1), Newman (2), H. Richards (3) et Chinnock (4). Dans leurs articles sont réunis tous les éléments d'une étude complète sur le style d'Aristote. Aussi y avons-nous fait de nombreux emprunts.

Enfin l'on ne saurait plus écrire sur l' 'Αθηναίων πολιτεία sans recourir aux deux importants ouvrages de G. Kaibel (5) et de von Wilamowitz-Moellendorf (6). Le premier a défini, avec une grande précision, les qualités qui doivent être reconnues au style d'Aristote, et établi que les éloges des critiques anciens ne sont point exagérés; il a, et c'est la partie la plus solide et la plus décisive de son étude, démontré que les termes politiques avaient, à de très légères différences près, la même acception dans l'exposé historique et le traité théorique; enfin il a prouvé que l'écrivain s'était moins préoccupé du rythme et du nombre oratoires que ne l'avait prétendu Fr. Blass, dans la *Préface* de son édition. En un mot, il a ramené à une juste mesure et, pour ainsi dire, remis au point les jugements excessifs et contradictoires, portés par les critiques sur le style de la *Constitution d'Athènes*.

Ce n'est pas à la forme de l'ouvrage, mais au fond, que

(1) *Un-Aristotelian words and phrases contained in the* 'Αθηναίων πολιτεία (*Classical Review*, 1891, p. 122).

(2) *Aristotle on the Constitution of Athen* (*Classical Review*, 1891, p. 155).

(3) *Rare words in Aristotle's Constitution of Athen* (*Classical Review*, 1891, p. 184 et 272).

(4) *Rare words in Aristotle's Constitution of Athen* (*Classical Review*, 1891, p. 229).

(5) *Stil und Text der* 'Αθηναίων πολιτεία *des Aristoteles* (Berlin. 1893).

(6) *Aristoteles und Athen* (2 v. Berlin. 1893).

s'est attaché von Wilamowitz-Moellendorf. Il s'est surtout préoccupé de déterminer à quelles sources avait puisé l'historien; il s'est, par conséquent, prononcé sur l'authenticité des parties les plus controversées; et, si les hypothèses qu'il a proposées ne sont pas toutes également vraisemblables, elles ont, du moins, le mérite de provoquer la discussion, d'éclairer d'une vive lumière les questions les plus obscures, et d'aider à la découverte de la vérité.

En résumé, c'est le problème de l'authenticité que soulèvent et s'efforcent de résoudre les auteurs de tous les articles, mémoires ou livres, que nous avons cités et que nous avons trouvé profit à étudier. La même recherche nous a tenté, et, en comparant la *Constitution d'Athènes* à celles des œuvres systématiques d'Aristote, dont elle peut être rapprochée, nous nous sommes proposé d'établir que l'historien de la démocratie athénienne n'était autre que le théoricien de la *Politique*.

II

Le défaut des méthodes suivies par la plupart des savants qui ont discuté l'authenticité de l' Ἀθηναίων πολιτεία, c'est qu'elles ne sont pas assez générales et ne permettent d'atteindre qu'à une part de la vérité.

Les uns ont essayé de découvrir les sources auxquelles avait puisé l'historien et de déterminer à quelles règles il avait soumis l'examen, la comparaison et l'interprétation des monuments que lui avait légués le passé. La *Constitution d'Athènes* révélait-elle une critique sévère, elle était l'œuvre d'Aristote. L'auteur, au contraire, accordait-il créance à des témoignages suspects, il ne pouvait être confondu avec le philosophe. Certes cette enquête est intéressante, et il est indispensable, pour se prononcer sur la véracité de l'historien, d'apprécier à leur juste valeur les documents auxquels il ajoutait foi. Mais la plupart des textes qu'il a consultés sont perdus. L'œuvre des annalistes, qu'il cite à plusieurs reprises, au cours de son récit, ne nous est point parvenue. Les conditions dans lesquelles a été composé l'ouvrage restent enveloppées d'impénétrables ténèbres. Point d'argument précis, ni de preuve positive ; toutes les solutions proposées, toutes les démonstrations tentées, ne sont que d'ingénieuses et captieuses hypothèses. Le livre de von Wilamowitz-Moellendorf est séduisant ; le système qu'y développe l'auteur est spécieux ; mais la base n'en est point solide, et, dans ce savant édifice, il n'y a rien d'assuré.

D'autres critiques ont rapproché de l' Ἀθηναίων πολιτεία les témoignages des historiens, des grammairiens ou des lexicographes, relatifs à l'histoire de la démocratie athénienne ou au mécanisme de ses institutions. Nous doutons que cette méthode soit plus légitime que la précédente. Les polygraphes, que l'on oppose à l'historien, lui ont emprunté la plupart des renseignements qu'ils nous ont transmis. Il en est qui l'ont fidèlement copié ; mais d'autres l'ont corrigé, ont altéré sa pensée, ont méconnu l'esprit de la constitution athénienne. Ces copies défectueuses ont perdu toute autorité depuis que l'original en a été retrouvé.

Ceux-là semblent suivre une méthode plus rigoureuse, qui étudient le style de l'écrivain et comparent le vocabulaire et la syntaxe de la *Constitution d'Athènes* à la syntaxe et au vocabulaire des Πραγματεῖαι. Mais si les différences, souvent discutables d'ailleurs, qui ont été signalées dans le choix, l'acception et la construction des mots, la liaison et la coordination des propositions, l'harmonie et le nombre des phrases, peuvent fournir des préventions pour ou contre l'authenticité du traité, elles ne sauraient autoriser la critique à trancher le débat. La forme ne saurait être abstraite des idées qu'elle enveloppe. Aussi bien les causes les plus diverses peuvent-elles modifier le style d'un écrivain, l'époque à laquelle il écrit, les influences qu'il subit, les modèles qu'il imite, les textes qu'il consulte, le sujet qu'il traite, le public auquel il s'adresse. Dans l'œuvre encyclopédique d'Aristote, qui semble s'être proposé de résumer toute la science des siècles passés et d'en faire pour ainsi dire, le bilan, afin d'édifier son système sur une base solide et d'ouvrir à la philosophie une ère nouvelle, comme les conquêtes d'Alexandre commençaient la transformation du monde grec, n'est-il pas inévitable et nécessaire qu'il y ait plusieurs styles, et que peut-on conclure d'infimes variations dans le choix et l'ordre des mots, le tour et le nombre des phrases?

Au contraire, rien ne nous paraît plus légitime que de confronter les jugements, portés dans l' Ἀθηναίων πολιτεία, sur les hommes et les institutions d'Athènes, avec les doctrines, professées par Aristote, dans sa *Politique*. Les idées d'un écrivain, quelle que puisse être la souplesse ou la mobilité de son esprit, ne sauraient, à un intervalle de quelques années, se transformer au point de se contredire. La théorie n'est point, d'ailleurs, si éloignée de la pratique, que le philosophe puisse démentir l'historien. Aussi nous sommes-nous proposé, selon l'exemple donné par P. Meyer, de rapprocher la *Constitution d'Athènes* des ouvrages systématiques d'Aristote, et plus particulièrement de la *Politique*.

Mais les résultats, que nous avons pu obtenir, en suivant

cette méthode, la plus rigoureuse de toutes, à la vérité, ne nous ont pas paru établis avec une certitude suffisante. Pour éprouver nos conclusions, nous avons, après avoir analysé le fond, étudié la forme, et fait intervenir les considérations grammaticales, qui ne permettraient point, à elles seules, d'affirmer ou de nier l'authenticité du traité. Quand nous avons noté des divergences entre le récit de l'historien et les théories du philosophe, nous avons recouru à l'œuvre des polygraphes, dont les allusions et les citations peuvent nous renseigner sur la forme primitive de la *Constitution d'Athènes*; ou bien, nous avons tenté de remonter jusqu'aux sources, auxquelles puisait l'auteur, discuté la véracité des témoignages qu'il invoque, défini les règles de critique qu'il s'est imposées, relevé toutes les dérogations à ces lois. Ainsi nous avons pu reconnaître, dans son œuvre, la trace certaine de remaniements et d'interpolations, et en éliminer des développements apocryphes, introduits dans le texte par des copistes ignorants ou des éditeurs prévenus. En un mot, nous sommes resté fidèle, dans la plupart de nos recherches, à la méthode qui nous avait paru la plus rigoureuse; mais cette préférence n'était point exclusive; et nous nous sommes aussi, quand nous l'avons cru nécessaire, engagé dans les autres voies, qui nous étaient ouvertes. L'exemple d'Aristote lui-même nous invitait à profiter des découvertes antérieures; à coordonner, à combiner même les résultats acquis, afin d'en tirer des vérités nouvelles; à ne rien détruire de l'édifice commencé, mais à en poursuivre l'achèvement. Aussi bien n'avions-nous pas la prétention de dire le dernier mot sur une question qui reste pendante; il nous a suffi d'éclairer certains côtés d'un problème, dont, après de longues et patientes études, nous doutons encore que l'on puisse jamais dissiper toutes les obscurités.

Nous avons commencé par rechercher quelles relations existent entre les œuvres systématiques d'Aristote et la *Constitution d'Athènes*; puis nous avons analysé ce dernier ouvrage, afin d'en rapprocher toutes les parties de la *Politique*, qui le confirment ou le contredisent; ensuite, nous nous sommes demandé si les jugements portés, dans l'exposé historique, sur les hommes et les institutions, s'accordent avec les principes politiques, énoncés dans le traité didactique. Enfin nous avons extrait de la *Rhétorique* une théorie du style; et nous avons établi que le vocabulaire, la syntaxe, le rythme même de l' Ἀθηναίων πολιτεία étaient conformes aux règles formulées par Aristote, et présentaient, d'ailleurs, les mêmes caractères que les critiques de l'antiquité reconnaissaient aux œuvres aujourd'hui perdues. De cette étude, enfin, nous avons pu conclure que la *Constitution d'Athènes* a, certes, été remaniée et interpolée; qu'en l'état où elle nous est parvenue, elle contient des éléments apocryphes; mais que l'authenticité n'en doit pas être contestée, et qu'elle a été composée par l'auteur même de la *Politique*.

PREMIÈRE PARTIE

———

DES RELATIONS QUI EXISTENT
ENTRE LA « CONSTITUTION D'ATHÈNES »
ET L'ŒUVRE D'ARISTOTE.

———

[illegible]

[illegible]

[illegible]

PREMIÈRE PARTIE

Des relations qui existent entre la « Constitution d'Athènes » et l'œuvre d'Aristote

---

CHAPITRE PREMIER

De la place qu'Aristote assigne dans son œuvre au Recueil des ΠΟΛΙΤΕΙΑΙ.

La *Constitution d'Athènes* et la *Politique* ne font pas partie du même ensemble d'ouvrages. Mais il existe entre elles d'étroites relations, que le philosophe lui-même a pris soin de définir.

La *Rhétorique*, l'*Éthique* et la *Politique* forment un seul corps de doctrine d'une parfaite unité. Dans la *Rhétorique*, Aristote démontre que la connaissance de la Politique est indispensable à l'orateur. Il doit, en effet, s'instruire de la législation (νομοθεσία), parce que c'est sur les lois que repose le salut de l'État (ἐν γὰρ τοῖς νόμοις ἐστὶν ἡ σωτηρία τῆς πόλεως); savoir distinguer entre les divers régimes, reconnaître ce qui convient à chacun, démêler quelles causes en peuvent amener la ruine, et si ces causes sont impliquées dans son principe même ou dans ce qui lui est opposé. Il doit donc demander à l'étude du passé et des autres peuples quelle est la meilleure forme de gouvernement, et comment les Constitutions s'adaptent à des situations différentes. Les descriptions des voyageurs et les récits des historiens lui seront, par conséquent, fort utiles (1).

Dès le début de l'*Ethique à Nicomaque*, la Morale est, de même que la Rhétorique, subordonnée à la Politique. Tout art, toute science (μέθοδος), toute action, toute détermination, a pour but quelque bien (ἀγαθοῦ τινος ἐφίεσθαι δοκεῖ). Comme il y a un grand nombre d'actions, de sciences et d'arts, il y a aussi une infinie variété dans les objets, que l'on peut désirer d'atteindre. Mais certaines sciences sont soumises à d'autres, qui les emploient à leurs fins. Aristote appelle ces sciences *architectoniques*, parce que la fin en est la plus importante (ἐν ἁπάσαις δὲ τὰ τῶν ἀρχιτεκτονικῶν τέλη πάντων ἐστὶν αἱρετώτερα τῶν ὑπ' αὐτά). Or, telle est la Politique. C'est elle, en effet, qui décide de quelles autres notions l'on a besoin pour administrer la cité, qui sont ceux qui les doivent acquérir, et jusqu'à quel point ils doivent en être instruits. Les sciences les plus recommandables, stratégie, économie, rhétorique, en dépendent. Puis donc qu'elle est la mesure des autres connaissances pratiques, et que, de plus, elle prescrit, par des règles positives, ce que l'on doit faire et ce dont l'on doit s'abstenir, il s'ensuit que la fin en doit comprendre celle de toutes les autres sciences, et qu'elle est le bien propre de l'homme. Un individu se propose, sans doute, le même objet que tout un peuple. Il est cependant plus noble de s'occuper du bonheur d'un peuple ou d'un État. Tel sera donc, dit Aristote, *l'objet de ce traité, qui est une sorte de politique* (μεῖζόν γε καὶ τελειότερον τὸ τῆς πόλεως φαίνεται καὶ λαβεῖν καὶ σῴζειν· ἀγαπητὸν μὲν γὰρ καὶ ἑνὶ μόνῳ, κάλλιον δὲ καὶ θειότερον ἔθνει καὶ πόλεσιν. Ἡ μὲν οὖν μέθοδος τούτων ἐφίεται, πολιτική τις οὖσα) (2).

Dans le dernier livre du même ouvrage, le philosophe concède que les théories, qu'il a exposées, et que les définitions

<hr>

(1) *Rhétorique*, I, 4, 1360, a, 30.
(2) *Ethique à Nicomaque*, I, 1-2, 1094, a. 1 et suivants (éd. *F. Susemihl*).

de la vertu, de l'amitié et du plaisir, qu'il a proposées, ne sauraient se suffire à elles-mêmes. Elles doivent recevoir leur sanction dans la réalité. La fin que le moraliste doit s'efforcer d'atteindre, ce n'est pas de connaître théoriquement et de contempler les règles, c'est de les appliquer dans la pratique de la vie. Il ne suffit pas de savoir ce qu'est la vertu, il faut aussi s'efforcer d'être vertueux (1). Or, l'homme est ou devient tel ou par nature, ou par habitude, ou par éducation. La disposition naturelle ne dépend pas de nous ; c'est par une sorte d'influence toute divine qu'elle se rencontre chez certains hommes. D'autre part, l'éducation n'a pas prise sur tous les caractères ; il faut que l'âme, contractant des habitudes, ait été disposée à la recevoir, comme est cultivée la terre qui doit nourrir un germe (2). Les législateurs doivent, sans doute, gagner les hommes à la vertu par la persuasion, et les y engager simplement au nom du bien, assurés que le cœur des honnêtes gens, préparé par de bonnes habitudes, entendra cette voix ; mais ils doivent aussi décréter des répressions et des châtiments contre les hommes rebelles et corrompus, et même débarrasser la cité de ceux qui sont moralement incurables (3). Par conséquent, si l'on veut amender les hommes, il faut d'abord se faire législateur, car c'est par les lois que l'humanité devient meilleure (4).

A quelle source le moraliste puisera-t-il donc la science du législateur ? Devra-t-il s'adresser aux hommes d'État, sous prétexte qu'elle est une partie de la Politique ? Ou bien faut-il dire que la Politique ne ressemble pas aux autres sciences, dans lesquelles ce sont les mêmes personnes qui exposent et appliquent les règles ? Les Sophistes se vantent de la bien enseigner. Mais pas un d'eux ne la pratique. En fait, elle semble

(1) *Ethique à Nicomaque*, X, 9, 1, 1179, a, 33.
(2) *Ethique à Nicomaque*, X, 9, 6, 1179, b, 20.
(3) *Ethique à Nicomaque*, X, 9, 10, 1180, a, 5.
(4) *Ethique à Nicomaque*, X, 9, 22, 1181, b, 13.

être une prérogative des hommes d'État, qui paraissent s'y livrer par une sorte de puissance naturelle, et la traiter par l'expérience plutôt que par la réflexion. On ne les voit jamais en écrire ou en parler, ni transmettre leur science à leurs parents ou leurs amis. Il est probable pourtant qu'ils le feraient s'ils le pouvaient, car ils ne sauraient laisser un héritage plus utile aux Etats qu'ils gouvernent, ni trouver, pour eux-mêmes et ceux qui leur sont chers, rien de supérieur à ce talent (1). L'expérience leur est, d'ailleurs, d'une très grande utilité. Autrement, ils ne deviendraient pas plus habiles par l'habitude de gouverner. Quand donc l'on veut s'instruire dans la science politique, *il faut joindre la pratique à la théorie* (τοῖς ἐφιεμένοις περὶ πολιτικῆς εἰδέναι προσδεῖν ἔοικεν ἐμπειρίας) (2).

Si les Sophistes se targuent d'une vaine science, s'ils n'enseignent pas vraiment la Politique, c'est qu'ils ne savent ni ce qu'elle est, ni quel en est l'objet. S'ils s'en rendaient un compte exact, ils ne la confondraient pas avec la Rhétorique, et, surtout, ils ne la ravaleraient pas au-dessous d'elle. Ils ne croiraient pas davantage que l'on puisse faire un bon code, en recueillant les lois les plus renommées, et en faisant choix des meilleures. Les lois sont l'œuvre des hommes instruits dans la science politique. Ce n'est donc pas assez, pour devenir législateur, que de les étudier, ni même d'être en état de reconnaître quelles sont les meilleures. Les livres ne suffiraient pas à former un médecin : utiles à ceux qui ont déjà de l'expérience, ils ne servent de rien aux ignorants. *Il en est de même des recueils de lois et de constitutions* (τῶν νόμων καὶ τῶν πολιτειῶν αἱ συναγωγαί). Ils seront consultés avec profit par celui qui est déjà capable de spéculer sur ces matières, de discerner ce qui est bien et ce qui est mal, de reconnaître quels systèmes conviennent aux

(1) La même idée avait été, à plusieurs reprises, exprimée par Platon. Voir, entr'autres passages, *Protagoras*, 319, a, et suivants.
(2) *Ethique à Nicomaque*, X, 9, 18, 1180, b, 28.

diverses cités. Mais si l'on compulse ces recueils sans s'être mis en état de les bien comprendre, l'on ne jugera pas sainement des lois et des institutions, qui s'y trouvent réunies (1).

Ainsi la Politique est le complément et comme le couronnement nécessaire de l'Ethique. Pour devenir un bon législateur, l'expérience, et, à son défaut, l'étude des Constitutions, est insuffisante. Ce n'est pas assez que d'apprécier une loi à sa juste valeur; il faut encore démêler pour quelles raisons elle est parfaite, ou par quels endroits elle est incomplète. Seule, la théorie nous enseignera les principes, au nom desquels nous prononcerons sur les lois promulguées par les législateurs. Mais cette théorie ne serait elle-même qu'un édifice fragile, si elle n'avait pour fondement la connaissance des faits, c'est-à-dire des Constitutions, qui ont régi les États. L'étude de l'histoire constitutionnelle des cités, qui suppléera à la pratique des affaires, dont le philosophe reste éloigné, sera la préparation indispensable et comme l'introduction naturelle aux considérations de la *Politique*. — Tel est le sens d'un dernier chapitre que Schlosser et Susemihl considèrent, il est vrai, comme interpolé, et dans lequel sont exprimées les mêmes idées qui viennent d'être résumées. Puisque le champ de la science législative est resté inexploré, l'auteur, y est-il dit, traitera lui-même de la Politique, et ainsi il complétera sa philosophie des choses humaines (ὅπως εἰς δύναμιν ἡ περὶ τὰ ἀνθρώπινα φιλοσοφία τελειωθῇ). Il citera et adoptera tout ce qu'il trouvera de bon dans l'œuvre de ses devanciers; puis, *d'après les Constitutions qu'il a recueillies* (ἐκ τῶν συνηγμένων πολιτειῶν), il recherchera quelles sont les causes de la conservation et de la ruine des États en général et de chaque régime en particulier. Cette étude préparatoire achevée, il déterminera

____

(1) *Ethique à Nicomaque,* X, 9, 20, 1181, a, 12.

quelle est la constitution la plus parfaite et quelles sont les lois les mieux appropriées aux diverses espèces de gouvernement (1).

Si ce passage est vraiment apocryphe, il est, du moins, l'œuvre d'un commentateur fort ancien, peut-être même d'un disciple d'Aristote, et nous ne pouvons en méconnaître l'autorité.

Ce témoignage est d'ailleurs confirmé par le philosophe lui-même, qui fait allusion à un *Recueil de Constitutions*. Il devait donc exister, dans l'école péripatéticienne, une Πολιτειῶν συναγωγή, dont l' Ἀθηναίων πολιτεία faisait naturellement partie, dont il est même vraisemblable qu'en raison de son importance et de l'intérêt qu'elle présentait pour les Athéniens, elle occupait la première place.

On objectera peut-être qu'Aristote ne déclare pas expressément qu'il fût l'auteur de ces *Constitutions*. Il est vrai. Mais l'*Ethique* est un ouvrage d'école, une Πραγματεία, c'est-à-dire un abrégé de l'enseignement du maître, spécialement rédigé pour les disciples. Si Aristote a composé de sa main les Πολιτεῖαι, si ses élèves l'ont aidé dans ses recherches, est-il donc nécessaire de leur rappeler un fait, qu'aucun d'eux ne peut ignorer ?

D'autre part, si ce *Recueil de Constitutions*, qu'Aristote lui-même considère comme nécessaire à qui prétend s'initier à la Politique, n'appartenait pas en propre à l'école péripatéticienne, s'il n'était l'œuvre du philosophe, ou s'il n'avait, du mòins, été formé sous sa direction par ses élèves, nous nous étonnerions à bon droit, qu'avant d'y puiser d'aussi nombreux renseignements, il n'en discutât ni l'authenticité ni la véracité.

Nous inclinons à croire qu'Aristote, impuissant à achever lui-même cette enquête sur la législation des divers États,

(1) *Ethique à Nicomaque*, X, 9, 22, 1181, b, 13. (Cf. les mots συνηγμένων et συναγωγή).

confia à ses disciples une part de ce travail encyclopédique, dans lequel il était facile à l'élève de suivre un plan dressé par le maître. Il n'en est pas moins vraisemblable qu'il se réserva la rédaction des Πολιτεῖαι les plus importantes, c'est-à-dire de celles qui offraient l'exemple des organismes politiques les plus parfaits. Or, n'est-ce pas, entre toutes, le cas de la *Constitution d'Athènes ?* Certes, toutes les Πολιτεῖαι, dont il nous est parvenu des fragments, ne sont pas authentiques ; peut-être même ne sont-elles pas toutes sorties de l'école péripatéticienne. Leur nombre seul, que Diogène de Laerte évalue, dans son *Catalogue* (1), à cent cinquante-huit, suffit à éveiller des doutes. Après la mort d'Aristote, les historiens durent se préoccuper de compléter le *Recueil* et d'y comprendre toutes les républiques grecques et les principaux États barbares. C'est ainsi que des éléments étrangers y furent introduits. Le commentateur Simplicius distinguait avec raison entre les *Constitutions* authentiques et apocryphes (2). Mais si certaines parties du *Recueil* sont justement suspectes, la critique n'est nullement fondée à le condamner tout entier et en bloc. Aristote parle en termes précis d'une Πολιτειῶν συναγωγή ; il marque la place qu'elle occupe dans son œuvre, et quel intérêt en présente l'étude. Aucune raison ne nous autorise à révoquer en doute un témoignage aussi formel.

(1) Πολιτεῖαι πόλεων δυοῖν δεούσαιν ρ̄ξ̄, <κοιναὶ> καὶ ἴδιαι, δημοκρατικαὶ, ὀλιγαρχικαὶ, τυραννικαὶ, ἀριστοκρατικαί (V. Rose : *Aristotelis fragmenta.* Leipsig. Teubner. 1886).

(2) *Simplicius in cat. f. 4* (V. Rose *op. laud.* p. 259) : ἐν οἷς ἐβουλήθη σαφέστατα ἐδίδαξεν, ὡς ἐν τοῖς μετεώροις καὶ τοῖς τοπικοῖς καὶ ταῖς γνησίαις αὐτοῦ πολιτείαις, ἅπερ διὰ τὸ κοινότερον τῶν θεωρημάτων σαφέστερον ἀπαγγεῖλαι σύνοιδεν.

CHAPITRE DEUXIEME

L'ΑΘΗΝΑΙΩΝ ΠΟΛΙΤΕΙΑ DOIT-ELLE ÊTRE RANGÉE PARMI LES OUVRAGES DITS EXOTÉRIQUES?

La *Constitution d'Athènes* a sa place marquée dans l'œuvre d'Aristote. Doit-elle être classée parmi les ouvrages désignés par le nom d'*exotériques* (ἐξωτερικοὶ λόγοι)?

Cette épithète, dont il importe tout d'abord de préciser le sens, a été employée par Aristote lui-même, par Cicéron, et, après lui, par tous les critiques anciens. Suivant Cicéron, dont cette distinction ne s'applique, d'ailleurs, qu'aux livres qui ont pour objet la définition du souverain bien, les œuvres *exotériques* auraient été destinées par le philosophe à répandre et vulgariser sa doctrine; elles devaient, par conséquent, être accessibles à un grand nombre de lecteurs et revêtir une forme plus littéraire. C'est par là qu'elles différaient des ouvrages *didactiques* ou Πραγματεῖαι, véritables mémoires ou traités, résumés et notes de cours, réservés à l'instruction d'un petit nombre d'élèves (1).

(1) *De Finibus*, V, 5, 12 : « De summo autem bono, quia duo genera librorum sunt, unum *populariter* scriptum, quod ἐξωτερικόν appellabant, alterum *limatius*, quod in commentariis reliquerunt, non semper idem dicere videntur, nec in summa tamen ipsa aut varietas est ulla, apud hos quidem quos nominavi, aut inter ipsos dissensio. » Bien entendu, le mot *limatius* s'applique ici, non à la forme, mais au fond même des traités. Ces ouvrages *exotériques* sont les mêmes dont Cicéron dit, en un autre endroit, qu'ils étaient précédés de préambules : *ad Atticum*, IV, 16 : « ... Quoniam in singulis libris utor prooemiis, ut Aristoteles in eis quos ἐξωτερικούς vocat. » C'est vraisemblablement aux *Dialogues* d'Aristote que Cicéron fait ici allusion.

Si cette interprétation était exacte, le mot *exotérique* ne pourrait s'appliquer à la *Constitution d'Athènes*. Le *Recueil* des Πολιτεῖαι fut, sans doute, publié (1); mais ce n'était point seulement un ouvrage de vulgarisation; il avait été composé pour l'école péripatéticienne, puisque nous savons, par Aristote lui-même, que l'étude du droit constitutionnel devait suppléer pour ses disciples à la pratique des affaires publiques, et les préparer aux spéculations de la Politique théorique. Mais tel ne paraît pas être le sens qu'Aristote attribuait au mot *exotérique*. Dans celles des œuvres du philosophe, qui nous ont été conservées, il y a *huit* passages, où il est parlé d'ἐξωτερικοὶ λόγοι. Deux sont, il est vrai, dans l'*Éthique à Eudème*, et l'on sait que ce traité ne doit pas être attribué à Aristote lui-même; mais il est l'exacte expression de sa pensée, et, pour résoudre cette question, il fait autorité. De tous ces textes, sept semblent désigner quelque livre inconnu, distinct de l'ouvrage auquel ils appartiennent (2). Le huitième, contenu dans la *Physique*, est le plus intéressant, parce qu'il peut nous conduire à une définition précise.

Dans le IVe livre de ce traité, Aristote étudie l'espace, le vide et le temps. Il aborde, en ces termes, les questions relatives au temps : « Ce qui vient d'être dit nous amène à traiter du temps. Il convient tout d'abord d'en débattre par le moyen d'une discussion *exotérique* (διαπορῆσαι περὶ αὐτοῦ καὶ διὰ ἐξωτερικῶν λόγων); de déterminer s'il est ou s'il n'est pas une réalité, puis quelle en est la nature. S'il n'existe pas du tout, ou s'il existe à peine et à l'état indistinct, peut-être pourra-

<hr>

(1) Nous établirons, dans la suite de cette étude, que Cicéron connaissait sinon la *Politique*, au moins les Πολιτεῖαι. Voir *de Finibus*, V, 4 : « ... Omnium fere civitatum non Graeciae solum sed etiam barbariae ab Aristotele mores, instituta, disciplinas, a Theophrasto leges etiam cognovimus. » Cf. encore *de Legibus*, III, 6, 14.

(2) Tel est le cas des deux passages de la *Politique* dans lesquels il est question d'ἐξωτερικοὶ λόγοι : III, 4, 4, 1278, b, 32; IV, 1, 2, 1323, a, 22 (éd. *F. Susemihl*).

t-on le démêler par là » (1). Alors, sur la première question :
« le temps a-t-il ou n'a-t-il pas de réalité ? » il résout plusieurs
de ces difficultés, désignées par le mot ἀπορίαι, dont l'idée
est impliquée dans le verbe διαπορῆσαι. Il passe ensuite à la
seconde question : « quelle est la nature du temps » ? (2) Il se
pose alors à lui-même une nouvelle série de problèmes (ἀπορίαι),
et, quand il les a résolus, il poursuit ainsi : « Que le temps
ne soit pas le mouvement et qu'il ne puisse être conçu sans
mouvement, cela est évident. Mais puisque nous recher-
chons quelle en est la nature, il nous faut commencer
par déterminer en quoi il participe du mouvement » (3). Cette
nouvelle question élucidée, il conclut enfin par cette définition :
« Le temps est manifestement le nombre du mouvement et
exprime la relation de ce qui est postérieur avec ce qui est
antérieur ; il est continu, étant le nombre d'un mouvement
continu » (4). N'est-il pas certain que, dans ce passage, les
mots ἐξωτερικοὶ λόγοι désignent les discussions dialectiques, par
lesquelles Aristote, démêlant toutes les difficultés, dont est
enveloppée la question, parvient à affirmer l'existence et à
préciser la nature du temps? Suivant la très juste distinction
de Grote (5), qui se réfère au Περὶ γενέσεως καὶ φθορᾶς (6), les
discours *exotériques* ont pour matière la *discussion* (τὸ διαπορεῖν);
le traité lui-même a pour objet la *définition* (τὸ διορίζειν). Cette
discussion est la *dialectique*, dont les dialogues platoniciens
nous offrent des exemples et des modèles, et dont Aristote
lui-même a formulé les règles dans le traité des *Topiques*.
Elle est distincte de la philosophie ; mais elle en est l'auxi-

(1) *Physique*, IV, 10, 217, b, 29 (éd. *C. Prantl.*).
(2) *Physique*, IV, 10, 218, a, 30.
(3) *Physique*, IV, 11, 219, a, 1.
(4) *Physique*, IV, 11, 220, a, 24.
(5) Grote. *Aristotle* (London. Murray. 1883).
(6) I, 3, 317, b, 13. Grote signale la même opposition dans l'*Ethique à
Eudème*, I, 8, 1217, b, 16.

liaire. Émule de Platon, Aristote tient à se montrer habile
dialecticien, en signalant et en résolvant toutes les difficultés que
soulève sa doctrine (1). En résumé, le mot *exotérique* ne désigne
pas nécessairement une œuvre distincte du traité lui-même.
Aristote entend par là une discussion dialectique et critique,
contenue soit dans son livre, soit dans un autre ouvrage, peu
importe même qu'il en soit ou non l'auteur; soit même une
conversation engagée avec ses disciples, et du résumé de laquelle
il n'a pas voulu embarrasser son développement.

La *Constitution d'Athènes* et, en général, les Πολιτεῖαι, ne
peuvent donc être classées parmi les ouvrages *exotériques*.
Elles étaient sans doute indispensables aux disciples d'Aristote,
pour comprendre par l'étude critique de quelles institutions et
de quelles lois il était parvenu à découvrir et à définir les
principes de la science politique; et, pour les lecteurs modernes,
la *Constitution d'Athènes* et les fragments des *Constitutions*
perdues restent le plus utile commentaire de la *Politique*; le
lien est cependant plus lâche entre le récit des révolutions
politiques accomplies dans les cités grecques ou barbares, et
la recherche de la meilleure forme de gouvernement, qu'entre
la définition d'un principe métaphysique et la discussion des
difficultés qui l'obscurcissent, ou des objections qu'on lui oppose.

(1) Démontrant l'utilité des *Topiques*, Aristote dit (100, b, 21) : Χρήσιμος
ἡ πραγματεία... Πρὸς δὲ τὰς κατὰ φιλοσοφίαν ἐπιστήμας, ὅτι δυνάμενοι
πρὸς ἀμφότερα διαπορῆσαι ῥᾷον ἐν ἑκάστοις κατοψόμεθα τἀληθές τε καὶ
τὸ ψεῦδος.

CHAPITRE TROISIÈME

LA CONSTITUTION D'ATHÈNES EST-ELLE ANTÉRIEURE OU POSTÉRIEURE A LA POLITIQUE ?

Aristote démontrait, à la fin de l'*Ethique à Nicomaque* (1), que la lecture des *Constitutions* est la préparation nécessaire à l'étude de la *Politique*. S'il est vraiment l'auteur de la Πολιτειῶν συναγωγή et, en particulier, de l' Ἀθηναίων πολιτεία, à laquelle nous prouverons que se réfèrent, en maint endroit, les Πολιτικά, l'exposé historique doit avoir été rédigé *avant* le traité philosophique. Or, il ne paraît pas qu'il en soit ainsi, à en juger du moins par les indications chronologiques, que contient la *Constitution d'Athènes*.

Nous n'avons pas à discuter ici de la date qu'il convient d'assigner à la *Politique*. Nous adoptons, sur ce sujet, les conclusions de V. Rose (2), établies avec une vraisemblance suffisante. Si donc les inductions de ce critique ne sont point erronées, c'est vers 340 qu'Aristote aurait commencé à rédiger ses Πραγματεῖαι et à exposer son système de philosophie, longuement élaboré durant les années précédentes. Ses premières œuvres auraient été les *Topiques*, les *Analytiques* et la *Rhétorique*, composées vers 338. Elles auraient été suivies de l'*Ethique*, postérieure à la mort de Speusippe et, par conséquent, à l'année 337. Enfin la *Politique*, qui en est la suite naturelle, aurait été écrite vers 334, c'est-à-dire peu de temps après le retour d'Aristote à Athènes et l'ouverture du Lycée.

(1) *Ethique à Nicomaque*, X, 9, 20, 1181, a, 12.
(2) *De Aristotelis librorum ordine et auctoritate* (Berolini. 1854).

La *Constitution d'Athènes* est-elle ou n'est-elle pas antérieure à l'année 334, et à quelle époque de la vie d'Aristote la rédaction de cet ouvrage doit-elle être rapportée? La question a été souvent débattue, et nous ne pensons pas qu'elle ait encore été tranchée. Deux hypothèses méritent surtout d'être prises en considération : ce sont celles qui ont été présentées par M. P. Foucart et M. H. Weil.

M. P. Foucart, dans une communication faite à l'Académie des Inscriptions et Belles-Lettres, au mois de février 1893, et, depuis, dans un récent article de la *Revue de Philologie* (1), soutient que l' 'Αθηναίων πολιτεία parut entre les années 334 et 332. Son argumentation est tout entière fondée sur le texte mutilé du chapitre LIV, 6 :

Κληροῖ δὲ καὶ ἑτέρους δέκα τοὺς κατ' ἐνιαυτὸν καλουμένους, οἳ θυσίας τέ τινας θύουσι [καὶ τ]ὰς πεντετηρίδας ἁπάσας διοικοῦσιν πλὴν Παναθηναίων· ε[ἰσὶ δὲ] πεντετηρίδες μία [μὲν εἰ]ς Δῆλον (ἔστι δὲ καὶ ἑπτετηρὶς ἐνταῦθα), δευτέρα δὲ Βραυρώνια, τρίτη [δὲ Ἡράκλει]α, τετάρτη δὲ Ἐλευ[σίνια, πέμπτη] δὲ Παναθήναια, καὶ τούτων οὐδεμία ἐν τῷ αὐτῷ ἐν[ιαυτῷ] γίγνε[ται]... δὲ... κειται... ΦΛΙ... ἐπὶ Κηφισοφῶντος ἄρχοντος (2).

1°) La mention de l'archonte Céphisophon (329/8) ne prouve pas que l'ouvrage soit postérieur à 328. A l'époque où le chapitre fut rédigé, il n'y avait, en Attique, que cinq fêtes quinquennales : l'historien en donne la liste. Or une sixième πεντετηρίς, les 'Αμφιάραια, figure dans un décret de l'archontat de Nicétés (ol. 112, 1 = 332/1). Le Conseil et le Peuple décer

---

(1) *Aristote. Constitution d'Athènes. Notes sur la seconde partie* (Jan vier 1895).

(2) « Le peuple tire également au sort dix autres sacrificateurs, qu'on appelle les sacrificateurs de l'année, et qui offrent certains sacrifices et président à toutes les fêtes quinquennales, les Panathénées exceptées. Ces fêtes quinquennales sont : la première, celle de Délos (là il y a aussi une fête septennale); la deuxième, celle de Brauron ; la troisième, celle d'Héraklès ; la quatrième, les Éleusinies ; la cinquième, les Panathénées. L'on n'en célèbre jamais plus d'une dans la même année, mais.., sous l'archontat de Céphisophon ».

nent une couronne d'or à Phanodémos, auteur d'une loi qui créait les ressources nécessaires à la célébration de la fête (1). Elle existait déjà lorsqu'Oropos appartenait à la Béotie, mais c'était la ville ou le temple qui en faisait les frais. Par le décret de 322, les Athéniens les prennent à leur charge. Les Ἀμφιάραια deviennent ainsi une πεντετηρίς athénienne. Elles furent célébrées, pour la première fois, la quatrième année de la même olympiade, sous l'archontat de Céphisophon (329/8). Un décret, daté du trente-troisième jour de la troisième prytanie, accorde une couronne d'or de mille drachmes aux dix commissaires, élus pour prendre soin de la procession, des jeux et de la panégyrie tout entière (2). Si le chapitre LIV, 6, de l' Ἀθηναίων πολιτεία avait été écrit après l'institution des Ἀμφιάραια, l'auteur n'aurait pu passer sous silence la nouvelle fête quinquennale, à laquelle la cité attachait tant d'importance. Il semble donc que l'ouvrage ait été rédigé avant 332.

2°) Au chapitre LVI, 1, il est dit que le Conseil, suivant le vote du Peuple, fait construire des galères à trois ou quatre rangs de rames (3). Le plus ancien inventaire de la marine où se trouvent des τετρήρεις est de l'année 330/29 (4). Mais les dix-huit galères de cette catégorie ont pu être construites dans les années précédentes 334/330, dont nous n'avons pas les inventaires. Celui de 334 ne contenant aucune mention de τετρήρεις, on peut en conclure que la *Constitution d'Athènes* est postérieure à cette date.

3°) Le membre de phrase où est nommé l'archonte Céphisophon est une addition, faite après la publication du livre. En 329, l'énumération des pentétérides n'était plus exacte ; un

---

(1) C. I. G. S. n° 4253.
(2) C. I. G. S. n° 4254.
(3) Ἐπιμελεῖται δὲ καὶ τῶν πεποιημένων τριήρων καὶ τῶν σκευῶν καὶ τῶν νεωσοίκων, καὶ ποιεῖται καινὰς τριήρεις ἢ τετρήρεις...
(4) C. I. A. II, 807, l. 76.

lecteur aura complété la liste, en ajoutant sur son manuscrit le nom de la nouvelle fête (1).

Si ces inductions étaient fondées et si la *Constitution d'Athènes* datait de 334-332, elle serait plus récente que la *Politique*. Telle est bien l'opinion de M. H. Weil (2), qui croit le traité postérieur même à l'archontat de Céphisophon.

1º) On peut inférer une autre date de ce qui est dit au sujet des galères sacrées : « On élit aussi à main levée un intendant pour la galère paralienne et un autre pour celle d'Ammon » (3). Dans ce passage, la première galère porte son ancien nom de Páralos ; la seconde n'y est plus désignée par celui de Salaminia, mais par celui d'Ammon. Elle fut ainsi appelée parce qu'elle portait les offrandes annuelles au temple de Zeus Ammon, par une flatterie à l'adresse d'Alexandre, qui se vantait d'être le fils de ce dieu. Or, les Athéniens ne se résignèrent qu'en 324 à déférer les honneurs divins au roi de Macédoine. Nous atteignons ainsi aux dernières années de la vie d'Aristote, qui devait mourir en 322.

2º) L'on peut arriver à une détermination plus précise encore. Au chapitre XLI, lorsque l'auteur, résumant la première partie de son traité, énumère les diverses constitutions qui ont régi Athènes, il déclare que la dernière est celle qui suivit le renversement des Trente, et que les institutions démocratiques, dont il va expliquer le mécanisme, subsistent encore au moment où il écrit. Le passage est intéressant et mérite d'être cité en entier : « La onzième révolution est celle qui suivit le retour des émigrés de Phylé et du Pirée, et qui a établi le régime aujourd'hui en vigueur, et sous lequel le peuple n'a cessé

____

(1) M. P. Foucart propose donc de combler ainsi la lacune [ἕκτη] δὲ [πρόσ] κειται ['Αμ]φ[ιάραι]α ἐπὶ Κηφισοφῶντος ἄρχοντος. Mais il reconnaît que l'éditeur Kenyon, consulté sur cette restitution, ne croit pas qu'elle s'accommode aux traits, qui apparaissent sur le papyrus.

(2) *Journal des Savants* (Cahier d'Avril 1891).

(3) *Const. d'Ath.*, LXI, 7.

d'accroître son pouvoir. Il s'est, en effet, rendu maître de tout; il gouverne tout par ses décrets et les tribunaux, dans lesquels il règne souverainement. C'est à lui qu'ont passé les anciennes attributions judiciaires du Conseil. Et il semble que ce soit justice, car il est plus aisé de corrompre un petit nombre qu'une grande quantité d'hommes par l'argent et les faveurs » (1). Or, après la fin de la guerre lamiaque, Antipater abolit la démocratie et fit dépendre l'exercice des droits politiques d'un cens assez élevé pour exclure douze mille citoyens de la cité. Cette réforme fut faite en 322, l'année même où mourut Aristote. Un an auparavant, après la mort d'Alexandre, en 323, Athènes avait repris courage, espéré reconquérir sa liberté et rendue à la galère d'Ammon son ancien nom de Salaminia. Cette velléité d'indépendance, attestée par des monuments épigraphiques, est donc postérieure à la rédaction de la *Constitution d'Athènes*. Il semble, par conséquent, que cet ouvrage ait été composé la première année de la cent quatorzième olympiade, c'est-à-dire en 324/3. Si cette date est exacte, l' Ἀθηναίων πολιτεία aurait été écrite juste dix ans *après* la *Politique*, et un an avant la mort d'Aristote.

Les deux hypothèses développées par M. Foucart et M. Weil vont donc à l'encontre du témoignage d'Aristote lui-même, à la fin de l'*Ethique à Nicomaque*. Il y a là une contradiction, qu'il importe de résoudre.

Les deux parties, dont se compose la *Constitution d'Athènes* présentent un caractère tout différent. La première est le récit des révolutions constitutionnelles; la seconde, l'exposé des institutions et des magistratures de la cité. L'on pourrait donc être tenté de croire qu'elles ne sont pas contemporaines, mais ont été rédigées à des époques différentes de la vie du philosophe.

(1) *Const. d'Ath.*, XLI, 2.

Et, de fait, l'on y peut relever certaines disparates, d'ailleurs plus apparentes que réelles. Au chapitre XLI, dans lequel est résumée toute l'histoire constitutionnelle de la cité, l'auteur, énumérant les constitutions, qui l'ont tour à tour régie, désigne le gouvernement des Trente par le mot de *tyrannie* :... « en dixième lieu, la *tyrannie* des Trente et des Dix » (ἡ τῶν τριάκοντα καὶ ἡ τῶν δέκα τύραννις) (1). Or, au chapitre LIII, il l'appelle une *oligarchie*. Parlant des Quarante, il dit, en effet : « On tire aussi au sort, à raison de quatre par tribu, les Quarante, à qui ressortissent les autres affaires civiles. Primitivement, ces magistrats étaient au nombre de trente, et allaient de dème en dème pour rendre la justice ; mais après l'*oligarchie* des Trente (μετὰ δὲ τὴν ἐπὶ τῶν τριάκοντα ὀλιγαρχίαν), ils furent portés à quarante » (2). C'est, d'ailleurs, comme une *oligarchie*, que le régime des Trente est considéré dans la *Politique*. Aristote, exposant les causes des révolutions, qu'implique la forme même de l'*oligarchie*, cite l'exemple des Trente. Les *oligarchies*, dit-il, sont aussi détruites (κινοῦνται δ'αἱ ὀλιγαρχίαι...) par la turbulence des *oligarques*, qui se font démagogues. Le démagogue peut, en effet, se rencontrer parmi les *oligarques* eux-mêmes, quelque peu nombreux qu'ils soient ; ainsi, à Athènes, Chariclès fut bien un démagogue parmi les Trente ; et, parmi les Quatre Cents, Phrynikos joua le même rôle (3). En ce point, la seconde partie de la *Constitution d'Athènes* diffère donc de la première, et s'accorde seule avec la *Politique*.

Il y là une contradiction, mais seulement entre les mots, non entre les idées. L'auteur peut appeler le gouvernement des Trente, ici, une oligarchie, et là une tyrannie ; ces deux dénominations sont légitimes, suivant qu'il considère le régime, qui fut une oligarchie, ou qu'il juge les hommes, qui furent des tyrans.

(1) *Const. d'Ath.*, XLI, 2.
(2) *Const. d'Ath.*, LIII, 1.
(3) *Politique*, VIII, 5, 4, 1305, b, 22.

Le point de vue auquel il se plaçait est changé ; ce n'est pas à dire que son opinion se soit modifiée. Cette interprétation est, d'ailleurs, justifiée par Aristote lui-même, dans sa *Politique*. Distinguant les diverses espèces d'oligarchie, il cite celle dans laquelle la souveraineté des magistrats est substituée au règne de la loi (ὅταν... ἄρχη μὴ ὁ νόμος, ἀλλ' οἱ ἄρχοντες), et il ajoute que cette forme est aux oligarchies ce que la tyrannie est aux démocraties (Καὶ ἔστιν ἀντίστροφος αὕτη ἐν ταῖς ὀλιγαρχίαις ὥσπερ ἡ τύραννις ἐν ταῖς μοναρχίαις καὶ περὶ ἧς τελευταίας εἴπομεν δημοκρατίας ἐν ταῖς δημοκρατίαις). C'est le gouvernement de la force (καὶ καλοῦσι δὴ τὴν τοιαύτην ὀλιγαρχίαν δυναστείαν) (1). La contradiction n'est donc qu'apparente, et il n'y a rien là qui puisse nous induire à croire que les deux parties de l'ouvrage n'ont pas été écrites dans le même temps.

Il serait, au contraire, aisé de démontrer qu'il y a entre elles d'étroites relations. En plusieurs endroits, l'exposé des institutions démocratiques se réfère au récit des révolutions politiques d'Athènes. Ainsi, au chapitre XLVII, en parlant des dix *trésoriers* d'Athéna, l'auteur nous apprend qu'ils étaient désignés par le sort, à raison d'un par tribu, parmi les pentacosiomédimnes ; et il ajoute : « Ainsi le veut la loi de Solon, qui est encore en vigueur » (2). En effet, au chapitre VII, 3, il est dit que Solon divisa les citoyens en quatre classes censitaires, pentacosiomédimnes, cavaliers, zeugites et thètes ; et que les magistratures, à savoir les charges des neuf archontes, des *trésoriers*, des polètes, des onze et des colacrètes, étaient attribuées aux trois premières classes, selon les degrés du cens. Au chapitre LV, lorsque l'historien commence à traiter des archontes, il fait observer qu'il a raconté plus haut comment ces magistrats ont été institués à l'origine. Or, ce récit est la

<hr>

(1) *Politique*, VI, 5, 1, 1292, b, 7.
(2) *Const. d'Ath.*, XLVII, 1.

matière du chapitre III. A la fin du même chapitre (1), décrivant l'installation des archontes, il dit qu'ils montent sur la pierre consacrée, et jurent de remplir leurs fonctions en toute justice et selon les lois, de ne pas accepter de présents en raison de leurs fonctions, et d'offrir, s'ils venaient à en recevoir, une statue d'or massif. Il est remarquable que cette formule de serment avait déjà été mentionnée au chapitre VII, 1. Lorsque Solon eut promulgué sa constitution, les neuf archontes prêtèrent serment sur la pierre et s'engagèrent à offrir une statue d'or, dans le cas où ils violeraient la loi (2). Sans doute, aucune conclusion ne peut être tirée de ces rapprochements ; ils autorisent, du moins, cette présomption, que le même auteur a rédigé les deux parties de l'ouvrage, et cela, à des époques si voisines qu'en composant la seconde, il avait présents à l'esprit les moindres détails de la première.

D'ailleurs, quand on lit la seconde partie, celle qui contient précisément les indications chronologiques, qui ont permis à M. Weil de reculer la date de l'ouvrage jusqu'à l'année 324/3, l'on est tout naturellement porté à croire que c'est elle surtout qui a servi à la préparation de la *Politique* ; qu'Aristote y puisait les faits sur lesquels il appuyait son système et les exemples dont il illustrait ses théories. Dans la *Constitution d'Athènes*, l'historien, définissant la compétence judiciaire de l'archonte-roi, indique en ces termes les accusations de meurtre,

(1) *Const. d'Ath.*, LV, 5.
(2) Il peut être intéressant de rapprocher ces deux textes :

VII, 1. Οἱ δ' ἐννέα ἄρχοντες ὀμνύν-τες πρὸς τῷ λίθῳ κατεφάτιζον ἀναθή-σειν ἀνδρίαντα χρυσοῦν, ἐάν τινα παρα-βῶσιν τῶν νόμων, ὅθεν ἔτι καὶ νῦν οὕτως ὀμνύουσι.	LV, 5. Δοκιμασθέντες δὲ τοῦτον τὸν τρόπον, βαδίζουσι πρὸς τὸν λίθον ἐφ' ᾧ τὰ τόμι' ἐστὶν, ἐφ' οὗ καὶ οἱ διαιτηταὶ ὀμόσαντες ἀποφαίνονται τὰς διαίτας καὶ οἱ μάρτυρες ἐξόμνυνται τὰς μαρτυρίας, ἀναβάντες δ' ἐπὶ τοῦτον ὀμνύουσιν, δικαίως ἄρξειν καὶ κατὰ τοὺς νόμους, καὶ δῶρα μὴ λήψεσθαι τῆς ἀρχῆς ἕνεκα, κἄν τι λάβωσι ἀνδρίαντα ἀναθήσειν χρυσοῦν.

qui lui ressortissent : « On distingue l'accusation de meurtre et l'accusation de blessure. L'accusation de meurtre ou de blessure préméditée est portée par écrit devant l'Aréopage, de même que l'accusation d'empoisonnement, si le poison a donné la mort, et l'accusation d'incendie. Ce sont les seuls crimes dont connaisse ce Sénat. Les causes de meurtre involontaire, d'intention, de meurtre d'un esclave, d'un métèque ou d'un étranger, sont jugés en avant du Palladion. Si l'accusé avoue l'homicide, mais soutient qu'il l'a commis avec l'excuse légale, par exemple après avoir surpris sa victime en flagrant délit d'adultère, ou par mégarde à la guerre ou dans les jeux, il est jugé en avant du Delphinion » (1). Or, l'on retrouve le souvenir de ces distinctions dans la *Politique*, lorsqu'Aristote détermine quelles sont les diverses espèces de tribunaux. Les tribunaux qui connaissent de l'homicide peuvent, dit-il, être de plusieurs espèces, suivant qu'il s'agit d'un meurtre prémédité ou involontaire, « *suivant que le crime est avoué ou qu'il y a doute sur le droit du prévenu* » (2).

Un autre exemple paraîtra plus décisif encore. Dans la *Politique*, Aristote établit qu'il y a, dans chaque forme de gouvernement, trois pouvoirs, le législatif, l'exécutif et le judiciaire. Les États ne peuvent différer réellement que par l'organisation de ces trois éléments. Le premier est l'assemblée générale délibérant sur les affaires publiques ; le second, c'est le corps des magistrats, dont il faut déterminer la nature, les attributions et le mode de nomination ; le troisième, c'est le corps judiciaire (3). Or nous démontrerons, dans la suite, que l'ordre adopté ici par le philosophe reproduit exactement la division de la seconde partie de l' Ἀθηναίων πολιτεία. En effet, l'auteur y traite d'abord du pouvoir législatif, c'est-à-dire du

(1) *Const. d'Ath.*, LVII, 3.
(2) *Politique*, VI, 13, 1, 1300, b, 24.
(3) *Politique*, VI, 11, 1, 1297, b, 38.

Conseil des Cinq Cents (chapitres XLIII-XLIX); puis du pouvoir exécutif, c'est-à-dire des magistratures (chapitres L-LXII), qu'il distingue en magistratures conférées par le sort (chapitres L-LX), et en magistratures électives (chapitres LXI-LXII); et enfin du pouvoir judiciaire, c'est-à-dire de l'organisation des tribunaux (chapitres LXIII à la fin du papyrus).

Ces rapprochements de textes, comme la plupart des comparaisons que nous ferons dans la suite de cette étude, donnent au lecteur l'impression très nette qu'en rédigeant la *Politique*, Aristote avait sous les yeux la seconde partie de la *Constitution d'Athènes*, et bien que l'on ne puisse rien établir d'assuré sur une impression, l'on est tout naturellement porté à faire bon marché des indications chronologiques, qui semblent y contredire.

Au contraire, la première partie de l'ouvrage ne contient aucune date précise, et rien, par conséquent, n'empêche de la rapporter à une époque antérieure à la rédaction de la *Politique*; or il semblerait bien plutôt que les jugements, portés par l'historien sur les hommes et les institutions d'Athènes, sont inspirés par les théories exposées par le philosophe. Dans la *Politique*, Aristote distingue les différentes formes de la démocratie, et il définit ainsi celle dans laquelle la souveraineté appartient non plus à la loi, mais à la multitude : Ce sont alors les décrets populaires, et non plus la loi, qui décident. Ce changement s'opère sous l'influence des démagogues. En effet, dans les démocraties, où la loi gouverne, il n'y a point de démagogues; ce sont les meilleurs citoyens, qui ont la direction des affaires. Les démagogues ne se montrent que là où la loi a perdu la souveraineté. Unité politique formée d'une pluralité, le peuple devient un vrai monarque; c'est la majorité qui règne, non pas individuellement, mais en corps... Dès que le peuple est seul maître, il prétend agir en monarque, et rejeter le joug de la loi; il devient despote; les flatteurs sont en honneur, et cette démagogie est à la démocratie ce que la tyrannie est à la royauté. De part et d'autre, même caractère, même oppression des bons citoyens ; ici les décrets, là les ordres arbitraires ; entre le démagogue et le flatteur, même analogie ; tous deux, ils ont un très grand crédit, le flatteur sur le tyran, le démagogue sur le peuple. C'est lui qui est cause que la souveraineté des décrets est substituée à celle des lois, car il rapporte tout au peuple ; il grandit parce que le peuple est maître de tout, et parce que lui-même est maître de l'opinion populaire, et que la multitude lui obéit. Ceux qui accusent les magistrats disent que c'est le peuple qui les doit juger ; et celui-ci acueille volontiers cette assignation, de sorte que tous les pouvoirs sont anéantis (1). Cette définition de la démagogie s'applique si exactement à la démocratie athénienne que les commentateurs l'ont considérée comme un tableau satirique de la situation politique d'Athènes au temps et surtout après la mort de Périclès. Or l'on en retrouve les principaux traits épars dans la première partie de la *Constitution d'Athènes*, lorsque l'auteur expose l'état des partis et les progrès de la démocratie pendant la guerre du Péloponèse. Par exemple, il constate qu'après la ruine de l'Aréopage, il se produisit, par la faute des démagogues, un certain relâchement dans la pratique des institutions. L'avènement de la démagogie, qui en fut la conséquence, était favorisé par l'affaiblissement du parti modéré, épuisé par la guerre (2). Ailleurs, parlant de Périclès, l'historien remarque qu'avec lui la constitution devient encore plus démocratique, et cela, parce qu'il avait enlevé au Sénat de l'Aréopage quelques-unes des attributions qui lui restaient, et parce qu'il avait tourné l'ambition d'Athènes vers l'empire de la mer. Le peuple, enhardi par ses premiers succès, accapara peu à peu toute la souveraineté (3). Les démagogues, Cléon et Cléophon,

(1) *Politique*, VI, 4, 3, 1292, a, 4 et suivants.
(2) *Const. d'Ath.*, XXVI, 1.
(3) *Const. d'Ath.*, XXVII, 1.

sont jugés avec une très grande sévérité. A partir de Cléon, se
succédèrent à la tête du peuple les démagogues les plus audacieux et les plus empressés à gagner la faveur de la multitude,
sans voir plus loin que l'intérêt présent (1). Enfin, dans le chapitre
qui sert de résumé et de conclusion à la première partie de l'ouvrage, l'auteur déclare que, depuis le rétablissement du régime
démocratique, le peuple s'est successivement emparé de toutes les
prérogatives. Souverain dans l'Assemblée, il s'est rendu maître
des tribunaux, et, pour n'être point éloigné des séances par les
nécessités pressantes de la vie, il a fait payer sa présence aux
délibérations, d'abord une, puis deux, et enfin trois oboles (2).

Un autre rapprochement semblera peut-être encore plus
frappant. Dans la *Politique*, Aristote, jugeant l'œuvre législative de Solon, dit qu'il passe pour un bon législateur parce
qu'il détruisit l'oligarchie, trop effrénée ; qu'il mit fin à l'esclavage du peuple et établit la démocratie par une juste combinaison des institutions essentielles aux divers régimes ; en
effet, le Sénat de l'Aréopage était un élément oligarchique ; le
recrutement des magistratures par le choix (τὰς ἀρχὰς αἱρετάς)
représentait l'élément aristocratique ; enfin le tribunal était
démocratique. Il semble que Solon conserva les institutions
auparavant établies : le Sénat de l'Aréopage et le choix des
magistratures, mais qu'il créa la démocratie, en composant les
tribunaux de tous les citoyens (3). Un peu plus bas, il ajoute :
Solon n'avait accordé au peuple que la part indispensable de
puissance, en soumettant le recrutement des magistrats à un
choix, et en les obligeant à rendre leurs comptes. En effet,
sans ces deux prérogatives, le peuple est ou esclave ou
hostile (4). Or, telles sont bien les innovations que l'auteur de

(1) *Const. d'Ath.*, XXVIII, 4.
(2) *Const. d'Ath.*, XLI, 2.
(3) *Politique*, II, 9, 2, 1273, b, 35.
(4) *Politique*, II, 9, 4, 1274, a, 15.

la *Constitution d'Athènes* attribue à Solon ; et tel est aussi le jugement qu'il porte sur l'ensemble de son œuvre. Bien que nous devions traiter plus bas, au cours de notre analyse, des chapitres dans lesquels sont exposées les réformes de Solon, il est indispensable, pour rendre plus lumineux ce rapprochement, d'en citer dès maintenant quelques passages. L'historien rappelle que le législateur appartenait au parti des modérés : « Solon, par sa naissance et sa réputation, comptait parmi les premiers des citoyens ; par sa fortune et sa situation, il appartenait à la classe moyenne. Les autres témoignages s'accordent sur ce point ; et lui-même il le déclare dans les vers où il exhorte les riches à la modération » (1). Ailleurs, il explique que, parmi les mesures prises par Solon, les plus favorables aux progrès de la démocratie furent l'abolition de l'emprisonnement pour dettes, la faculté donnée à tout citoyen de poursuivre toutes les injustices commises, et surtout le droit d'en appeler au tribunal. « Car, maître du vote, le peuple devient maître de toute la constitution » (2). Plus loin, l'auteur raconte que Solon, importuné par les reproches qui lui étaient adressés au sujet de sa constitution, fut obligé de quitter Athènes. Les deux partis lui étaient hostiles, parce qu'il s'était, par modération et par souci de l'intérêt public, refusé à favoriser leurs rancunes et leurs ambitions. En même temps, il s'était, par l'abolition des dettes, aliéné beaucoup de nobles ; les deux partis avaient changé d'attitude à son égard, parce que sa constitution n'avait pas répondu à leur attente ; le peuple avait cru que Solon ferait un partage de toutes les terres ; les nobles s'étaient imaginé qu'il leur rendrait les institutions du passé... Mais lui s'était opposé aux deux partis, et, alors qu'il eût pu, avec l'appui de l'un ou de l'autre, usurper la tyrannie, il avait

(1) *Const. d'Ath.*, V, 3.
(2) *Const. d'Ath.*, IX, 1 et 2.

préféré, au prix de la haine de tous deux, sauver sa patrie et rédiger les meilleures lois (1).

L'impression que l'on reçoit de ces comparaisons, et qui est tout opposée à celle que donnaient les précédents rapprochements, ne doit pas nous induire en erreur. Elle s'explique, en effet, par la nature même des sujets. Dans la seconde partie de l' Ἀθηναίων πολιτεία, l'historien énumère les magistratures athéniennes, en analyse le mécanisme, en démontre le jeu; nous trouvons là, exposés en tous leurs détails, les faits qui forment la base réelle et solide du système édifié dans la *Politique*, et qu'il suffit au philosophe de résumer ou de rappeler dans de rapides allusions. Il semble donc que ce tableau ait chronologiquement précédé la *Politique*. Dans la première partie de l'ouvrage, au contraire, l'auteur raconte les révolutions, qui s'accomplirent à Athènes, depuis la fondation de la cité, jusqu'à la restauration de la démocratie après l'expulsion des Trente. Il ne fait pas seulement œuvre d'historien, mais aussi de critique : il juge les hommes et les institutions. Or, ces jugements, ainsi épars dans le récit, sont les mêmes qui, dans la *Politique*, sont réunis en un corps de doctrines, énoncés en des formules générales, qui des faits dégagent la loi. Toute la différence est dans la forme, là discursive, ici systématique. Il semble, à première vue, que l'historien ait délié le faisceau, si étroitement noué par le philosophe. Mais ce n'est là qu'une illusion. C'est bien plutôt le philosophe, qui a réuni en une puissante synthèse les appréciations isolées de l'historien. Si distincts que soient les caractères des deux parties qui composent la *Constitution d'Athènes*, si différent aussi qu'en soit le contenu, il ne semble pas douteux qu'elles ne soient contemporaines, et que l'ouvrage n'ait une parfaite unité.

L' Ἀθηναίων πολιτεία, comme les parties authentiques du *Recueil*

____

(1) *Const. d'Ath.*, XI, 2.

des Πολιτεῖαι, est antérieure à la *Politique*, c'est-à-dire à l'année 334. Nous n'avons aucune raison de récuser Aristote, qui en témoigne lui-même, à la fin de l'*Ethique à Nicomaque* (1). Or il avait commencé à exposer son système dès 340. Les *Constitutions* authentiques furent donc vraisemblablement rédigées entre les années 344 et 335. Le philosophe, qui devait revenir à Athènes et y ouvrir son école en 335, était alors en Macédoine, où il avait été appelé par le roi Philippe, pour y être le précepteur de son fils Alexandre. Mais il ne semble pas avoir employé tout son temps à l'éducation du prince. Il avait, en effet, fondé, dans le Νύμφαιον de Mieza, une école semblable à l'*Académie* d'Athènes, avec des allées d'arbres et des bancs de pierre, que l'on montrait encore au temps de Plutarque. Il est vraisemblable que, devant ses disciples et surtout dans les leçons qu'il donnait à son royal élève, Aristote ait enseigné la Politique, comme il devait le faire, quelques années plus tard, dans le Lycée, et que dès lors il ait au moins commencé à former le *Recueil* de ses *Constitutions*. Il semble, d'ailleurs, avoir été, durant cette période de sa vie, mêlé aux affaires, et s'être, par conséquent, préparé par la pratique à découvrir et à démontrer les principes de cette science. C'est ainsi qu'il rendit auprès de Philippe des services aux Athéniens, dont il fut en quelque sorte un agent diplomatique. Il demeura quelque temps à Stagire, qui avait été prise et ruinée par Philippe durant la guerre d'Olynthe. Avec l'assentiment du roi, il entreprit et dirigea la restauration de la cité. Il rappela les habitants dispersés, rédigea une constitution, et promulgua des décrets touchant les droits réciproques de l'ancienne population et des nouveaux colons. Sans doute il échoua et les intrigues de ses rivaux empêchèrent le rétablissement complet de la cité. Tels furent cependant les bienfaits de son inter-

---

(1) *Ethique à Nicomaque*, X, 9, 20, 1181, a, 12; X, 9, 22, 1181, b, 13.

vention que les habitants de Stagire en perpétuèrent le souvenir par une fête annuelle (1). Une constitution ne s'improvise pas. L'œuvre du législateur n'est utile et durable que si elle est fondée sur une expérience consommée des hommes et des institutions. Aristote, qui fut toujours historien en même temps que philosophe, et qui, dans l'exposé de son propre système, n'énonce jamais ses idées personnelles, sans avoir analysé et critiqué les théories de ses devanciers, afin d'en extraire la part de vérité contenue en chacune d'elles, avait dû, avant d'établir le texte de sa constitution, étudier les révolutions, les lois et les coutumes des cités les mieux régies et les mieux policées. Peut-être son entreprise législative

(1) Les biographes anonymes d'Aristote considèrent cette entreprise législative comme contemporaine, non de Philippe, mais d'Alexandre. *Ex codice Marciano* 257 : Τήν τε γὰρ ἑαυτοῦ πατρίδα Στάγειρα κατασκαφεῖσαν ὑπὸ Φιλίππου πείθει τὸν Ἀλέξανδρον δεύτερον κτίσαι καὶ χώρας ἑτέρας αὐτῇ καταδιδόναι. Cf, dans une autre biographie *ex eodem codice* : Ὅτι δὲ καὶ κοινῇ πολλοὺς εὖ ἐποίησε, δηλοῖ καὶ τὸ τὴν τῶν Σταγείρων πόλιν κατασκαφθεῖσαν πείθειν τὸν Ἀλέξανδρον αὖθις κτίζειν... Cf la *Vita latina* : « Quod autem et communiter benefecit multis, demonstrat illud quod civitatem suam Stagiram dirutam prius a Philippo induxit *Alexandrum regem iterum reedificare et regionem aliam ipsi tradi* ». Mais il n'est pas vraisemblable qu'Alexandre se soit, durant la conquête de l'Asie, préoccupé de rééditier les cités rasées par son père. Aristote, d'ailleurs, s'établit à Athènes, dès qu'Alexandre quitta la Macédoine, et aucun monument n'autorise à croire qu'il abandonna son école, pour aller relever Stagire.

Il est curieux que certains commentateurs aient cru qu'Aristote avait pu rédiger sa Πολιτειῶν συναγωγή, parce qu'il avait accompagné Alexandre dans son expédition en Asie (*Elias. in Porph. is.* 9, b, 26 : γεγραμμέναι δὲ αὐτῷ εἰσι καὶ πολιτεῖαι διακοσίαι πεντήκοντα τὸν ἀριθμὸν, ἃς συνεγράψατο ἐκ τοῦ πολλὴν γῆν περιελθεῖν σὺν Ἀλεξάνδρῳ τῷ βασιλεῖ). Mais nous ne savons pas qu'Aristote ait quitté Athènes entre les années 335 et 323. Il passe même pour avoir composé, durant cette période un Περὶ βασιλείας et un Ἀλέξανδρος ἢ ὑπὲρ ἀποικιῶν, qui semblent avoir été des dialogues, dans lesquels il conseillait Alexandre sur la manière de gouverner son nouvel empire et sur les relations qu'il convenait d'établir entre les Hellènes et les Asiatiques. Si, d'ailleurs, la *Politique* a vraiment été écrite en 334, le *Recueil* de Πολιτεῖαι devait être commencé depuis longtemps déjà. L'anonyme du *Codex Parisinus* 1939 pense qu'Aristote l'a composé afin d'éclairer Alexandre, obligé, pour organiser sa conquête, de fonder des cités (p. 51, a : ὁ μὲν γὰρ Ἀριστοτέλης συνὼν καὶ Ἀλεξάνδρῳ τῷ κτίστῃ πολιτείας λέγεται μετ' αὐτοῦ περιελθεῖν, ὧν ἀνεγράφετο τὸν βίον κατὰ στοιχεῖον...) Cette hypothèse n'est pas plus vraisemblable que la précédente.

a-t-elle été l'une des causes qui l'ont déterminé à former le *Recueil des Constitutions;* en tout cas, elle nous induit à croire que la rédaction en doit être rapportée à son séjour en Macédoine.

Si la *Constitution d'Athènes* fut composée à Pella ou à Mieza, l'on peut supposer avec quelque vraisemblance qu'Aristote commença la révision de son ouvrage après s'être établi à Athènes et avoir ouvert son école du Lycée. La *Politique* était déjà rédigée, et les théories professées dans ce traité ne laisseraient pas que d'avoir influé sur les appréciations formulées par l'historien. En publiant ce livre, dans lequel était racontée l'histoire de la démocratie, et expliqué le fonctionnement des magistratures athéniennes, Aristote chercha sans doute à se concilier la bienveillance du peuple, qui ne se préoccupait point de pénétrer le sens de la philosophie nouvelle, mais de reconquérir son indépendance perdue, et pour qui le fondateur du Lycée n'était que le précepteur d'Alexandre, l'ami et le correspondant d'Antipater, par conséquent l'ennemi des Grecs. Pour donner à croire que son dessein avait été d'élever un monument à la gloire d'Athènes et que son livre était récent, il devait y faire mention des événements survenus depuis qu'il l'avait rédigé pour la première fois. Ainsi s'expliqueraient la mention de l'archonte Céphisophon et la désignation de la galère Salaminia par le nom d'Ammon. Peut-être même que, sans démentir ses préférences avouées ni se départir de son impartialité, le théoricien de la *Politique*, si sévère pour la démagogie, jugea avec plus d'indulgence les hommes et les institutions de la démocratie athénienne.

Cette révision avait été commencée par le philosophe durant les dernières années de sa vie. Ni les événements ni la mort ne lui permirent de l'achever. La guerre lamiaque, qui devait se terminer par la défaite des Grecs, l'occupation d'Athènes, le suicide de Démosthènes et l'exécution d'Hypéride, raviva les

rancunes contre le familier d'Antipater. Accusé par Eurymédon
et Démophile, qui lui reprochaient comme une impiété d'avoir
composé un hymne en l'honneur d'Herméias, tyran d'Atarne,
Aristote dut s'enfuir et se retirer à Chalcis. Il espérait, sans
doute, revenir dans sa patrie d'adoption, qui, en dépit de la
conquête, restait à ses yeux le foyer philosophique et littéraire
de la Grèce. Mais il mourut au lendemain de la bataille de
Crannon. Ce furent donc ses disciples qui publièrent la *Constitution d'Athènes*, et ainsi il se peut que nous reprochions au
maître des fautes commises par les élèves et aggravées dans
la suite par des copistes maladroits ou des correcteurs ignorants.
Nul doute, en effet, que l'ouvrage n'ait été interpolé, la pensée
de l'auteur dénaturée, et la vérité altérée.

CHAPITRE QUATRIÈME

Par quelles voies nous sont parvenues la CONSTITUTION D'ATHÈNES et la POLITIQUE.

La *Constitution d'Athènes* et la *Politique* n'ont pas eu le même destin. L'antiquité connut la première aussitôt après la mort d'Aristote. Jusqu'au premier siècle avant Jésus-Christ, elle ignora la seconde.

Publiée par les disciples du philosophe, l' Ἀθηναίων πολιτεία devint bientôt populaire dans tout le monde grec. Elle est le principal ouvrage de politique qui ait transmis à l'école péri·patéticienne la doctrine du maître; elle est la source à laquelle puisèrent le plus souvent les historiens d'Athènes, pour qui le seul nom d'Aristote était une garantie de véracité et d'impartialité; les commentateurs lui empruntèrent un grand nombre des explications, dont ils illustraient l'œuvre des écrivains classiques; les lexicographes y trouvèrent réunis la plupart des mots employés dans le droit public athénien. Au premier siècle de l'ère chrétienne, elle est souvent citée par Plutarque, qui s'y réfère dans les *Vies* de *Thésée* (c. XXV), de *Solon* (c. XX, XXV, XXXII), de *Thémistocle* (c. X), de *Cimon* (c. X), de *Périclès* (c. IV, IX, X), de *Nicias* (c. II). Au second siècle, Pollux la met à contribution; au quatrième siècle, elle est une des sources auxquelles puise le plus volontiers Harpocration; au sixième siècle, nous savons, par le témoignage de Photius, qu'elle est consultée par le rhéteur Sopatros. C'est même dans les citations, qui en avaient été faites par ces écrivains, que nous ont été conservés les fragments (1) qui, avant la découverte du papyrus, nous permettaient de deviner l'intérêt et l'importance de l'œuvre, sans toutefois nous en laisser apercevoir le dessin ni mesurer l'étendue.

La *Constitution d'Athènes* n'est pas seulement consultée et étudiée par les écrivains grecs. Elle est aussi entre les mains des érudits latins. Cicéron a dans sa bibliothèque le *Recueil* des Πολιτεῖαι (2), et c'est d'après ce modèle qu'il compose ses ouvrages sur la Politique.

Cette Πολιτειῶν συναγωγή fut naturellement acquise par la bibliothèque d'Alexandrie, qui, depuis la décadence d'Athènes, était devenue le foyer intellectuel du monde grec. Callimaque, qui la dirigeait, se préoccupa de classer les ouvrages, qui y étaient conservés, et d'en dresser le catalogue. C'est ainsi qu'il établit des tables des orateurs, des poètes et d'auteurs divers, mentionnant, après leurs noms, le titre de leurs ouvrages. Nous savons qu'il écrivit des notices sur Démocrite et Eudoxe. Il est donc peu probable qu'il ait négligé Platon et Aristote, les premiers philosophes qui aient fondé des écoles. S'il n'ordonna pas lui-même leurs œuvres, il ouvrit, du moins, la voie à ses disciples, qui entreprirent de les classer. C'est ainsi qu'Hermippos, dans le même temps qu'Aristophane de Byzance s'appliquait à Platon, composait un catalogue des ouvrages conservés à Alexandrie sous le nom d'Aristote. Cet Hermippos avait écrit, sous le titre de Περὶ Ἀριστοτέλους, une biographie du philosophe. Or, il était aussi l'auteur d'une étude sur Théophraste (3), à la suite de laquelle il avait dressé la liste des écrits de ce philo-

______

(1) On les trouvera réunis dans l'édition de V. Rose : *Aristotelis qui ferebantur librorum fragmenta* (Leipsig. Teubner. 1886). Le même auteur en discute et nie le plus souvent l'authenticité, dans son ouvrage : *Aristoteles pseudepigraphus* (Leipsig. Teubner 1863).

(2) Voir *de Finibus*, V, 4 : « Omnium fere civitatum non Graeciae solum sed etiam barbariae ab Aristotele mores, instituta, disciplinas; a Theophrasto leges etiam cognovimus. » Cf. *de Legibus*, III, 6, 14.

(3) Voir Diogène de Laerte, II, 55.

sophe (1). Il n'est pas admissible qu'il ait négligé d'énumérer les œuvres du maître, comme il avait fait celles du disciple.

Cette liste d'Hermippos fut le modèle des catalogues, qui nous sont parvenus. Diogène de Laerte, dans ses *Vies et Opinions des philosophes illustres*, dit qu'Aristote avait composé un très grand nombre d'ouvrages, dont la liste suffit à prouver l'étendue et la variété de ses connaissances (2). Il cite alors cent quarante-six écrits, après chacun desquels il indique, par un chiffre, le nombre de livres qu'il comprend. La liste est suivie de l'indication stichométrique des lignes, contenues dans cette encyclopédie. Les Πολιτεῖαι sont nommées à la fin de la liste (n° 143); elles sont, y est-il dit, au nombre de cent cinquante-huit (3). Diogène n'avait pas fait entrer indistinctement dans ce catalogue tous les ouvrages attribués à Aristote. Il en avait auparavant discuté l'authenticité (4). Aussi son témoignage doit-il avoir pour nous une grande autorité.

Nous possédons une autre biographie, écrite par un anonyme et qui est également suivie d'un catalogue (5). V. Rose, dont la conjecture est approuvée par Heitz (6), croit qu'Hésychius en

---

(1) Ce renseignement nous est donné par une scolie à la fin de la *Métaphysique* de Théophraste.

(2) Diogène de Laerte, V, 21.

(3) Πολιτεῖαι πόλεων δυοῖν δεούσαιν ρ̅ξ̅, <κοιναὶ> καὶ ἴδιαι, δημοκρατικαὶ, ὀλιγαρχικαὶ, τυραννικαὶ, ἀριστοκρατικαί. Les mots δημοκρατικαί κ. τ. λ. sont peut-être les rubriques sous lesquelles étaient groupées les Πολιτεῖαι. Si ces mots sont ordonnés suivant le classement adopté par les bibliothécaires, la *Constitution d'Athènes* était peut-être la première du *Recueil*. Dans l'ordre alphabétique, elle aurait également occupé un des premiers rangs.

(4) Diogène de Laerte, v, 34 :... συγγραμμάτων, ἃ τὸν ἀριθμὸν ἐγγὺς ἥκει τῶν τετρακοσίων, τὰ ὅσα γε ἀναμφίλεκτα· πολλὰ γὰρ καὶ ἄλλα εἰς αὐτὸν ἀναφέρεται συγγράμματ' αὐτοῦ καὶ ἀποφθέγματα, ἀγράφου φωνῆς εὐστοχήματα.

(5) Cette biographie et ce catalogue se trouvent dans le *Codex Ambrosianus* L. 93, *sup. membr.* (*in* 4°. s. X/XI), qui a servi d'original au *Codex Ambrosianus* R. 117, *sup.* Ce sont ces textes que cite Ménage dans ses notes sur Diogène de Laerte. (*Observationes in Diog. Laert.* p. 201). Voir V. Rose. *Aristot. pseudepigr.* p. 18.

(6) Heitz. *Die Verlorene Schriften des Aristoteles* (Leipzig. Teubner. 1865).

est l'auteur, et qu'il a reproduit, à quelques différences près, la liste de Diogène, à laquelle il a seulement ajouté les titres qu'il avait pu recueillir d'ailleurs. Or, Hésychius mentionne les Πολιτεῖαι à peu près dans les mêmes termes que Diogène (1). Le philosophe Ptolémée, identifié par Christ avec Ptolémée Chennos, qui, selon Suidas (2), aurait vécu dans la seconde moitié du premier siècle après Jésus-Christ, avait déjà, longtemps avant Diogène, dressé une table des écrits d'Aristote (3). Cette liste de Ptolémée, que l'on croyait perdue, a été retrouvée dans un ouvrage arabe du xiiie siècle, dont l'a extraite Casiri, qui en a publié la traduction latine. Le texte arabe contenait des titres grecs, parmi lesquels la mention de cent soixante et une *Constitutions* (4). Le chiffre diffère du nombre adopté dans les deux autres catalogues. Mais ce n'est là qu'une légère variante, en dépit de laquelle le fragment de Ptolémée confirme les témoignages de Diogène et d'Hésychius.

En résumé, la *Constitution d'Athènes*, publiée après la mort d'Aristote, par l'école péripatéticienne, fut immédiatement connue et étudiée par tous les philosophes et les lettrés, et conservée parmi les ouvrages du maître, dans la bibliothèque d'Alexandrie. Si l'on en croit un catalogue de Saint-Pétersbourg (5), il en existera encore une copie égyptienne au iiie siècle de notre

(1) Nᵒ 135 : Πολιτείας πόλεων ἰδιωτικῶν καὶ δημοκρατικῶν καὶ ὀλιγαρχικῶν καὶ ἀριστοκρατικῶν καὶ τυραννικῶν ρνη.

(2) Art. Πτολεμαῖος.

(3) Dans la *Vie anonyme* du *Codex Marcianus* 257 (bombycin du XIVᵉ s.), il est dit, à propos du testament d'Aristote : Καὶ τελευτᾷ ἐκεῖσε διαθήκην ἔγγραφον καταλιπών, ἣ φέρεται παρά τε Ἀνδρονίκῳ καὶ Πτολεμαίῳ μετὰ τοῦ πίνακος τῶν αὐτοῦ συγγραμμάτων (*fol.* 277ᵃ). Nous savions, d'autre part, que Ptolémée avait composé ce catalogue : *Elias, in Arist. cat.,* p. 22, 11, Br., dit : Τῶν Ἀριστοτελικῶν συγγραμμάτων πολλῶν ὄντων, χιλίων τὸν ἀριθμὸν, ὥς φησι Πτολεμαῖος ὁ φιλάδελφος (Rose : φιλόσοφος), ἀναγραφὴν αὐτῶν ποιησάμενος καὶ τὸν βίον αὐτοῦ καὶ τὴν διάθεσιν (Rose : διαθήκην).

(4) Nᵒ 81 : Πολιτεῖαι ρξα.

(5) Zundel. *Ein griechischer Buecherkatalog aus Egypten* (*Rheinisches Museum,* XXI, p. 431 et suivantes).

ère. Il n'est donc pas surprenant qu'elle nous ait été rendue par l'Égypte. Au 1ᵉʳ siècle après Jésus-Christ, quand s'épuisaient déjà les controverses soulevées par la philosophie du Lycée, quand naissait une nouvelle école péripatéticienne, préoccupée surtout, non plus de discuter la doctrine, mais d'expliquer l'œuvre d'Aristote, l'on classa les ouvrages transmis sous son nom; l'on s'efforça d'en distinguer ceux qui lui étaient indûment attribués; l'on établit la liste de ceux dont l'authenticité n'était pas contestée. Les *Constitutions* étaient rangées parmi ces derniers. Le nombre, indiqué dans les catalogues, est, sans doute, trop grand pour ne pas éveiller des doutes; il est évident que certaines parties du *Recueil* étaient apocryphes; mais cette condamnation ne saurait être étendue aux plus importantes, ni surtout à la *Constitution d'Athènes*. La critique moderne semble donc fondée à accepter le jugement de l'antiquité.

Les œuvres systématiques, les ἀκροάσεις, ont eu une fortune toute différente, et ne nous sont point parvenues par Alexandrie. Certaines étaient, du vivant même d'Aristote, sorties de sa bibliothèque. Les commentateurs Ammonius, Simplicius, Jean Philopon, David, Galien, nous apprennent, par exemple, que la libéralité de Ptolémée Philadelphe avait encouragé les falsifications des ouvrages du philosophe; que, de tous côtés, on lui apportait des traités apocryphes; et qu'il y avait, dans la Grande Bibliothèque, deux livres de *Catégories* et jusqu'à quarante livres d'*Analytiques* (1). Ces imitations suffisent à prouver que les deux originaux étaient connus des philosophes. Ammonius (2) nous avertit que les disciples Eudème et Phanias écrivirent à l'envi de leur maître sur les sujets qu'il avait traités, et sous les titres mêmes qu'il avait choisis. Théophraste compose des *Topiques* (3).

---

(1) C'est par Jean Philopon (*in Cat.* 39, a, 20) que nous est donné ce renseignement. Il dit, en effet, qu'il y avait, dans la bibliothèque d'Alexandrie une édition en μ. βι6λ. Mais il faut vraisemblablement corriger μ. en η.

(2) Ammonius, *in Categ.* f. 3, a.

(3) Simplicius, *in Categ.* f. 105, a. Cf. Cicéron, *de Finibus*, I, 2.

Pasiclès, neveu d'Eudème, est l'auteur d'un ouvrage sur les *Catégories*. Eudème possédait la Φυσιχὴ ἀκρόασις; en effet, dans une lettre, dont Simplicius (1) nous a conservé un fragment, Théophraste lui envoie une rectification à un passage du cinquième livre, qu'il lui avait demandée. Nous savons, par Asclépius de Tralles, qu'après avoir écrit la *Métaphysique*, Aristote l'envoya à son disciple Eudème de Rhodes; que celui-ci ne voulut pas livrer au public une œuvre inachevée; et qu'après sa mort, ceux qui héritèrent l'ouvrage tentèrent d'en combler les lacunes par des emprunts faits à ceux des écrits du philosophe qui étaient en leur possession (2). Cicéron avait les *Topiques* dans sa bibliothèque de Tusculum; et c'est pour en expliquer le contenu à son ami, le jurisconsulte C. Trebatius (3), qu'il composa, sous le même titre, son propre traité sur les lieux communs. Mais ce n'étaient là que des exceptions. La plupart des ouvrages systématiques,

(1) Simplicius, *in Phys.* f. 216, a.

(2) Voir le ms. 1904 de la Bibliothèque Nationale, cité par Ravaisson, dans le tome Ier de son *Essai sur la Métaphysique d'Aristote* (Paris, 1837).

(3) Cicéron, *Topiques*, I, 1. Il s'adresse à Trebatius : « Cum enim mecum in Tusculano esses et in bibliotheca separatim uterque nostrum ad suum studium libellos quos vellet evolveret, *incidisti in Aristotelis Topica quaedam, quae sunt ab illo pluribus libris explicata. Qua inscriptione commotus, continuo a me librorum eorum sententiam requisisti.* Cumque tibi exposuissem disciplinam inveniendorum argumentorum, ut sine ullo errore ad eam ratione et via perveniremus ab Aristotele inventa, illis libris contineri, verecunde tu quidem, ut omnia, sed tamen ut facile cernerem te ardere studio, mecum, ut tibi illam traderem, egisti. Cum autem ego te non tam vitandi laboris mei causa quam quia tua id interesse arbitrarer, vel ut eos per te ipse legeres, vel ut totam rationem a doctissimo quodam rhetore acciperes, hortatus essem, utrumque, ut ex te audiebam, es expertus. Sed a libris te obscuritas rejecit. *Rhetor autem magnus haec, ut opinor, Aristotelia se ignorare respondit. Quod quidem minime sum admiratus, eum philosophum rhetori non esse cognitum, qui ab ipsis philosophis, praeter admodum paucos, ignoretur.* Quibus eo minus ignoscendum est, quod non modo rebus iis, quae ab illo dictae et inventae sunt, allici debuerunt, sec dicendi quoque incredibili quadam cum copia, tum etiam suavitate ». Les *Topiques* devaient être compris dans la collection d'Alexandrie. Nous relevons, dans le Catalogue de Diogène, plusieurs titres qui peuvent s'appliquer à cet ouvrage : n° 55 : ὅροι πρὸ τῶν τοπιχῶν α̅, β̅, γ̅, δ̅, ε, ϛ, ζ; n° 59 : τὰ πρὸ τῶν τόπων α; n° 60 : τοπιχῶν πρὸς τοὺς ὅρους α, β.

et, parmi eux, la *Politique,* ne furent pas publiés avant qu'Apellikon eût acquis la bibliothèque d'Aristote. Cicéron, nous l'avons vu, cite les Πολιτεῖαι; mais il ignore la *Politique* (1); et c'est de la *République* de Platon qu'il s'inspire, dans son *de Republica.* Les Stoïciens accusaient les Péripatéticiens de ne pas connaître la dialectique; or, c'est Aristote qui l'avait fondée comme science. Il faut donc admettre que la plupart de ses disciples n'avaient pu étudier les traités, dans lesquels il en avait exposé les principes (2). Il n'est pas jusqu'au commentateur David, qui ne semble avoir mieux connu les Πολιτεῖαι que la *Politique.* Et, de fait, elle n'est point citée avant Alexandre d'Aphrodisias, qui vivait sous le règne de Septime Sévère.

A la mort d'Aristote, ses manuscrits et sa bibliothèque passèrent à Théophraste, qui resta le chef de l'école péripatéticienne d'Athènes. Quand Théophraste mourut, en 287, trente-cinq ans après son maître, ses livres furent donnés, par testament, à son disciple et ami Nélée, qui les transporta à Skepsis, ville d'Asie, située en Éolie, près de la Troade (3). Là ils devaient

(1) Telle est, du moins, l'opinion de Madvig (*Excursus* VII *ad Cic. de Finibus,* p. 855) : « Non dubito profiteri Ciceronem mihi videri *Dialogos* Aristotelis populariter scriptos et *Rhetorica* (quibus hic *Topica* adnumero), tum Πολιτείας legisse; difficiliora vero, quibus omnis interior philosophia continebatur, aut omnino non attigisse, aut si aliquando attigerit, non longe progressum esse, ut ipse de subtilioribus Aristotelis sententiis aliquid habere possit explorati ».

(2) Voir Cicéron, *de Finibus,* III, 12, 41 : « Tum ille : His igitur ita positis, inquit, sequitur magna contentio quam tractatam a Peripateticis mollius (*est enim eorum consuetudo dicendi non satis acuta propter ignorationem dialecticae*) Carneades tuus egregia quadam exercitatione in dialecticis summaque eloquentia rem in summum discrimen adduxit. » Cf. *Tusculanes,* IV, 5, 9 : « Quia Chrysippus et Stoïci, cum de animi perturbationibus disputant, magnam partem in iis partiendis et definiendis occupati sunt, illa eorum perexigua oratio est, qua medeantur animis nec eos turbulentos esse patiantur. Peripatetici autem ad placandos animos multa afferunt, *spinas partiendi et definiendi praetermittunt.* » Dans le *de Finibus,* V, 5, 13, parlant du péripatéticien Lykon, Cicéron dit : « Lyco, oratione locuples, *rebus ipsis jejunior.* »

(3) Diogène de Laerte, V, 52, cite le testament de Théophraste : Τὸ δὲ χωρίον τὸ ἐν Σταγείροις ἡμῖν ὑπάρχον δίδωμι Καλλίνῳ, τὰ δὲ βιβλία πάντα Νηλεῖ.

rester, pendant près de deux siècles, en la possession des descendants de Nélée, qui n'avaient aucun goût pour la philosophie. Environ trente ou quarante ans après la mort de Théophraste, les rois de Pergame eurent l'ambition de composer une bibliothèque, qui pût rivaliser avec celle d'Alexandrie. Il est vraisemblable qu'ils s'emparèrent des livres de leurs sujets. Skepsis était placée sous leur domination; les descendants de Nélée durent, pour sauver leurs volumes, les cacher dans une cave, où ils restèrent exposés à toute sorte de dommages, jusqu'à la mort du roi Attale, survenue en 133 avant Jésus-Christ. Pergame fut alors abandonnée aux Romains. Les livres furent tirés de leur cachette et vendus, moyennant un prix très élevé, à Apellikon de Téos, riche habitant d'Athènes, chef du parti de Mithridate, et attaché à la secte péripatéticienne. C'est ainsi que revinrent dans la ville, où ils avaient été composés, les ouvrages d'Aristote et de Théophraste. Ces manuscrits étaient en désordre. Les uns étaient gravement endommagés; les autres, incomplets. Apellikon en fit de nouvelles copies, s'étudiant à suppléer aux lacunes et aux parties devenues illisibles. C'était, en effet, un érudit; il était l'auteur d'une biographie d'Aristote, écrite pour réfuter certaines assertions mensongères de ses historiens; mais, au témoignage de Strabon (1), il n'était pas philosophe, et ses copies étaient

(1) Sur cette histoire de la bibliothèque d'Aristote, nous avons deux témoignages fort importants : celui de Strabon (XIII, 608, 54), et celui de Plutarque (*Vie de Sylla*, XXVI). M. Ravaisson (*Essai sur la Métaphysique d'Aristote*, t. I) a très justement observé que le récit de Plutarque est un abrégé de celui de Strabon. Il est cependant plus impartial, et, par conséquent, moins affirmatif. Peut-être Strabon avait-il, comme son ami Boethos, été le disciple d'Andronikos, et cherche-t-il à rehausser le mérite des travaux de son maître, en exagérant l'ignorance où l'on était des principaux écrits d'Aristote. L'abréviateur d'Athénée dit, au début du *Banquet des Sophistes* (I, 2), que Ptolémée Philadelphe acheta à Nélée tous les livres d'Aristote et de Théophraste, dont il avait hérité, pour les transporter dans la bibliothèque d'Alexandrie avec ceux qui venaient d'Athènes et de Rhodes. M. Ravaisson pense que Nélée avait seulement vendu des copies et légué à ses descendants les manuscrits originaux. De quelque manière qu'il doive être interprété, le

remplies d'erreurs. En 86, Sylla assiégea et prit Athènes. Il explora en personne la bibliothèque d'Apellikon, s'en empara et la transporta à Rome. Les livres furent confiés à un bibliothécaire, et plusieurs des Grecs qui résidaient à Rome purent en approcher; entre autres, Tyrannion, ami de Cicéron et chaud admirateur d'Aristote. Ce Tyrannion avait été précepteur de Strabon; et Boethos, qui étudia la philosophie péripatéticienne avec ce dernier, avait eu pour maître Andronikos de Rhodes. Celui-ci eut, grâce à son élève, accès dans la bibliothèque, où étaient déposés les ouvrages d'Aristote, et entreprit de les publier. Il classa les traités d'après l'analogie des sujets, en corrigea le texte, en dressa la table. Son édition répondait à un besoin pressant. Des libraires peu scrupuleux avaient, dans une pensée de lucre, fait circuler des copies défectueuses, prises à la hâte par des scribes ignorants. Cependant les manuscrits originaux étaient si endommagés, et les corrections d'Apellikon avaient été si arbitraires, que le travail d'Andronikos ne pouvait être définitif. Il n'en fut pas moins le premier modèle des éditions modernes. L'ordre dans lequel sont classés les traités vient, en effet, de Rome, non d'Alexandrie (1).

Andronikos avait ouvert aux études de philosophie péripatéticienne une ère nouvelle. Les œuvres systématiques d'Aristote ne cessèrent plus, jusqu'aux temps modernes, d'être lues et commentées. Tandis que le *Recueil des Constitutions*, autrefois

---

témoignage d'Athénée corrige les exagérations de Strabon. Il est vraisemblable que plusieurs des ouvrages d'Aristote étaient sortis de l'école et étaient conservés à Alexandrie. N'est-ce pas, d'ailleurs, ce que Strabon lui-même semble indiquer, quand il dit qu' « Aristote enseigna aux rois d'Egypte à composer une bibliothèque »? Le philosophe ne put, en effet, les instruire que par l'exemple, qu'il leur avait donné en classant ses livres; car, à l'époque où Ptolémée ouvrit la bibliothèque du Bruchéion, il était mort depuis plus de vingt-et-un ans.

(1) Telle est, du moins, l'opinion de SPENGEL : *Ueber die Reihenfolge der Naturwissenschaftlischen Schriften des Aristoteles (München. philol. Abhandl.* 1848).

si populaire, tombait dans l'oubli, la *Politique*, dont, pendant longtemps, les anciens n'avaient même pas soupçonné l'existence, devenait, dans l'école, une œuvre classique. Jusqu'à la découverte de Kenyon, la critique moderne ne connaissait que l'exposé théorique des idées politiques du philosophe. Mais l'ignorance où elle fut tenue, avant la publication du papyrus, ne peut l'autoriser à démentir le témoignage de l'Antiquité, à révoquer en doute l'œuvre de l'historien, et à rejeter, comme apocryphe, la *Constitution d'Athènes*.

DEUXIEME PARTIE

———

LES

RÉVOLUTIONS CONSTITUTIONNELLES D'ATHÈNES

———

DEUXIÈME PARTIE

Les Révolutions constitutionnelles d'Athènes

CHAPITRE PREMIER

Les Origines de la cité athénienne

La *Constitution d'Athènes* est divisée en deux parties. Dans
la première, sont racontées les révolutions politiques, accomplies à Athènes, depuis la fondation de la cité, jusqu'à la restauration de la démocratie, qui suivit l'expulsion des Trente.

Les premiers chapitres de l'ouvrage n'ont pas été conservés.
Le papyrus commence à l'exposition du régime qui était en
vigueur avant la réforme de Dracon. Or, dans le chapitre XLI,
qui résume toute la première partie, Dracon n'est nommé qu'après
Ion et Thésée : « Le premier établissement fut celui d'Ion et
de ceux qui occupèrent le pays avec lui. C'est alors que, pour
la première fois, le peuple fut divisé en quatre tribus et que
les rois des tribus furent institués. Vint ensuite, — et ce fut le
premier changement qui introduisit une véritable constitution, —
le gouvernement de Thésée, qui s'écartait un peu de la royauté.
Puis la Constitution de Dracon... » (1). Nous avons donc perdu

(1) *Const. d'Ath.*, XLI, 2.

les chapitres, où il était parlé d'Ion, et une partie de ceux dans lesquels il était traité de Thésée et de sa Constitution. Mais les résumés des compilateurs et les citations des lexicographes nous permettent de compléter les indications données par l'auteur lui-même, et de suppléer en partie à cette lacune.

Hérakleidès (1) dit qu'à l'origine les Athéniens étaient gouvernés par des rois, et que c'est après l'établissement d'Ion qu'ils reçurent le nom d'Ioniens. Selon l'auteur même de l''Αθηναίων πολιτεία, au chapitre III, 2, Ion aurait été appelé et investi du titre de polémarque, parce que certains rois avaient montré de la faiblesse à la guerre. Ce renseignement est d'ailleurs confirmé par la *Politique*. Le philosophe distingue cinq espèces de royautés, et, parmi elles, il définit ainsi la royauté primitive : Une quatrième forme de monarchie royale est, dit-il, celle des temps héroïques, consentie par les citoyens et reconnue héréditaire par la loi. Ce sont, en effet, les premiers bienfaiteurs des peuples, ceux qui leur avaient donné les arts ou la victoire à la guerre, qui les avaient réunis en cités, ou qui leur avaient conquis un territoire, à qui le consentement de leurs sujets conféra la royauté, et qui transmirent le pouvoir à leurs fils. Ces rois commandaient à la guerre et accomplissaient tous les sacrifices qui n'exigeaient pas l'intervention d'un prêtre; en outre, ils jugeaient les procès, tantôt avec, tantôt sans la garantie du serment; ils juraient en levant leur sceptre. Dans les temps anciens, le pouvoir de ces rois s'étendait à toutes les affaires politiques de l'intérieur et de l'extérieur, sans exception; mais, plus tard,

(1) Cet Hérakleidès n'est pas Hérakleidès de Pont, disciple de Platon, mais probablement Hérakleidès Lembos, compilateur du II⁰ siècle avant notre ère. Il est vraisemblable que son ouvrage Περὶ πολιτειῶν, qui comprend les sommaires de quarante-trois *Constitutions*, était le résumé des Πολιτεῖαι d'Aristote. (Voir sur ce sujet : *Schneidewin* : ᾽Εκ τῶν ῾Ηρακλείδου περὶ πολιτειῶν. Göttingen, 1847). Le fragment auquel nous faisons allusion est le suivant : ᾽Αθηναῖοι τὸ μὲν ἐξ ἀρχῆς ἐχρῶντο βασιλείᾳ, συνοικήσαντος δὲ ῎Ιωνος αὐτοῖς, τότε πρῶτον ῎Ιωνες ἐκλήθησαν.

soit par leurs renonciations volontaires, soit par les exigences
des peuples, la plupart des cités ne leur laissèrent que la présidence héréditaire des sacrifices ; et, là où la royauté était
encore digne de ce nom, elle n'avait gardé que le commandement des armées hors des frontières (1). Cette définition de la
royauté primitive s'applique exactement au régime inauguré à
Athènes par l'établissement d'Ion ; et il semble que le philosophe généralise ici l'observation faite par l'historien.

Harpocration (2) cite Aristote : il dit qu'après l'établissement
d'Ion, les Athéniens prirent le nom d'Ioniens et honorèrent en
commun Apollon Patroos. Aristote devait, en effet, mentionner
cette légende, afin de montrer à quelle époque lointaine les
Athéniens commencèrent à célébrer un culte national. Peut-être
aussi expliquait-il l'épithète πατρῷος, en rappelant qu'Ion était,
suivant la tradition, né d'Apollon et de Créuse, fille d'Erechthée,
de telle sorte que le héros éponyme de l'Attique avait une
origine divine. C'est encore Harpocration (3) qui nous apprend
que chacune des quatre tribus, entre lesquelles étaient partagés
les Athéniens, comprenait elle-même trois groupes, appelés
trittyes et *phratries*, et que chaque trittye se subdivisait, à son
tour, en trente *familles* (γένη). Or, dans la *Politique*, Aristote
explique cette division de la cité en phratries. Elle a pour effet
de resserrer les liens de la société. Car la cité ne peut atteindre
à son but, qui est de s'assurer une existence complète et se
suffisant à elle-même, que par l'association politique et le mariage ;
et c'est précisément là ce qui a donné naissance aux alliances
de familles, aux phratries, aux sacrifices et à la vie commune (4).

Hérakleidès, dans son *epitome*, dit, après avoir parlé d'Ion,
et avant de nommer Thésée, que « Pandion, ayant régné après

(1) *Politique*, III, 9, 7, 1285, b, 4.
(2) Art. Ἀπόλλων πατρῷος.
(3) Art. Γεννῆται.
(4) *Politique*, III, 5, 13, 1280, b, 31.

Erechthée, partagea son royaume entre ses fils, et que la division régna parmi eux ». L'auteur de l''Αθηναίων πολιτεία avait donc consacré un chapitre à Pandion et à ses fils, mais il ne nous en est rien resté.

Il était ensuite question de Thésée. Nous avons précédemment cité le chapitre de résumé, dans lequel l'historien attribue à Thésée la première Constitution, et déclare que ce régime s'écartait un peu de la royauté (1). Héraklcidès s'exprime ainsi : « Thésée appela, dans une proclamation, tous les citoyens à jouir de droits égaux et semblables ». Ce n'est là qu'une indication bien vague; mais Plutarque, qui, dans sa *Vie de Thésée*, cite Aristote, nous permet de la préciser. En effet, si l'on compare les expressions d'Héraklcidès et de Plutarque, il semble que celui-ci ait suivi de très près et transcrit mot pour mot le texte d'Aristote (2). Voulant agrandir encore la cité, dit Plutarque, Thésée appela tous les gens du peuple, leur promettant les mêmes droits; mais, pour maintenir l'ordre dans cette démocratie, il sépara les eupatrides des cultivateurs et des artisans ; les eupatrides connurent des choses divines, fournirent les magistrats, enseignèrent les lois, interprétèrent le droit public et le droit sacré ; mais il y eut entre les trois classes de citoyens une sorte de balance : les eupatrides eurent l'avantage de la considération, les cultivateurs de l'utilité, les artisans du nombre. « Que Thésée ait le premier incliné vers la foule, *comme dit Aristote*, et renoncé à la monarchie, c'est ce dont semble témoigner Homère, dans le *Catalogue des Vaisseaux*, où les Athéniens seuls sont désignés par le nom de peuple (δῆμος) » (3).

Après avoir exposé les réformes de Thésée, l'auteur racon-

(1) *Const. d'Ath.*, XLI, 2.
(2) Plutarque, *Vie de Thésée*, 25 : "Ἔτι δὲ μᾶλλον αὐξῆσαι τὴν πόλιν βουλόμενος ἐκάλει πάντας ἐπὶ τοῖς ἴσοις... Cf. Héraklcidès : Θησεὺς δὲ ἐκήρυξε καὶ συνεβίβασε τούτους ἐπ'ἴσῃ καὶ ὁμοίᾳ.
(3) Plutarque, *Vie de Thésée*, 25.

tait, sans doute, sa mort et les troubles qui l'avaient suivie. C'est, du moins, ce que donne à croire le résumé d'Hérakleidès, qu'à défaut d'autre texte, il convient de citer : « Thésée alla mourir à Scyros, où il fut précipité du haut des rochers par Lykomèdes, qui craignait qu'il n'usurpât la souveraineté de l'île. Plus tard, après les guerres médiques, les Athéniens rapportèrent ses ossements. Ils ne choisissaient plus leurs rois parmi les Codrides, devenus, à leur gré, trop inactifs et trop mous. L'un des Codrides, Hippomènes, qui voulait écarter de lui cette accusation, ayant surpris un amant avec sa fille Leimoné, le mit à mort en l'attachant derrière son char, et enferma sa complice avec un cheval jusqu'à ce qu'elle mourût ».

Le passage qui suit se rapporte aux premiers mots de la *Constitution d'Athènes*, qui nous aient été conservés. Cylon tenta de s'emparer de la tyrannie ; il échoua et se réfugia avec ses partisans près de l'autel d'Athéna. Mégaklès et les siens les massacrèrent et furent ensuite exilés comme sacrilèges. L'accusation qui leur avait été intentée fut soutenue par Myron. C'est à ce nom que commence le texte du papyrus de Londres. Après le discours de Myron, les sacrilèges furent condamnés ; l'on arracha de leurs sépultures les ossements des coupables, et la famille des Alcméonides fut à jamais exilée. C'est alors que l'on appela Epiménide de Crète, pour purifier la ville (c. I). Cet Epiménide est cité dans la *Politique*, mais il n'y est pas fait allusion au sacerdoce dont il fut investi (1). Ce n'est là, d'ailleurs, qu'un menu fait, sur lequel ne pouvait être attirée l'attention du philosophe.

L'historien expose ensuite les institutions sociales et les institutions politiques d'Athènes, à l'époque où s'accomplirent ces événements. Le régime en vigueur était une oligarchie absolue. Les pauvres et leurs familles étaient les serfs des riches ; ils

---

(1) *Politique*, I, 1, 6, 1252, b, 14.

n'avaient droit qu'au sixième des fruits produits par le sol qu'ils cultivaient (ἐκτήμοροι); ils étaient soumis à la contrainte par corps. Aussi s'irritaient-ils vivement de ne pas avoir leur part de la terre (c. II).

Les magistratures étaient, à l'origine, viagères. Elles devinrent ensuite décennales. Les plus importantes étaient celles du roi, du polémarque et de l'archonte. La royauté existait dès le principe; la polémarchie était contemporaine d'Ion; l'archontat fut créé sous le règne de Médon, si l'on en croit la plupart des auteurs; suivant quelques autres, elle datait d'Acastos (1). Nous avons cité plus haut, et nous n'avons ici qu'à rappeler le passage de la *Politique* dans lequel Aristote explique les démembrements successifs de la royauté héroïque (2). Les thesmothètes ne furent institués que longtemps après, quand déjà les magistratures étaient devenues annuelles. Ils avaient pour fonction « de rédiger par écrit les *décisions judiciaires* et de les conserver, pour qu'elles pussent servir à juger ceux qui violeraient la loi (ὅπως ἀναγράψαντες τὰ θέσμια φυλάττωσι πρὸς τὴν τῶν παρανομούντων κρίσιν) (3). Par *décisions judiciaires*, nous traduisons le mot θέσμια, par lequel l'auteur distingue la *coutume* de la *loi* (4). Cette distinction a son importance. En effet, l'auteur dira au chapitre XLI, 2, que des *lois* (νόμους) furent, pour la première fois, rédigées sous Dracon (5); il se contredirait donc, si, dans le présent chapitre, il n'employait le mot θέσμια.

Les archontes jugeaient sans appel les affaires qui leur ressortissaient. L'auteur remarque, en passant, que leur rôle n'était

----

(1) Ce sont les *Atthidographes*, comme Cleidémos et Phanodémos, que cite ici l'historien.

(2) *Politique*, III, 9. 7, 1285, b, 4.

(3) *Const. d'Ath.*, III, 4.

(4) Au chapitre XVI, 10, ce mot se lit dans une citation, faite par l'auteur, à propos des lois qui punissaient la tyrannie : Νόμος γὰρ αὐτοῖς ἦν ὅδε· « θέσμια τάδε Ἀθηναίοις καὶ πάτρια· ἐάν τινες τυραννεῖν ἐπανιστῶνται... »

(5) *Const. d'Ath.*, XLI, 2 : Μετὰ δὲ ταύτην ἡ ἐπὶ Δράκοντος, ἐν ᾗ καὶ νόμους ἀνέγραψαν πρῶτον. Nous reviendrons plus bas sur ce texte.

pas alors borné, comme il le sera dans la suite, à l'instruction criminelle. Or, dans la *Politique*, Aristote dénonce comme démagogique, le régime dans lequel les magistrats ne peuvent rien décider souverainement et ne peuvent prononcer qu'un jugement provisoire (1).

Les archontes sortis de charge entraient à l'Aréopage. Ce conseil viager faisait observer la loi, dirigeait l'administration, punissait par des amendes et des châtiments corporels les auteurs de tout désordre (c. III). L'historien se contente ici d'énumérer les attributions des Aréopagites; mais, l'auteur de la *Politique*, jugeant la Constitution spartiate, blâme l'institution d'un Sénat élu à vie. Composée d'hommes sages et suffisamment préparés par leur éducation à la vertu, on pourrait croire que cette assemblée offre toute garantie à l'État. Cependant de laisser, durant leur vie entière, des hommes prononcer sans appel sur des causes importantes, c'est une institution qui prête à la critique; car l'intelligence, comme le corps, a sa vieillesse. Mieux eût valu pas en rendre irresponsables les membres de ce conseil. Les magistratures doivent être confiées au mérite, qu'il les accepte ou les refuse (2).

(1) Il est intéressant de comparer les deux textes :

Const. d'Ath., III, 5 : Κύριοι δ' ἦσαν καὶ τὰς δίκας αὐτοτελεῖς κρίνειν, καὶ οὐχ ὥσπερ νῦν προανακρίνειν.

Politique, VI, 11, 5, 1298, a, 28 : Τέταρτος δὲ τρόπος τὸ πάντας περὶ πάντων βουλεύεσθαι συνιόντας, τὰς δ' ἀρχὰς περὶ μηδενὸς κρίνειν ἀλλὰ μόνον προανακρίνειν, ὅνπερ ἡ τελευταία δημοκρατία νῦν διοικεῖται τρόπον...

(2) *Politique*, II, 6, 17, 1270, b, 37 et suivants.

CHAPITRE DEUXIÈME

Dracon

A l'exposé des institutions sociales et politiques d'Athènes, dans le temps qui suivit la condamnation des Alcméonides (c. II — III), succède (c. IV) le résumé d'une Constitution attribuée à Dracon, qui l'aurait promulguée sous l'archontat d'Aristaichmos.

La composition de ce chapitre est régulière ; le plan en est simple et apparent. La division est la suivante : l'auteur, après avoir indiqué le temps, durant lequel s'est exercée l'activité législative de Dracon, définit d'abord les droits politiques conférés par sa Constitution et les conditions censitaires qui les limitent ; il traite ensuite du Conseil des Quatre cent un ; il explique, en troisième lieu, quel rôle jouait le Sénat de l'Aréopage ; et, enfin, il termine en remarquant que la condition sociale des pauvres n'était pas changée par cette réforme. Il est intéressant de constater qu'il n'y a là aucune confusion, car les diverses parties de ce chapitre ne seraient pas aussi rigoureusement ordonnées, si elles avaient, suivant l'hypothèse de Busolt, été empruntées à la *Chronique* d'Athènes (1).

La Constitution attribuée à Dracon réservait les droits politiques aux citoyens en état de s'armer (τοῖς ὅπλα παρεχομένοις). Ceux-ci choisissaient (ᾑροῦντο) les neuf archontes et les trésoriers parmi les citoyens qui possédaient un cens d'au moins

---

(1) Busolt : *Zur Gesetzgebung Drakons* (*Philologus.* L. p. 393). C'est Thalheim, dans son article sur *die drakontische Verfassung bei Aristoteles* (*Hermès.* XXIX, p. 458), qui a le plus clairement démontré combien est simple la composition du c. IV de l' ᾿Αθηναίων πολιτεία.

dix mines, libres de toute charge (οὐκ ἐλάττω δέκα μνῶν ἐλευθέραν) ; les magistrats inférieurs, parmi les citoyens en état de s'armer ; les stratèges et les hipparques (στρατηγοὺς δὲ καὶ ἱππάρχους), parmi les propriétaires d'au moins cent mines (οὐκ ἔλαττον ἢ ἑκατὸν μνῶν ἐλευθέραν), pères d'enfants légitimes, âgés d'au moins dix ans. Jusqu'à la reddition de leurs comptes, tous ces magistrats restaient sous la surveillance des prytanes (πρυτάνεις), des stratèges, et des hipparques de l'année précédente.

Le Conseil comprenait quatre cent un membres, tirés au sort parmi les citoyens âgés de plus de trente ans. Nul ne pouvait en faire deux fois partie avant que tous les candidats fussent tombés au sort. Tout conseiller qui n'assistait pas aux séances était condamné à une amende de trois drachmes (τρεῖς δραχμάς), s'il appartenait à la classe des pentacosiomédimnes (πεντακοσιομέδιμνος) ; de deux, s'il était cavalier (ὁ δὲ ἱππεὺς δύο) ; d'une, s'il était zeugite (ὁ ζευγίτης δὲ μίαν).

L'Aréopage (ἡ βουλὴ ἡ ἐξ Ἀρείου πάγου) veillait au maintien des lois. Tout citoyen y pouvait produire une accusation, à la condition de citer la loi violée par le coupable.

La terre restait aux mains d'un petit nombre de propriétaires, et les pauvres étaient soumis à la contrainte par corps.

Telles sont les principales dispositions législatives attribuées à Dracon, dans le chapitre IV de l' Ἀθηναίων πολιτεία. Or les ouvrages systématiques d'Aristote ne font aucune allusion à cette constitution. Dans la *Rhétorique*, le philosophe cite le jeu de mot d'Hérodicos sur les lois impitoyables de Dracon, lorsqu'il disait « que ces *lois* n'étaient pas l'œuvre d'un homme, mais d'un dragon ». Mais il n'est question, dans ce passage, que de *lois* (νόμοι), non de *constitution* (τάξις τῆς πολιτείας) (1). De même, dans la *Politique*, il est dit que Dracon codifia seulement, pour la constitution qui était en vigueur de son temps, les

_____

(1) *Rhétorique*, II, 23, 1400, b, 21.

coutumes civiles et criminelles, et que les lois qu'il promulgua ne se distinguaient que par leur sévérité (1). Les éditeurs Bojesen et Susemihl considèrent comme interpolé le chapitre dans lequel est comprise cette phrase. Nous ne ferons aucune difficulté de reconnaître qu'il présente, en effet, tous les caractères d'une addition postérieure ; mais, pour être apocryphe, il n'en est pas moins fort ancien, et il nous suffit que l'auteur, quel qu'il soit, confirme le témoignage de la *Rhétorique*, et contredise la *Constitution d'Athènes*.

Ce n'est pas tout. Le mécanisme du roulement, appliqué au recrutement du Conseil des quatre-cent-un, et qui n'eût guère convenu à une population, dont une partie vivait hors de la ville, ne fonctionne que dans les démocraties. Dans la *Politique*, Aristote, énumérant les diverses manières d'admettre la totalité des citoyens à l'Assemblée publique, dit que, souvent, l'on fait participer tous les magistrats à la délibération ; comme les magistratures sont temporaires, tous les citoyens y sont appelés à tour de rôle, jusqu'à ce que toutes les tribus et les plus petites fractions de la cité les aient successivement exercées. Il définit ensuite trois autres systèmes, puis il conclut en disant que tous ces modes sont *démocratiques* (2). Il ignorait donc la disposition législative attribuée à Dracon. Ici encore la *Politique* est en contradiction formelle avec la *Constitution d'Athènes*.

D'ailleurs, ce ne sont pas seulement les œuvres systématiques d'Aristote, qui peuvent être opposées au chapitre de l' Ἀθηναίων πολιτεία, relatif à Dracon, ce sont aussi les autres parties de l'ouvrage. En effet, au chapitre VII, 1, l'auteur dit que Solon rédigea une Constitution (πολιτείαν) et des lois (νόμους) ;

(1) *Politique*, II, 9, 5, 1274, b, 15 : Δράκοντος δὲ νόμοι μέν εἰσι, πολιτείᾳ δ' ὑπαρχούσῃ τοὺς νόμους ἔθηκεν· ἴδιον δ' ἐν τοῖς νόμοις οὐδέν ἐστιν ὅ τι καὶ μνείας ἄξιον, πλὴν ἡ χαλεπότης διὰ τὸ τῆς ζημίας μέγεθος.
(2) *Politique*, VI, 11, 3, 1298, a, 14.

que, par conséquent, les lois (θεσμοί) de Dracon furent abrogées, à l'exception de celles qui punissaient le meurtre. Ici encore, il n'est fait aucune mention d'une Constitution.

Dans le même chapitre (1), l'historien ajoute que Solon partagea les citoyens en *quatre* classes censitaires, *suivant la division précédemment établie* (καθάπερ διῄρητο καὶ πρότερον). Que signifient ces mots? Ils ne peuvent se rapporter aux dispositions législatives attribuées à Dracon. Il n'était, en effet, question, au chapitre IV, que de *trois* catégories de citoyens, distingués par le cens : ceux qui étaient en état de s'armer et avaient accès aux magistratures inférieures; ceux qui possédaient au moins *dix mines* et pouvaient devenir archontes ou trésoriers, et enfin les propriétaires d'au moins *cent mines*, parmi lesquels se recrutaient les stratèges et les hipparques. Or, dans la Constitution de Solon, la division des classes est établie d'après la quantité de *médimnes*, que récoltent les citoyens en sec ou en liquide. Il n'y est nulle part question d'équipement militaire, et le cens n'y est en aucun endroit évalué en mines (2). Les mots καθάπερ διῄρητο καὶ πρότερον n'ont donc aucun sens. Ou bien ils contredisent le chapitre IV, et suffisent à le rendre suspect; ou bien ils ont été introduits dans le texte pour rattacher plus étroitement l'interpolation au reste du récit, en donnant à croire que l'œuvre législative de Dracon avait pu inspirer la Constitution de Solon.

Lorsque l'auteur explique la division censitaire établie par Solon, il s'exprime ainsi : ἔδει δὲ τελεῖν πεντακοσιομέδιμνον μὲν, ὅς ἂν ἐκ τῆς οἰκείας ποιῇ πεντακόσια μέτρα τὰ συνάμφω ξηρὰ καὶ ὑγρά, ἱππάδα δὲ τοὺς τριακόσια ποιοῦντας... (3). L'on a objecté (4) qu'il est ici parlé de μέτρα, non de μέδιμνοι; que la dénomination exacte

(1) *Const. d'Ath.*, VII, 3.
(2) *Const. d'Ath.*, VII, 4.
(3) *Const. d'Ath.*, VII, 4.
(4) Cette objection a été soulevée par Busolt, dans l'article précédemment cité.

de la première classe eût été πεντακοσιόμετροι ; mais que Solon a préféré se servir d'un mot qui avait déjà cours, quitte à en modifier le sens ; qu'il n'est donc pas surprenant que le terme de πεντακοσιομέδιμνοι soit employé dès l'époque de Dracon. Cette interprétation est, sans doute, ingénieuse ; mais, si elle permet de tourner la difficulté, elle ne la supprime pas. Dans la Constitution attribuée à Dracon, le cens des deux premières classes est évalué en mines. On ne voit donc pas à quoi peut se rapporter le mot πεντακοσιομέδιμνοι. Nous savons par Plutarque (1), que Solon estimait au même prix un mouton, une drachme, et un médimne de froment. Cinq cents médimnes auraient donc coûté cinq cents drachmes. Or, avant Solon, la mine ne contenait que soixante-dix drachmes. Cinq cents drachmes équivalaient donc à un peu plus de sept mines. Nous sommes loin du chiffre cent. Mieux vaut, par conséquent, admettre que les termes de πεντακοσιομέδιμνος, d'ἱππεύς, et de ζευγίτης, n'ont été introduits dans l'exposé de la prétendue Constitution de Dracon que pour mieux dissimuler l'interpolation, en rattachant l'une à l'autre l'œuvre des deux législateurs.

Au chapitre VIII, 1, l'historien explique le recrutement des magistratures institué par Solon. Les magistrats étaient tirés au sort, sur une liste de candidats préalablement élus dans chaque tribu (τὰς δ' ἀρχὰς ἐποίησε κληρωτὰς ἐκ προκρίτων, οὓς ἑκάστη προκρίνειε τῶν φυλῶν). Cette combinaison du choix et du sort est désignée par les mots αἵρεσις et αἱρεῖσθαι. Or, c'est αἱρεῖσθαι qui est employé à propos de Dracon (2). Admettrons-nous que Solon n'avait rien innové dans le recrutement des magistratures ? Mais cette hypothèse serait contredite par la *Politique*, dans laquelle Solon est loué d'avoir établi un parfait équilibre

(1) *Vie de Solon*, XXIII.
(2) *Const. d'Ath.* IV, 2 : Ἡιροῦντο δὲ τοὺς μὲν ἐννέα ἄρχοντας καὶ τοὺς ταμίας...

des trois éléments oligarchique, aristocratique et démocratique,
représentés : le premier, par l'Aréopage ; le second, par le
choix des magistrats (τὸ δὲ τὰς ἀρχὰς αἱρετὰς ἀριστοκρατικόν) ; le
troisième, par les tribunaux (1).

Le chapitre IV de la *Constitution d'Athènes* attribue à
Dracon la création d'un Conseil de quatre cent un membres,
tirés au sort parmi les citoyens jouissant des droits politiques
(βουλεύειν δὲ τετρακοσίους καὶ ἕνα τοὺς λαχόντας ἐκ τῆς πολιτείας) (2).
Or il est dit, dans l'exposé des réformes de Solon, qu'il institua un Conseil de quatre cents membres, cent par tribu
(βουλὴν δ᾽ ἐποίησε τετρακοσίους, ἑκατὸν ἐξ ἑκάστης φυλῆς) (3). Il y a
institua (ἐποίησε), et non pas *transforma*. La contradiction est
évidente.

Enfin, dans la Constitution de Dracon, il est fait mention
de prytanes, de stratèges et d'hipparques (4). Or, il sera dit,
au chapitre XXII, que les stratèges furent élus, à raison d'un
par tribu, après l'archontat d'Hermocréon, c'est-à-dire après
503/2 (5). Dans l'énumération des magistratures, ouvertes par
Solon aux trois premières classes censitaires, il n'est fait mention que des archontes, des trésoriers, des polètes, des onze
et des colacrètes ; il n'est encore question ni de stratèges, ni
d'hipparques, ni de prytanes (6). Dira-t-on que le mot πρυτάνεις
est ici synonyme de ἄρχοντες? Mais ce serait un emploi abusif
d'un terme consacré dans le droit public athénien.

Les contradictions qui viennent d'être relevées sont autant
de preuves décisives qui peuvent être alléguées contre l'au-

(1) *Politique*, II, 9, 2, 1273, b, 35.
(2) *Const. d'Ath.*, IV, 3.
(3) *Const. d'Ath.*, VIII, 4.
(4) *Const. d'Ath.*, IV, 2.
(5) *Const. d'Ath.*, XXII, 2 : Πρῶτον μὲν οὖν ἔτει πέμπτῳ μετὰ ταύτην τὴν
κατάστασιν, ἐφ᾽ Ἑρμοκρέοντος ἄρχοντος... ἔπειτα τοὺς στρατηγοὺς ᾑροῦντο
κατὰ φυλάς, ἐξ ἑκάστης τῆς φυλῆς ἕνα. Le mot ᾑροῦντο n'est ici employé que
par abus ; les stratèges étaient élus à main levée (χειροτονία).
(6) *Const. d'Ath.*, VII, 3.

thenticité du chapitre, où sont exposées les réformes de Dracon. En revanche, le résumé de cette Constitution présente avec le reste du récit certaines ressemblances, qu'il convient maintenant de faire ressortir et d'expliquer. Peut-être y trouverons-nous encore une nouvelle confirmation de notre hypothèse.

La Constitution attribuée à Dracon est de tous points conforme à l'idéal politique poursuivi par les réformateurs oligarchiques de 411, et, en particulier, par Théramène. Le rapprochement des textes suffira à rendre évidente cette analogie.

Dracon accorde les droits politiques à tous ceux qui sont en état de s'armer. De même, les Commissaires, institués par le décret de Pythodoros, confèrent les droits politiques aux Athéniens, qui, de leur personne et de leurs biens, sont le plus capables de remplir les liturgies. Lorsque les Quatre cents sont renversés, les Athéniens remettent le pouvoir aux Cinq mille citoyens en état de s'armer eux-mêmes :

c. IV, 2 : Ἀπεδέδοτο μὲν ἡ πολιτεία τοῖς ὅπλα παρεχομένοις.

c. XXIX, 5 : ... τὴν δ'ἄλλην πολιτείαν ἐπιτρέψαι πᾶσαν Ἀθηναίων τοῖς δυνατωτάτοις καὶ τοῖς σώμασιν καὶ τοῖς χρήμασιν λῃτουργεῖν...

c. XXXIII, 1 : ... κατέλυσαν τοὺς τετρακοσίους καὶ τὰ πράγματα παρέδωκαν τοῖς πεντακισχιλίοις τοῖς ἐκ τῶν ὅπλων...

Les Quatre cent un membres, qui composent le Conseil institué par Dracon, sont tirés au sort parmi les citoyens âgés d'au moins trente ans. Or, dans le texte de la Constitution provisoire, rédigée par les Cent, il est dit que le Conseil sera, selon la règle établie par les ancêtres, formé de quatre cents membres, quarante de chaque tribu, après un choix préalable fait par les phylètes, parmi les citoyens âgés de plus de trente ans.

c. IV, 3 : Βουλεύειν δὲ τετρα-κοσίους καὶ ἕνα τοὺς λαχόντας ἐκ τῆς πολιτείας. Κληροῦσθαι δὲ καὶ ταύτην καὶ τὰς ἄλλας ἀρχὰς τοὺς ὑπὲρ τριά-κοντ' ἔτη γεγονότας...

c. XXXI, 1 : Βουλεύειν μὲν τετρακοσίους κατὰ τὰ πάτρια, τεττα-ράκοντα ἐξ ἑκάστης τῆς φυλῆς ἐκ προκρίτων, οὓς ἂν ἕλωνται οἱ φυλέται τῶν ὑπὲρ τριάκοντα ἔτη γεγονότων.

Pour assurer l'assiduité aux séances, la Constitution de Dracon condamnait tout conseiller qui n'assistait pas aux déli-bérations du Conseil et de l'Assemblée du peuple à une amende de trois drachmes, s'il était pentacosiomédimne; de deux, s'il était cavalier; d'une, s'il était zeugite. Le Projet de Constitution, élaboré par les Cent, établit que le conseiller qui ne se rendra pas au Palais du Conseil à l'heure fixée paiera une drachme par jour d'absence, à moins qu'il n'ait obtenu un congé.

c. IV, 3 : Εἰ δέ τις τῶν βουλευ-τῶν, ὅταν ἕδρα βουλῆς ἢ ἐκκλησίας ἦι, ἐκλείποι τὴν σύνοδον, ἀπέτινον ὁ μὲν πεντακοσιομέδιμνος τρεῖς δραχμὰς, ὁ δὲ ἱππεὺς δύο, ὁ ζευγίτης δὲ μίαν.

c. XXX, 6 : Τὸν δὲ μὴ ἰόντα εἰς τὸ βουλευτήριον τῶν βουλευόντων τὴν ὥραν τὴν προρρηθεῖσαν, ὀφείλειν δραχμὴν τῆς ἡμέρας ἑκάστης, ἐὰν μὴ εὑρόμενος ἄφεσιν τῆς βουλῆς ἀπῇ.

Enfin, Dracon aurait décidé que nul ne pourrait faire deux fois partie du Conseil avant que tous les candidats fussent tombés au sort. Nous ne trouvons, ni dans le Projet, ni dans la Constitution provisoire des Cent, cités dans l' Ἀθηναίων πολιτεία, aucune disposition assurant l'entrée du Conseil à la totalité des citoyens; mais nous voyons, dans Thucydide, que lorsque les députés des Quatre Cents arrivent à Samos, et s'effor-cent de faire accepter par l'armée le nouveau gouvernement, ils déclarent que tous les citoyens feront à tour de rôle partie des Cinq Mille. De même les émissaires des Quatre Cents, pour contenir les hoplites du Pirée, leur remontrent que les Cinq Mille vont être proclamés, et que, parmi eux, seront pris, à tour de rôle, les Quatre Cents :

Const. d'Ath. IV, 3 : ... καὶ δὶς τὸν αὐτὸν μὴ ἄρχειν πρὸ τοῦ πάντας ἐξελθεῖν· τότε δὲ πάλιν ἐξ ὑπαρχῆς κληροῦν.

Thucydide, VIII, 86, 3 (ed. *Boehme*) : οἱ δ'ἀπήγγελλον..., τῶν τε πεντακισχιλίων ὅτι πάντες ἐν τῷ μέρει μεθέξουσιν.

id. VIII, 93, 2 : ... λέγοντες τούς τε πεντακισχιλίους ἀποφανεῖν καὶ ἐκ τούτων ἐν μέρει ᾗ ἂν τοῖς πεντακισχιλίοις δοκῇ τοὺς τετρακοσίους ἔσεσθαι.

Ces ressemblances sont trop frappantes pour être fortuites. L'une des deux Constitutions a vraisemblablement été calquée sur l'autre. Or, les Cent ont effectivement rédigé un Projet de Constitution, et promulgué une Constitution provisoire. C'est là qu'est, selon toute apparence, le modèle de la Constitution attribuée à Dracon, et qui ne fut élaborée qu'après la chute des Quatre cents, par un fauteur de l'oligarchie, préoccupé de justifier, par l'exemple du passé, les ambitions et la conduite de ses partisans.

Une objection peut être soulevée. Dans le texte de la Constitution provisoire, rédigée par les Cent, il est dit que le Conseil sera formé de quatre cents membres, *selon la règle établie par les ancêtres* (κατὰ τὰ πάτρια) (1). N'est-ce pas là une allusion directe aux mesures prises par Dracon? Mais l'on pourrait répondre que l'allusion ne vise pas moins le Conseil des Quatre Cents, institué par Solon (2). A la vérité, il n'y a là aucune allusion précise. C'est une habitude à Athènes de placer toutes les innovations politiques sous le patronage du passé (3). Quand la démocratie est abolie, Clitophon ajoute au décret de Pythodoros un amendement obligeant les Commissaires à

(1) *Const. d'Ath.*, XXXI, 1.
(2) *Const. d'Ath.*, VIII, 4.
(3) Cette ingénieuse remarque a été faite par M. Th. Reinach dans son article de la *Revue des études grecques* : *Aristote ou Critias?* (1891, p. 155).

s'inspirer des lois que Clisthènes avait rédigées pour les ancêtres, lorsqu'il avait fondé la démocratie (προσαναζητῆσαι δὲ τοὺς αἱρεθέντας ἔγραψεν καὶ τοὺς πατρίους νόμους οὓς Κλεισθένης ἔθηκεν ὅτε καθίστη τὴν δημοκρατίαν) (1). Comme si, ajoute l'historien, la Constitution de Clisthènes ressemblait à celle de Solon, et n'était pas toute démocratique! Lorsqu'Athènes est prise, la paix est conclue à la condition que les Athéniens garderaient les institutions politiques de leurs pères (ἐφ' ᾧ τε πολιτεύσονται τὴν πάτριον πολιτείαν) (2). Or, quelle était cette πάτριος πολιτεία? Pour les uns, c'était la démocratie; pour les autres, l'oligarchie. Lysandre appuya les oligarques; et les Trente furent établis. Ils firent semblant de restaurer la πάτριος πολιτεία; mais, quand leur pouvoir fut assuré, ils commirent tous les excès.

En résumé, contradictions et ressemblances sont autant de présomptions contre l'authenticité du chapitre IV. Toutes les preuves que nous avons alléguées sont empruntées à la *Constitution d'Athènes* ou aux ouvrages systématiques d'Aristote. Mais elles sont confirmées par d'autres arguments, que l'on peut appeler extrinsèques.

Dans le résumé d'Hérakleidès, il n'est pas question de la Constitution de Dracon. Après avoir mentionné la tentative de Cylon et le sacrilège des Alcméonides, l'auteur passe à Solon, sans même nommer Dracon.

Les auteurs anciens ne connaissent que les *lois*, non la *Constitution* de Dracon. Il n'y a d'exception que pour le dialogue *Axiochos*, attribué à Platon, où on lit : ὡς οὖν ἐπὶ τῆς Δράχοντος ἢ Κλεισθένους πολιτείας οὐδὲν περί σε κακὸν ἦν) (3). Tous les critiques s'accordent à considérer ce dialogue comme apocryphe. Cette allusion prouve que la rédaction en est postérieure, non-seulement à la *Constitution d'Athènes*, mais à l'interpolation.

(1) *Const. d'Ath.*, XXIX, 3.
(2) *Const. d'Ath.*, XXXIV, 3.
(3) *Axiochos*, 365, d.

On y trouverait, en effet, une autre citation du même ouvrage, dans le court récit de la condamnation des généraux, qui avaient combattu aux îles Arginuses (1).

Comment Dracon aurait-il pu rédiger une Constitution alors qu'aucune magistrature ne lui en conférait le droit? Dans le chapitre IV, son activité législative est placée sous l'archontat d'Aristaichmos (2). Il n'était donc pas archonte. Nous savons, d'ailleurs, par Pausanias (3), qu'il n'était ni dictateur, ni archonte, ni thesmothète.

Dans le résumé de la Constitution, qui lui est attribuée, le cens et les amendes sont évalués en mines et en drachmes. Or, Pollux nous apprend que, dans les lois de Dracon, les peines pécuniaires étaient encore exprimées en têtes de bétail (4).

Ajoutons que la forme même du morceau ne laisse pas que d'être suspecte. L'exposé de la Constitution est précédé d'un court préambule ainsi rédigé : Μετὰ δὲ ταῦτα χρόνου τινὸς οὐ πολλοῦ διελθόντος, ἐπὶ 'Αρισταίχμου ἄρχοντος, Δράκων τοὺς θεσμοὺς ἔθηκεν· ἡ δὲ τάξις αὕτη τόνδε τὸν τρόπον εἶχε (5). A quoi se rapportent les mots Μετὰ δὲ ταῦτα χρόνου τινὸς οὐ πολλοῦ διελθόντος? Dans les chapitres précédents, sont énumérées les institutions sociales (c. II), et les institutions politiques d'Athènes (c. III). Il n'y est raconté aucun fait qui justifie l'expression μετὰ δὲ ταῦτα. C'est par cette formule que commençait le chapitre II. Mais, dans le fragment qui forme le chapitre I, étaient narrés des événements, la condamnation des Alcméonides, l'exil des sacrilèges, la purification de la cité par Epiménide.

Dans cette même phrase, le mot τάξις se réfère manifes-

<hr>

(1) *Axiochos*, 368, d. Cf. *Const. d'Ath.*, XXXIV, 1.
(2) *Const. d'Ath.*, IV, 1.
(3) Pausanias, IX, 36, 8, 784 : Καὶ χρόνῳ ὕστερον Δράκοντος 'Αθηναίοις θεσμοθετήσαντος ἐκ τῶν ἐκείνου κατέστη νόμων, οὓς ἔγραφεν ἐπὶ τῆς ἀρχῆς...
(4) Pollux, IX, 61 : Καὶ μὴν κἀν τοῖς Δράκοντος νόμοις ἔστιν ἀποτίνειν εἰκοσάβοιον.
(5) *Const. d'Ath.*, IV, 1.

tement au mot θεσμούς. Or, l'auteur de la *Constitution d'Athènes* distingue entre les mots νόμοι ou θεσμοί, par lesquels il désigne les lois civiles et criminelles, et l'expression τάξις τῆς πολιτείας, qui s'applique à la constitution. Au chapitre III, il commence ainsi à exposer les anciennes institutions politiques de la cité : Ἦν δ' ἡ τάξις τῆς ἀρχαίας πολιτείας [τῆς πρὸ Δράκοντος] τοιάδε (1). Au début du chapitre VII, il dit que Solon rédigea une Constitution et des lois; il explique que les lois de Dracon, à l'exception de celles qui punissaient le meurtre, furent ainsi abrogées; il rappelle que le texte des lois nouvelles fut exposé dans le Portique Royal, et que les archontes s'engagèrent par serment à l'observer; et, après avoir remarqué que ces lois devaient rester en vigueur pendant cent ans, il aborde l'étude de la Constitution proprement dite : Πολιτείαν δὲ κατέστησε καὶ νόμους ἔθηκεν ἄλλους, τοῖς δὲ Δράκοντος θεσμοῖς ἐπαύσαντο χρώμενοι, πλὴν τῶν φονικῶν... Κατεκύρωσεν δὲ τοὺς νόμους εἰς ἑκατὸν ἔτη καὶ διέταξε τὴν πολιτείαν τόνδε τὸν τρόπον (2). Au chapitre IX, l'historien indique quels sont les éléments démocratiques de cette Constitution; il fait observer que le texte des *lois* est parfois obscur (ἔτι δὲ καὶ διὰ τὸ μὴ γεγράφθαι τοὺς νόμους ἁπλῶς μηδὲ σαφῶς...); mais cette obscurité n'a pas été recherchée par le législateur, pour étendre le pouvoir de la démocratie; la vérité est qu'il ne pouvait atteindre à la perfection. Aussi faut-il juger de ses desseins non point par les événements qui se sont accomplis après lui, mais par l'ensemble de sa *Constitution* (οὐ γὰρ δίκαιον ἐκ τῶν νῦν γιγνομένων, ἀλλ' ἐκ τῆς ἄλλης πολιτείας θεωρεῖν τὴν ἐκείνου βούλησιν) (3). La même distinction est encore observée au chapitre XXXV, dans lequel il est raconté que les Trente se montrèrent d'abord modérés et affectèrent de rester fidèles à l'ancienne *Constitution* d'Athènes; ils abrogèrent, en

(1) *Const. d'Ath.*, III, 1.
(2) *Const. d'Ath.*, VII, 1 et 2.
(3) *Const. d'Ath.*, IX, 1 et 2.

effet, les *lois* portées par Ephialte et Archestratos contre les Aréopagites, et abolirent celles des *lois* de Solon, dont la rédaction était obscure et l'interprétation incertaine : ils voulaient ainsi redresser la *Constitution* et en faire disparaître toutes les obscurités : Τὸ μὲν οὖν πρῶτον μέτριοι τοῖς πολίταις ἦσαν καὶ προσεποιοῦντο διώκειν τὴν πάτριον πολιτείαν καὶ τούς τ' Ἐφιάλτου καὶ Ἀρχεστράτου νόμους τοὺς περὶ τῶν Ἀρεοπαγιτῶν καθεῖλον ἐξ Ἀρείου πάγου, καὶ τῶν Σόλωνος θεσμῶν ὅσοι διαμφισβητήσεις εἶχον,... ὡς ἐπανορθοῦντες καὶ ἀναμφισβήτητον τὴν πολιτείαν (1).

La *Politique* suit, d'ailleurs, dans l'emploi des termes νόμος, θεσμός, τάξις τῆς πολιτείας, la même règle que la *Constitution d'Athènes*. Aristote y définit, en effet, la constitution et les lois. C'est pour les *constitutions* que doivent être faites et que sont faites toutes les *lois*, non les *constitutions* pour les *lois* (Πρὸς γὰρ τὰς πολιτείας τοὺς νόμους δεῖ τίθεσθαι καὶ τίθενται πάντες, ἀλλ'οὐ τὰς πολιτείας πρὸς τοὺς νόμους). La *constitution* (πολιτεία), c'est l'organisation des magistratures, la répartition des pouvoirs, l'attribution de la souveraineté, la détermination du but spécial de chaque association. Les *lois* (νόμοι), distinctes des principes essentiels de la constitution, sont la règle du magistrat dans l'exercice du pouvoir, et dans la répression des infractions à ces lois (2). Ailleurs, Aristote recherche s'il est utile ou funeste à un État d'avoir un général inamovible, héréditaire ou électif. Il pense que cette fonction doit être l'objet de *lois* plutôt que d'une *constitution*, puisque tous les régimes pourraient également l'admettre (Τὸ μὲν οὖν περὶ τῆς τοιαύτης στρατηγίας ἐπισκοπεῖν νόμων ἔχει μᾶλλον εἶδος ἢ πολιτείας· ἐν ἁπάσαις γὰρ ἐνδέχεται γίνεσθαι τοῦτο ταῖς πολιτείαις) (3). Il ressort clairement de ces textes que la *Politique* et la *Constitution d'Athènes* distinguent entre les *lois* (νόμοι) et la *constitution* (πολιτεία). Toute déroga-

---

(1) *Const. d'Ath.*, XXXV, 2.
(2) *Politique*, VI, 1, 5, 1289, a, 13.
(3) *Politique*, III, 10, 3, 1286, a, 2.

tion à cette règle suffit à rendre suspect le chapitre où elle se rencontre.

L'expression ὅταν ἕδρα βουλῆς ἢ ἐκκλησίας ᾖ (1) ne se lit qu'au chapitre XXX, 4, précisément dans le texte de la Constitution des Quatre Cents, avec laquelle la prétendue Constitution de Dracon présente de si frappantes analogies. Elle ne se rencontre pas dans la *Politique*.

L'Aréopage est ici désigné par les mots ἡ βουλὴ ἡ ἐξ Ἀρείου πάγου (2). Or, Aristote n'emploie d'ordinaire que les expressions ἡ ἐν Ἀρείῳ πάγῳ βουλή et οἱ Ἀρεοπαγῖται (3).

La construction καὶ δὶς τὸν αὐτὸν μὴ ἄρχειν πρὸ τοῦ πάντας ἐξελθεῖν (4) n'a pas d'équivalent dans la *Politique*. Les mêmes mots expriment la même idée ; mais la tournure est différente : Ἐν ἄλλαις δὲ πολιτείαις βουλεύονται αἱ συναρχίαι συνιοῦσαι, εἰς δὲ τὰς ἀρχὰς βαδίζουσι πάντες κατὰ μέρος... ἕως ἂν διεξέλθῃ διὰ πάντων (5). Ἡ γὰρ πάντες ἐκ πάντων αἱρέσει, ἢ πάντες ἐκ πάντων κλήρῳ (καὶ ἐξ ἁπάντων ἢ ὡς ἀνὰ μέρος,... ἕως ἂν διέλθῃ διὰ πάντων τῶν πολιτῶν) (6). Dans ces deux passages, le verbe est employé à la construction personnelle, sans sujet exprimé. Le sujet sous-entendu est l'infinitif τὸ ἄρχειν, comme en témoigne la phrase

(1) *Const. d'Ath.*, IV. 3. C'est d'ailleurs la formule officielle : C. I. A. I. 31, l. 7 ; 59, l. 41 ; II, 800, l. 15.

(2) *Const. d'Ath.*, IV, 4.

(3) Ἡ ἐν Ἀρείῳ πάγῳ βουλή :   οἱ Ἀρεοπαγῖται :

Const. d'Ath. :	*Politique* :	*Const. d'Ath.* :
VIII, 2,	1273, b, 39,	III, 6,
XXIII, 1.	1274, a, 7,	VIII, 4,
	1304, a, 20.	XXV, 1, 2, 3, 4,
		XXVI, 1,
		XXVII, 1,
		XXXV, 2.

Au chapitre III, 6, l'on trouve l'expression équivalente ἡ τῶν Ἀρεοπαγιτῶν βουλή. On ne peut tenir compte du chapitre de résumé (XLI, 4), qui a vraisemblablement été remanié. Il ne reste plus qu'un exemple de ἡ ἐξ Ἀρείου πάγου βουλή, au chapitre XL, 2 ; mais il semble que ce passage soit la citation presque exacte d'un texte de loi.

(4) *Const. d'Ath.*, IV, 3.

(5) *Politique*, VI, 11, 3, 1298, a, 14.

(6) *Politique*, VI, 12, 11, 1300, a, 23.

suivante, qui n'est pas elliptique, parce qu'elle est la première de l'ouvrage, qui exprime cette idée : δῆλον δὲ τοῦτο ἐπὶ τῶν πολεμικῶν καὶ τῶν ναυτικῶν· ἐν τούτοις γὰρ ἀμφοτέροις διὰ πάντων ὡς εἰπεῖν διελήλυθε τὸ ἄρχειν καὶ τὸ ἄρχεσθαι (1).

Nous conclurons donc de cette longue discussion que Dracon a pu rédiger des *lois*, et, en particulier, ces lois sur le meurtre, qui devaient être respectées par Solon, et publiées à nouveau sous l'archontat de Dioclès, en 409 avant Jésus-Christ, mais qu'il ne promulgua aucune *constitution*. L'œuvre législative, qui lui est attribuée, est par conséquent apocryphe, et le chapitre de la *Constitution d'Athènes*, où elle est exposée, doit être considéré comme interpolé.

Il nous reste à expliquer, d'abord, quelle est l'origine de cette prétendue Constitution, et de quels éléments elle a été formée; ensuite, de quelle manière elle a été introduite dans le texte de l' Ἀθηναίων πολιτεία.

M. Th. Reinach (2), après avoir remarqué combien les Athéniens aimaient à placer leurs innovations politiques sous le patronage du passé, rappelle que Critias, le meurtrier de Théramène et le chef des Trente, celui que Xénophon considérait comme « le plus avide, le plus violent, le plus sanguinaire de tous ceux qui avaient gouverné sous l'oligarchie (3) », avait composé une Ἀθηναίων πολιτεία (4). Ce n'était pas là un ouvrage d'histoire; car l'impartialité était, sans doute, la moindre qualité de Critias; ce devait être, sous la forme d'un traité, un pamphlet politique, assez semblable à ce *Gouver-*

---

(1) *Politique*, II. 8, 8, 1273, b, 15.

(2) Voir l'article *Aristote ou Critias* précédemment cité (*Revue des études grecques*, 1891, p. 155).

(3) Xénophon. *Mémorables*, I, 2.

(4) Deux fragments de cet ouvrage nous ont été conservés. Dans le premier, l'auteur accuse de vénalité Thémistocle et Cléon; le second a pour sujet un débat entre Ephialte et Cimon à propos d'une demande de secours, faite par les Lacédémoniens. Critias était aussi l'auteur d'une Λακεδαιμονίων πολιτεία et d'une Θετταλῶν πολιτεία.

nement des Athéniens, qui nous est parvenu sous le nom de Xénophon (1). Afin de justifier aux yeux de ses contemporains et de la postérité la réforme oligarchique, tentée par son parti, Critias aurait cherché dans le passé des faits qu'il pût alléguer comme précédents ; il les aurait dénaturés sans scrupule ; il les aurait même inventés, suivant les besoins de sa cause. C'est ainsi qu'il aurait fait passer sous le nom de Dracon, dont les Athéniens vénéraient les antiques lois, un plan de Constitution conforme aux principes politiques, que les Cent commissaires s'étaient efforcés de faire prévaloir dans leur Projet et leurs réformes provisoires. Aristote connaissait le pamphlet de Critias ; peut-être même y avait il puisé quelques faits, tirés de l'oubli par l'auteur. Mais il n'avait garde de lui emprunter des renseignements, qui contredisaient ses propres assertions, ou étaient démentis par la réalité. Après sa mort, un réviseur plus érudit que judicieux, comparant le factum de Critias à l'œuvre d'Aristote, s'imagina que celui-ci avait, par omission ou ignorance, passé sous silence la Constitution de Dracon. Croyant qu'il y avait, dans le texte de l'historien, une lacune, et qu'il convenait de la combler, il inséra dans le développement le résumé apocryphe des réformes constitutionnelles, indûment attribuées à l'ancien législateur. Il faut rendre à Critias ce qui lui appartient et retrancher de l' Ἀθηναίων πολιτεία un chapitre qui en contredit les parties les plus manifestement authentiques.

L'hypothèse est ingénieuse. Certes Critias n'aurait eu aucun scrupule à dénaturer la vérité, à faire circuler sous le nom de Dracon une constitution inventée de toutes pièces, pour justifier ses propres théories. Mais la preuve n'est point faite, et rien ne nous autorise encore à rendre Critias responsable de cette supercherie.

Une autre hypothèse, développée par von Wilamowitz-

(1) Voir sur cet ouvrage : Médéric DUFOUR : *De libello qui Xenophontis fertur* Πολιτεία Ἀθηναίων (*en préparation*).

Moellendorf (1), mérite d'être discutée. Aristote est l'auteur de l''Αθηναίων πολιτεία. Mais, dans cet exposé des révolutions constitutionnelles d'Athènes, il n'a point prétendu faire œuvre d'historien indépendant. La recherche personnelle lui est étrangère. Il n'y recourt que par exception, lorsqu'il consulte les poèmes de Solon sur le caractère de l'homme et les intentions du législateur. Il puise ses renseignements aux sources les plus variées, Hérodote, Thucydide, la chronique, et un exposé partial (tendenzschrift) de l'histoire constitutionnelle d'Athènes, dans lequel la vérité historique avait été systématiquement altérée. Nulle enquête préalable sur la véracité des témoins, qu'il interroge. Aucune critique des documents, que lui a légués le passé.

Ce dernier écrit, qui aurait été l'une des sources de l''Αθηναίων πολιτεία, aurait été une histoire de la Constitution athénienne, publiée durant l'automne de 404, comme manifeste du parti modéré des Trente. L'auteur aurait été Théramène, qui se serait proposé de démontrer, par l'exemple du passé, que son parti était fondé à interpréter dans le sens de l'oligarchie la πάτριος πολιτεία. Il aurait ou bien inventé de toutes pièces les réformes attribuées à Dracon, ou bien tiré de l'oubli cette antique Constitution, tombée en désuétude après Solon. C'est à cet ouvrage qu'Aristote aurait emprunté son chapitre relatif à Dracon, et il s'en serait aussi inspiré dans le récit des événements accomplis au cinquième siècle. Ainsi s'expliquerait son attitude à l'égard de Périclès et des démagogues.

Nous ferons au système de von Wilamowitz-Moellendorf la même objection qu'à la théorie proposée par M. Th. Reinach. Nous n'avons aucune raison d'admettre que l'auteur du pamphlet soit Théramène. Le factum est, sans doute, l'œuvre du parti oligarchique ; c'est une interprétation oligarchique de la πάτριος

(1) Voir l'ouvrage *Aristoteles und Athen.* 2 vol. (Berlin, 1893).

πολιτεία. Nous n'avons pas le droit d'affirmer davantage. Nous aimerions à mettre sur ce pamphlet un nom connu, celui d'un Théramène ou d'un Critias. Mais ce ne serait là qu'une conjecture.

Nous ne croyons pas non plus qu'Aristote soit l'auteur du chapitre relatif à Dracon. Il a pu consulter le manifeste des oligarques, lui emprunter même des faits, négligés par des écrivains moins prévenus; il n'est pas admissible qu'il ait été la dupe du pamphlétaire, ni qu'il ait considéré comme authentique une constitution apocryphe, et prêté à Dracon des réformes dont aucun historien d'Athènes n'avait jamais fait mention. Von Wilamowitz-Moellendorf allègue, sans doute, qu'Aristote n'avait ni l'esprit critique, ni l'indépendance du véritable historien. Mais cette hypothèse, plus arbitraire encore que la précédente, ne mérite même pas d'être discutée. Ce n'est pas tout. Nous nous sommes appliqué à démontrer que la *Constitution d'Athènes*, au moins sous sa première forme, était antérieure à la *Politique*. Si notre tentative n'est pas demeurée vaine, si le philosophe empruntait à son histoire de l'État athénien quelques-uns des exemples, dont il illustrait ses théories, comment se fait-il qu'il n'ait même pas nommé Dracon? Comment s'explique le silence des polygraphes, qui ont cité, paraphrasé, résumé l'Ἀθηναίων πολιτεία? Pourquoi enfin le chapitre relatif à Dracon serait-il précisément omis dans l'ἐπιτομή d'Hérakleidès? Autant de questions que von Wilamowitz-Moellendorf laisse sans réponse. Autant de preuves, par conséquent, qui contredisent son hypothèse; autant d'arguments, qui réfutent son système.

Il y a, d'ailleurs, dans les deux théories, dont nous venons de condamner les exagérations, une part de vérité, que nous ne saurions méconnaître. Nous croyons, nous aussi, que la source à laquelle ont été puisés les éléments de l'interpolation, est un ouvrage, composé peu de temps après l'échec des

Quatre Cents et des Trente, par un partisan de l'oligarchie, que n'avaient point désabusé les événements, et qui refusait de se rallier à la démocratie restaurée. A une époque assez rapprochée de la mort d'Aristote, — l'allusion de l'*Axiochos* prouve, en effet, que l'interpolation est fort ancienne, — un réviseur ignorant crut que le récit de l'historien était incomplet et qu'il devait à la vérité de réparer cet oubli. Il exposa donc, dans un court chapitre, la Constitution que le factum attribuait à Dracon, et fit passer ce résumé dans le texte de l'historien. Les modernes jugent avec sévérité, et ont peine à s'expliquer ces procédés ; mais il ne faut pas oublier que les anciens n'avaient pas nos scrupules et ne se faisaient pas faute de remanier les œuvres de leurs écrivains.

Afin de mieux dissimuler son interpolation, le réviseur imita de son mieux le style de l'historien, lui emprunta mainte expression, transcrivit même quelques-unes de ses phrases ; et, afin d'éviter toute contradiction, et d'effacer toute disparate, fit au reste du récit et au chapitre de résumé de nombreuses retouches.

Le préambule, dans lequel nous avons remarqué que les mots Μετὰ δὲ ταῦτα χρόνου τινὸς οὐ πολλοῦ διελθόντος ne se rapportaient à aucun fait précédemment raconté, semble imité du chapitre II :

c. II. 1 : Μετὰ δὲ ταῦτα συνέβη στασιάσαι τούς τε γνωρίμους καὶ τὸ πλῆθος πολὺν χρόνον.	c. IV. 1 : Μετὰ δὲ ταῦτα χρόνον τινὸς οὐ πολλοῦ διελθόντος... Δράκων τοὺς θεσμοὺς ἔθηκεν.

Un peu plus loin, nous relevons une syllepse familière à Aristote : εἰ δέ τις τῶν βουλευτῶν, ὅταν ἕδρα βουλῆς ἢ ἐκκλησίας ᾖ, ἐκλείποι τὴν σύνοδον, ἀπέτινον... (1).

—

(1) *Const. d'Ath.*, IV, 3. — Cf. entre autres exemples de la même figure : Εἴωθεν γὰρ κἂν ἐξαπατηθῇ τὸ πλῆθος, ὕστερον μισεῖν τούς τι προαγαγόντας ποιεῖν αὐτοὺς τῶν μὴ καλῶς ἐχόντων (c. XXVIII, 3).

La phrase, dans laquelle est défini le rôle de l'Aréopage, est manifestement calquée sur la phrase correspondante du chapitre III :

c. III, 6 : Ἡ δὲ τῶν Ἀρεοπαγιτῶν βουλὴ τὴν μὲν τάξιν εἶχε τοῦ διατηρεῖν τοὺς νόμους, διῴκει δὲ τὰ πλεῖστα καὶ τὰ μέγιστα τῶν ἐν τῇ πόλει, καὶ κολάζουσα καὶ ζημιοῦσα πάντας τοὺς ἀκοσμοῦντας κυρίως.

c. IV, 4 : Ἡ δὲ βουλὴ ἡ ἐξ Ἀρείου πάγου φύλαξ ἦν τῶν νόμων καὶ διετήρει τὰς ἀρχὰς ὅπως κατὰ τοὺς νόμους ἄρχωσιν.

Un dernier rapprochement ne paraîtra pas moins concluant :

c. II. 2 : Ἡ δὲ πᾶσα γῆ δι' ὀλίγων ἦν, καὶ εἰ μὴ τὰς μισθώσεις ἀποδιδοῖεν, ἀγώγιμοι καὶ αὐτοὶ καὶ οἱ παῖδες ἐγίγνοντο, καὶ ᾶι ϱ σεισμοὶ πᾶσιν ἐπὶ τοῖς σώμασιν ἦσαν.

c. IV. 5 : Ἐπὶ δὲ τοῖς σώμασιν ἦσαν οἱ δανεισμοί, καθάπερ εἴρηται, καὶ ἡ χώρα δι' ὀλίγων ἦν.

Enfin, est-il besoin de rappeler que les mots πεντακοσιομέδιμνος, ἱππεύς, ζευγίτης (1), qui n'ont ici aucune signification, sont tirés du chapitre VII, où est expliquée la division censitaire établie par Solon.

Le chapitre IV n'est, dans la forme, qu'un centon. L'imitation est manifeste. Elle explique même pourquoi le résumé de la Constitution de Dracon est aussi bref et aussi peu proportionné au long exposé des réformes de Solon. C'est à dessein, nous semble-t-il, que l'interpolateur a été concis. S'il a resserré son développement entre d'aussi étroites limites, c'est afin de pouvoir le composer de termes et de phrases empruntés au texte de l'historien. Les mots καθάπερ εἴρηται (2) prouvent qu'il avait conscience de sa gaucherie; en voulant l'excuser, il ne la rend que plus évidente.

(1) *Const. d'Ath.*, IV, 3.
(2) *Const. d'Ath.*, IV, 5.

La première phrase du chapitre III : Ἦν δ᾽ ἡ τάξις τῆς ἀρχαίας πολιτείας τῆς πρὸ Δράκοντος τοιάδε, a été remaniée par l'interpolateur. Il convient d'y retrancher les mots : τῆς πρὸ Δράκοντος. Au chapitre VII, 3, dans la phrase : Τὰ τιμήματα διεῖλεν εἰς τέτταρα τέλη, καθάπερ διῄρητο καὶ πρότερον, εἰς πεντακοσιομέδιμνον καὶ ἱππέα καὶ ζευγίτην καὶ θῆτα..., il faut également supprimer la proposition : καθάπερ διῄρητο καὶ πρότερον. Enfin, l'interpolateur a corrigé le chapitre XLI, dans lequel est résumée la première partie de l'ouvrage, afin d'y mentionner l'œuvre législative de Dracon : Μετὰ δὲ ταύτην ἡ ἐπὶ Δράκοντος, ἐν ᾗ καὶ νόμους ἀνέγραψαν πρῶτον (1). Il est, d'ailleurs, à remarquer qu'ici la retouche a été mal faite. Le premier régime qui soit mentionné est celui qui fut établi par Ion (Πρώτη μὲν γὰρ ἐγένετο κατάστασις τῶν ἐξ ἀρχῆς Ἴωνος καὶ τῶν μετ᾽ αὐτοῦ συνοικησάντων) (2). Ce n'était pas là une Constitution : la première fut l'œuvre de Thésée, comptée comme δευτέρα κατάστασις, mais comme πρώτη πολιτεία : Δευτέρα δὲ καὶ πρώτη μετὰ ταύτην ἔχουσα πολιτείας τάξιν ἡ ἐπὶ Θησέως γενομένη (3). La seconde est celle de Dracon ; la troisième, celle de Solon : Μετὰ δὲ ταύτην ἡ ἐπὶ Δράκοντος... τρίτη δ᾽ ἡ μετὰ τὴν στάσιν ἡ ἐπὶ Σόλωνος... (4). Pourquoi le nom de Dracon n'est-il pas, comme celui de Solon, précédé d'un chiffre ; en d'autres termes, pourquoi ne lit-on pas : Δευτέρα δὲ μετὰ ταύτην ἡ ἐπὶ Δράκοντος... τρίτη δ᾽ ἡ μετὰ τὴν στάσιν ἡ ἐπὶ Σόλωνος...? Cette négligence n'est-elle pas encore un nouvel indice qui dénonce l'interpolation?

(1) *Const. d'Ath.*, XLI, 2.
(2) *Const. d'Ath.*, XLI, 2.
(3) *Const. d'Ath.*, XLI, 2.
(4) *Const. d'Ath.*, XLI, 2.

CHAPITRE TROISIÈME

L'Œuvre législative de Solon

Le chapitre V de la *Constitution d'Athènes*, dans lequel l'historien commence à exposer l'œuvre législative de Solon, est la suite naturelle du chapitre III, après lequel a été inséré le résumé apocryphe des réformes de Dracon. En effet, dans la première phrase : Τοιαύτης δὲ τῆς τάξεως οὔσης ἐν τῇ πολιτείᾳ καὶ τῶν πολλῶν δουλευόντων τοῖς ὀλίγοις, ἀντέστη τοῖς γνωρίμοις ὁ δῆμος (1), les mots : τῆς τάξεως ἐν τῇ πολιτείᾳ, se réfèrent au chapitre III, où étaient expliquées les institutions politiques d'Athènes, à l'époque où furent exilés les Alcméonides; et les mots τῶν πολλῶν δουλευόντων font allusion à l'état social de la cité : χαλεπώτατον μὲν οὖν καὶ πικρότατον ἦν τοῖς πολλοῖς τῶν κατὰ τὴν πολιτείαν τὸ δουλεύειν (2).

Les premiers actes du législateur (594 av. J.-C,) furent la suppression de la contrainte par corps et l'abolition des dettes publiques et privées, ce que l'on appela la σεισάχθεια (3). Le témoignage de la *Constitution d'Athènes* est confirmé par celui de la *Politique*. En effet, Aristote y loue Solon d'avoir compris quelle influence l'égalité des biens exerce sur l'association politique; et il cite comme exemples les réformes par lesquelles le législateur la rétablit (4).

Après avoir ainsi émancipé les pauvres, Solon rédigea un code de lois civiles. Celles-ci furent gravées sur des stèles

(1) *Const. d'Ath.*, V, 1.
(2) *Const. d'Ath.*, II, 3.
(3) *Const. d'Ath.*, VI, 1.
(4) *Politique*, II, 4, 4, 1266, b, 13.

pyramidales, placées dans le Portique Royal, à la portée de tous les citoyens. Elles devaient rester en vigueur pendant cent ans. Les archontes s'engagèrent par serment à les observer (c. VII ; 1-2).

La Constitution de Solon divisait (1) les citoyens en quatre classes censitaires : les pentacosiomédimnes, qui devaient récolter sur leurs terres une moyenne de cinq cents médimnes, solides ou liquides ; les cavaliers, qui devaient en récolter trois cents, ou être en état d'entretenir un cheval ; les zeugites, qui devaient produire deux cents médimnes. Le reste des citoyens formait la classe des thètes. Les magistratures n'étaient accessibles, selon les degrés du cens, qu'aux trois premières classes. Mais les thètes, exclus du pouvoir exécutif, prenaient part à l'Assemblée du peuple et siégaient dans les tribunaux (c. VIII, 3). La *Politique* attribue également à Solon cette division censitaire. Toutes les magistratures avaient été données par Solon aux citoyens distingués et aux riches (ἐκ τῶν γνωρίμων καὶ τῶν εὐπόρων), aux pentacosiomédimnes, aux zeugites, et à ceux que l'on appelait les cavaliers (ἐκ τῶν πεντακοσιομεδίμνων καὶ ζευγιτῶν καὶ τῆς καλουμένης ἱππάδος) ; la quatrième classe, celle des thètes (τὸ θητικόν), n'avait accès à aucune fonction publique (2). Ailleurs, Aristote, distinguant les diverses formes de la démocratie, semble faire allusion à la même division censitaire. Il y a, dit-il, une espèce de démocratie, dans laquelle les magistratures dépendent d'un certain cens, qui est, d'ailleurs, peu élevé. Les charges sont accessibles à tous ceux qui le possèdent, et fermées à ceux qui ne le possèdent pas (3). Lorsqu'il s'applique à déterminer à qui doit appartenir la souveraineté dans l'État, il se pose à lui-même cette question (ἀπορία) : à quels

---

(1) Nous rappelons que nous avons supprimé ici les mots καθάπερ διήρητο καὶ πρότερον (VII, 3).

(2) *Politique*, II, 9, 4, 1274, a, 18.

(3) *Politique*, VI, 4, 3, 1291, b, 38.

objets doit s'étendre la souveraineté des hommes libres et de la masse des citoyens (τὸ πλῆθος τῶν πολιτῶν)? Il définit ce dernier terme l'ensemble des citoyens, qui, sans être riches, ne laissent pas cependant que d'être considérés pour leur vertu; puis il résout ainsi la difficulté : on ne peut confier à ces hommes les magistratures importantes; faute d'équité ou de lumières, ils se tromperaient ou seraient injustes. D'autre part, l'on ne saurait les écarter de toutes les charges, car, pauvres et privés de toute distinction publique, ils deviendraient les ennemis de l'État. Mais on peut leur accorder le droit de délibérer et de juger. Aussi Solon et quelques autres législateurs leur ont-ils attribué le choix et la censure des magistrats (τὰς ἀρχαιρεσίας καὶ τὰς εὐθύνας τῶν ἀρχόντων), tout en leur refusant des fonctions individuelles. Pris isolément, ils seraient incapables de juger; en masse, ils ont toujours une intelligence suffisante; réunis aux hommes expérimentés, ils peuvent rendre service à l'État (1). Aristote, d'ailleurs, croit qu'il est légitime de donner à la masse des citoyens la plus large part de la souveraineté. Il suppose qu'on soulève l'objection suivante : « Il n'est pas raisonnable d'investir la multitude d'un pouvoir plus étendu que les citoyens distingués; or il n'y a rien au-dessus de ce droit de choisir et de censurer les magistrats, qu'elle exerce souverainement dans l'Assemblée. Cette assemblée, le Sénat, les tribunaux sont ouverts, moyennant un cens modique, à des citoyens de tout âge, au lieu que les magistratures sont soumises à un cens fort élevé. » — Il est vrai, répond Aristote; mais ce n'est pas l'individu qui est souverain; c'est l'Assemblée, le Sénat ou le tribunal; en d'autres termes, c'est le peuple, dont l'individu n'est qu'une fraction minime. Il est juste que la multitude ait un plus large pouvoir, parce que c'est elle qui forme ces dernières assemblées, et parce que le cens qu'elle

(1) *Politique*, III, 6, 6, 1281, b, 21.

représente dans son ensemble dépasse de beaucoup celui que possèdent individuellement, et dans leur minorité, tous ceux qui remplissent les charges publiques (1).

Pour le recrutement des magistratures, Solon eut recours à une combinaison de l'élection et du tirage au sort. Chaque tribu dressait (προύκρινεν) une liste de candidats (πρόκριτοι) parmi les citoyens qui remplissaient les conditions du cens; puis le sort décidait (c. VIII, 1).

L'authenticité de ce paragraphe a été contestée. M. Th. Reinach (2) le considère comme apocryphe, et propose de le retrancher. Son hypothèse est spécieuse et mérite d'être discutée. Il convient donc de résumer son argumentation.

1°) A l'époque de Solon, la cité athénienne était divisée en quatre tribus. Il est invraisemblable que, pour désigner neuf archontes, l'on ait dressé, dans chaque tribu, une liste de dix candidats. Ce chiffre convient à l'époque des dix tribus, lorsque tous les collèges importants se composaient de dix membres, et que l'on s'était efforcé de faire rentrer dans la règle le corps des archontes, en considérant comme un dixième membre le secrétaire des thesmothètes. Dès lors, il était naturel de composer une liste de cent candidats, dont le sort devait prélever le dixième.

2°) La combinaison de l'élection, au premier degré, et du tirage au sort, au second degré, a été appliquée au ve siècle. L''Αθηναίων πολιτεία elle-même nous en fournit la preuve (c. XXII, 5, et XXVI, 2). Les élus du premier degré y sont partout désignés par les mots πρόκριτοι ou προκριθέντες, qui ne peuvent s'entendre que de candidats choisis au suffrage. Tel a été le système suivi par les contemporains d'Aristide et de Cimon; mais les textes prouvent que Solon ne l'a pas connu. Dans la *Politique*, Aristote dit, à plusieurs reprises, que Solon institua ou maintint

(1) *Politique*, III, 7, 11, 1282, a, 23.
(2) Voir l'article précédemment cité : *Aristote ou Critias ?* (*Revue des études grecques*, 1891, p. 146).

l'élection des magistrats par le peuple : τὸ τὰς ἀρχὰς αἱρεῖσθαι. Or cette expression ne convient pas à un procédé suivant lequel la désignation définitive de l'archonte appartient non à l'élection, mais au sort. Solon avait été *élu* archonte (εἵλοντο, c. V, 2); il en fut de même de Damasias (αἱρεθεὶς ἄρχων, c. XIII, 2) et du collège des dix archontes, qui lui succédèrent (ἄρχοντας ἑλέσθαι δέκα, c. XIII, 2). Les luttes politiques si ardentes, qui remplissent l'intervalle entre la législation de Solon et la tyrannie de Pisistrate, et dont l'archontat est l'enjeu, sont inexplicables, si cette magistrature est conférée par le sort, fût-ce au second degré. L'élection des archontes, et, en particulier, de l'archonte proprement dit, était le grand événement de l'année. Ces rivalités, suspendues par la tyrannie de Pisistrate et de son fils, passionnèrent de nouveau la cité, à l'époque de Clisthènes et d'Isagoras. Clisthènes n'abolit pas l'ancien système électoral; c'est seulement en 487 que l'on établit *pour la première fois* le mode de nomination à deux degrés, le premier à l'élection, le second au sort. Pour mieux accuser sa pensée, l'auteur lui-même fait observer que les archontes précédents avaient tous été recrutés à l'élection.

3°) Le début du chapitre VIII est une interpolation. Mais ce n'est pas à dire que Solon n'ait rien changé au mode de nomination des magistrats. L'innovation ne consista pas dans la substitution du sort à l'élection, mais dans un élargissement du corps électoral. Suivant le témoignage même de l'historien, c'était autrefois le Sénat de l'Aréopage qui appelait les candidats et choisissait entre eux. Solon conserva le principe de l'élection directe, mais substitua le corps des citoyens à l'Aréopage, dont la considération avait, sans doute, été amoindrie, durant les troubles, qui eurent pour conséquence le choix de Solon. Il donna au peuple une satisfaction plus apparente que réelle, car l'éligibilité était restreinte par des conditions censitaires très étroites.

Cette argumentation nous paraît plus brillante que solide. Au temps de Solon, la cité athénienne est, il est vrai, divisée en quatre tribus. C'est en raison de cette répartition que le Conseil, institué par le législateur, comprend quatre cents membres. Or, pourquoi n'aurait-on pas élu quarante candidats à l'archontat? Il y a, entre les deux nombres *quatre cents* et *quarante* un rapport aussi simple que naturel, et il ne serait pas surprenant que Solon eût recherché cette symétrie. Le nombre *quarante* n'est pas, sans doute, divisible par *neuf;* mais il est exactement divisé par *huit.* Sur les neuf archontes, peut-être sommes-nous fondés à admettre que *huit* seulement étaient tirés au sort, à raison de deux par tribu? Chaque tribu élisait dix candidats (πρόκριτοι, προκριθέντες), puis le sort désignait deux archontes (1).

Reste un neuvième archonte. C'est l'archonte proprement dit, celui dont le choix était, selon la remarque de M. Reinach, le grand événement politique de l'année, et devait causer les rivalités et les luttes, qui troublèrent Athènes entre l'exil de Solon et l'établissement de Pisistrate. Cet archonte ne semble pas avoir été désigné comme les huit magistrats, tirés au sort parmi les candidats élus dans les tribus. Au chapitre V, 2, il est dit que Solon fut choisi comme archonte. La magistrature, qui lui est ainsi conférée, l'investit d'une très grande autorité, puisqu'elle fait de lui l'arbitre des partis et le législateur de la cité (2). Au chapitre XIII, 1, l'auteur nous apprend que, la cinquième année après l'exil de Solon, les partis ne purent s'entendre, et que l'on ne nomma pas d'archonte. Ce mot est au singulier : οὐ κατέστησαν ἄρχοντα (3).

---

(1) Dans un récent article de la *Classical Review, Conjectures on the Constitutional History of Athen* (octobre 1894), H. Sidgwick a développé la même hypothèse. Il pense, comme nous, qu'il est impossible de concilier les chapitres VIII, 1, et XIII, si l'on admet que le même mode de recrutement était appliqué aux neuf archontes.

(2) *Const. d'Ath.,* V, 2 : Ἰσχυρᾶς δὲ τῆς στάσεως οὔσης καὶ πολὺν χρόνον ἀντικαθημένων ἀλλήλοις εἵλοντο κοινῇ διαλλακτὴν καὶ ἄρχοντα Σόλωνα καὶ τὴν πολιτείαν ἐπέτρεψαν αὐτῷ...

(3) *Const. d'Ath.,* XIII, 1.

Après un nouvel intervalle de quatre années, les mêmes dissensions causèrent la même anarchie (ἀναρχίαν ἐποίησαν) (1). Une troisième période de quatre années s'écoula, puis Damasias fut choisi comme archonte (αἱρεθεὶς ἄρχων), et il détint deux années et deux mois la magistrature qui lui avait été conférée; il fallut l'en déposséder par la force (2). L'année suivante, l'on décida, pour rétablir la concorde, de *choisir* (ἑλέσθαι) les dix archontes, mais d'en prendre cinq parmi les eupatrides, trois parmi les cultivateurs, deux parmi les artisans (3). Au chapitre XXII, 5, l'historien mentionne comme une innovation le tirage au sort des neuf archontes, fait sous l'archontat de Télésinos, parmi les candidats de la classe des pentacosiomédimnes, préalablement élus dans les tribus (4). Il ajoute que c'était la première fois depuis la tyrannie, et que les précédents archontes avaient tous été choisis (αἱρετοί) (5). Ces textes, qui s'éclairent et s'expliquent les uns les autres, semblent autoriser les conclusions suivantes :

1°) Solon institua, pour le recrutement des huit archontes, la combinaison de l'élection et du tirage au sort, qui a été précédemment définie.

2°) Il conserva le mode de désignation (αἵρεσις) de l'archonte proprement dit, qui continua à être choisi (αἱρεῖσθαι), comme le législateur l'avait été lui-même.

3°) Dans quelles conditions était fait ce choix? L'auteur de la *Constitution d'Athènes* ne le dit pas. Peut-être la nomination de l'archonte était-elle une prérogative de l'Aréopage (6).

(1) *Const. d'Ath.*, XIII, 1.
(2) *Const. d'Ath.*, XIII, 2.
(3) *Const. d'Ath.*, XIII, 2.
(4) *Const. d'Ath.*, XXII, 5 : ...ἐπὶ Τελεσίνου ἄρχοντος, ἐκυάμευσαν τοὺς ἐννέα ἄρχοντας κατὰ φυλὰς ἐκ τῶν προκριθέντων ὑπὸ τοῦ δήμου πεντακοσιομεδίμνων. Le papyrus porte : ὑπὸ τῶν δημοτῶν πεντακοσίων. Nous avons adopté la correction des éditeurs van Herwerden et van Leeuwen.
(5) *Const. d'Ath.*, XXII, 5.
(6) Cf. *Const. d'Ath.*, VIII, 2.

Mais il est plus vraisemblable que ce magistrat était élu dans les tribus. On s'expliquerait mieux ainsi les rivalités et les luttes qui troublèrent Athènes après Solon.

4°) Chacune des quatre tribus devait, à son tour, fournir cet archonte. C'est, en effet, tous les quatre ans que les partis sont divisés. Peut-être alors fixait-on par le sort l'ordre de roulement, suivant lequel les tribus étaient appelées à présenter des candidats à l'archontat.

5°) A deux reprises, les deux partis ne purent s'entendre, et la cité n'eut pas d'archonte. Quand Damasias fut dépossédé du pouvoir, l'on choisit, par mesure exceptionnelle, les dix archontes. Durant la tyrannie de Pisistrate et de ses fils, il est vraisemblable que cette exception devint la règle : les tyrans avaient, en effet, intérêt à faire choisir par leurs partisans des magistrats favorables à leur gouvernement. Après la chute des tyrans, les institutions de Solon furent remises en vigueur, les archontes furent tirés au sort parmi les candidats élus dans les tribus; et l'archonte proprement dit fut lui-même soumis à la loi commune.

6°) Il n'y a, entre les chapitres VIII, XIII et XXII, aucune contradiction. Ce qui en obscurcit le sens, c'est l'emploi des mots ambigus αἵρεσις, αἱρεῖσθαι, αἱρετοί. Ils désignent tantôt un simple choix, tantôt la combinaison de l'élection et du sort, instituée par Solon, et dans laquelle prédomine le choix. C'est même cette prépondérance du choix sur le sort, qui justifie l'emploi du mot αἵρεσις. Le mot αἱρεῖσθαι a, d'ailleurs, une acception assez mal définie, puisqu'au chapitre XXII, 2, il est appliqué aux stratèges, qui étaient élus à main levée (1).

Si notre interprétation est fondée en raison, la *Politique*, loin de contredire la *Constitution d'Athènes*, en confirme le témoignage. Aristote loue Solon d'avoir constitué la démocratie par un juste équilibre des éléments oligarchique, aristocratique

____

(1) Voir, en effet, *Const. d'Ath.*, LXI, 1.

et démocratique, représentés, le premier par le Sénat de
l'Aréopage ; le second, par les magistratures recrutées au choix
(τὸ τὰς ἀρχὰς αἱρετὰς ἀριστοκρατικόν) ; le troisième par l'organisation
des tribunaux populaires. Il paraît certain, dit-il, que Solon
conserva tels qu'il les trouva établis, le Sénat de l'Aréopage
et le choix des magistrats (ἔοικε δὲ Σόλων ἐκεῖνα μὲν ὑπάρχοντα
πρότερον οὐ καταλῦσαι, τήν τε βουλὴν καὶ τὴν τῶν ἀρχῶν αἵρεσιν) ;
mais il créa la démocratie, en ouvrant les tribunaux à tous
les citoyens (1). Comment doivent être interprétés les mots
ἐκεῖνα μὲν ὑπάρχοντα πρότερον οὐ καταλῦσαι ? Il est vraisemblable,
suivant l'hypothèse proposée par M. Th. Reinach lui-même,
qu'avant Solon c'était une prérogative de l'Aréopage que de
décider entre les candidats des tribus. L'innovation du législateur consista à lui substituer le corps électoral. Mais afin de
donner satisfaction au parti aristocratique, et de corriger ce
qu'il y avait de trop démocratique dans l'élection directe, il la
combina avec le tirage. L'élection au premier degré est démocratique ; le tirage, au second degré, est, selon la remarque
de Fustel de Coulanges, aristocratique. Un peu plus loin,
Aristote ajoutait : Solon n'avait accordé au peuple que la part
indispensable de puissance, c'est-à-dire le choix des magistrats
(τὸ τὰς ἀρχὰς αἱρεῖσθαι) et le droit de leur faire rendre des
comptes, car, sans ces deux prérogatives, le peuple est ou
esclave ou hostile. Mais toutes les magistratures, il les avait
données aux citoyens distingués et riches (2). Le mot αἱρεῖσθαι
n'a-t-il pas ici le sens que nous lui avons attribué ? Le peuple
choisit les candidats parmi les citoyens qui satisfont aux conditions censitaires. Il peut, par conséquent, présenter au tirage,
qui n'est plus qu'une opération secondaire, les pentacosiomédimnes, qui lui offrent le plus de garanties, et qui sont le
plus favorables à ses ambitions.

(1) *Politique*, II, 9, 2, 1273, b, 35.
(2) *Politique*, II, 9, 4, 1274, a, 15.

Ailleurs encore, le philosophe établit que le législateur ne peut refuser toute fonction publique à là masse des citoyens, sous peine de les rendre ennemis de l'Etat. Il convient de leur accorder le droit de délibérer et de juger. Solon eut, par conséquent, raison de leur attribuer le choix et la censure des magistrats (ἐπί τε τὰς ἀρχαιρεσίας καὶ τὰς εὐθύνας τῶν ἀρχόντων), tout en leur refusant des charges individuelles (1).

En résumé, nous ne sommes pas autorisés à considérer le chapitre VIII, 1, comme interpolé, ni à l'éliminer de l' Ἀθηναίων πολιτεία. Fustel de Coulanges (2) s'était efforcé, dans un article qui fait le plus grand honneur à la science française, de démontrer que le tirage au sort n'avait pas le caractère exclusivement démocratique, que les historiens modernes lui ont attribué, et qu'il avait, par conséquent, longtemps avant l'époque de Périclès, été appliqué à la nomination des archontes athéniens. La découverte de la *Constitution d'Athènes* a confirmé l'hypothèse de l'éminent historien et imposé silence à ses détracteurs.

Revenons à l' Ἀθηναίων πολιτεία et à la Constitution de Solon. Chacune des quatre tribus, conservées par le législateur, avait à sa tête un roi de la tribu (φυλοβασιλεύς); elle se subdivisait en trois trittyes et en douze naucraries, dirigées par les naucrares, qui levaient les contributions et soldaient les dépenses. Solon institua un Conseil de quatre cents membres, cent par tribu. Il maintint à l'Aréopage la garde des lois et de la Constitution, et l'investit du pouvoir de frapper d'une amende, sans jugement et sans appel, les citoyens qui transgresseraient les lois; le montant de l'amende devait être versé au trésor, sans que le motif de la condamnation fût déclaré. Enfin, une loi força les citoyens à prendre parti dans le cas de sédition, et punit l'abstention d'atimie et de déchéance (c. VIII, 3-5).

(1) *Politique*, III, 6. 6, 1281, b, 32.
(2) *Sur le tirage au sort appliqué à la nomination des archontes athéniens* (*Revue historique du droit*, 1878, p. 613).

Solon déclara, en outre, que non seulement la partie lésée, mais même tout citoyen, pourrait dénoncer et poursuivre toute infraction aux lois; et que toute décision d'un magistrat pourrait être l'objet d'un recours devant les tribunaux populaires. L'auteur pense que ces deux mesures furent, avec l'abolition de la contrainte par corps, les plus favorables au développement de la démocratie (τὰ δημοτικώτατα). Rendre le peuple maître du vote, c'est, en effet, mettre toute la Constitution à sa merci (c. IX, 1-2). Les textes que nous avons précédemment cités, montrent qu'Aristote confirme ce jugement dans sa *Politique*.

La rédaction de cette Constitution était souvent compliquée et obscure : elle prêtait en maints endroits à des contestations. L'auteur ne pense pas que Solon ait recherché cette obscurité, afin d'augmenter le pouvoir du peuple, en lui laissant le droit de mettre, par son vote, fin à tous les conflits. La véritable raison, c'est que l'homme ne saurait, surtout dans la rédaction des lois, atteindre à la perfection (c. IX, 2). Telle est, d'ailleurs, l'opinion exprimée par Aristote, dans la *Politique*. Il en est des lois comme des arts; elles ne peuvent préciser tous les détails; les dispositions n'en peuvent être que générales, au lieu que les actions humaines sont toutes particulières. Aussi sera-t-il nécessaire, à certaines époques, d'y apporter des modifications. En raison de leur nature, les lois ne peuvent être immuables (1). La même théorie était développée dans la *Rhétorique*. Il y a, dans la loi écrite, des lacunes. Parfois elles ont été involontaires; parfois elles ont été voulues par le législateur; c'est qu'alors celui-ci s'est senti hors d'état de rien prescrire, parce qu'il ne pouvait disposer que d'une manière générale et ne prévoir que les cas les plus ordinaires. Il doit s'abstenir, parce que le détail des circonstances serait infini (2). Quand les lois sont bien faites, elles fixent elles-mêmes tous les points

(1) *Politique*, II, 5, 12, 1269, a, 9.
(2) *Rhétorique*, I, 13, 1374, a, 28.

litigieux, autant du moins qu'elles le peuvent, afin de laisser le moins de latitude possible à l'arbitraire des juges. Il est, en effet, plus facile de trouver une ou plusieurs personnes éclairées qu'un grand nombre d'hommes capables de rendre des arrêts et de bien juger. De plus, la législation et la jurisprudence sont le fruit de longues et intelligentes méditations, tandis que les jugements sont l'affaire d'un instant et qu'il est malaisé que le juge reconnaisse pleinement la justice et l'utilité commune. Enfin la décision du législateur n'est jamais particulière ni relative à des intérêts actuels; il ne dispose que pour l'avenir et d'une façon toute générale. Tout au contraire, le citoyen, qui siège dans l'Assemblée du peuple ou au tribunal, ne prononce jamais que sur des objets du moment, dans des causes où, bien souvent, son affection, sa haine et son intérêt sont en jeu, de telle sorte qu'il ne peut plus démêler clairement la vérité, et que ses passions obscurcissent son jugement. Il faut donc toujours laisser le moins possible à l'appréciation souveraine du juge (1).

La réforme sociale de l'abolition des dettes et de la contrainte par corps fut complétée par des lois relatives aux mesures, aux poids et aux monnaies. La mine valut désormais cent drachmes. Elle se subdivisait en statères et autres sous-multiples. Soixante-trois mines formèrent un talent (c. X).

Après avoir rétabli l'ordre et promulgué sa Constitution, Solon s'éloigna d'Athènes. Il voulait éviter d'avoir à modifier son œuvre. Il avait, en effet, mécontenté tous les partis par sa modération; les pauvres désiraient le partage des biens; les riches revendiquaient leurs anciens privilèges. Il aurait pu, avec l'aide d'un parti, usurper la tyrannie : il préféra s'exiler et sauver l'État (c. XI).

(1) *Rhétorique*, I, 1, 1354, a, 31.

CHAPITRE QUATRIÈME

Après l'exil de Solon, l'ordre fut maintenu pendant quatre
ans. Mais la cinquième année, les Athéniens ne nommèrent
pas d'archonte. Il en fut encore de même quatre ans après.
Une nouvelle période de quatre années s'écoula encore ; puis
Damasias fut choisi comme archonte et se maintint au pouvoir
pendant deux ans et deux mois ; on dut l'en chasser par la
force. On choisit alors dix archontes, cinq parmi les eupatrides, trois parmi les cultivateurs, et deux parmi les artisans.
Athènes était alors divisée entre trois partis : les Paraliens,
dirigés par Mégaclès, qui s'appuyait sur la classe moyenne ;
les Pédiéens, dont le chef était Lycurgue, et qui penchaient
vers l'oligarchie ; les Diacriens, qui avaient à leur tête Pisistrate, partisan résolu de la démocratie. Ce parti s'était accru
de tous les mécontents, qui avaient été dépouillés de leurs
créances et appauvris, ainsi que des citoyens, que leur naissance aurait dû écarter de la cité (c. XIII).

Dans la *Politique*, Aristote, énumérant les causes des révolutions, auxquelles est sujette la démocratie, dit qu'au temps où les
États étaient encore petits, le peuple, occupé aux champs, laissait
les chefs qu'il s'était donnés usurper la tyrannie, pour peu qu'ils
fussent d'habiles militaires. Il leur suffisait de gagner la confiance
populaire, et ils y arrivaient en se déclarant les ennemis des
riches. Témoin Pisistrate à Athènes. C'est de la même façon
que Denys accusa Daphnaios et les riches ; la haine qu'il avait

vouée aux citoyens opulents fit croire au peuple qu'il était son ami le plus fidèle (1). Le philosophe revient encore sur le même sujet lorsqu'il étudie les causes des révolutions, qui s'accomplissent dans les monarchies et dans les tyrannies. Le tyran, dit-il, est tiré du peuple et de la masse des citoyens, et opposé aux nobles, dont il doit secouer le joug. Presque tous les tyrans ont d'abord été des démagogues, qui avaient capté la confiance populaire en calomniant les principaux citoyens. C'est ainsi qu'à Athènes, Pisistrate s'est emparé du pouvoir (2).

Pisistrate se fit donner par le peuple une garde du corps, et, grâce à elle, il réussit à s'emparer de l'Acropole, trente-quatre ans après que Solon avait rédigé ses lois. Cinq ans plus tard, il fut chassé par les partisans de Mégaclès et de Lycurgue. Son exil avait déjà duré onze ans quand Mégaclès, menacé par son propre parti, s'offrit à le faire rentrer dans Athènes, à la condition qu'il épouserait sa fille. Mais Pisistrate mécontenta de nouveau ses adversaires politiques en se refusant à consommer le mariage consenti, et dut s'exiler une seconde fois. Il s'établit d'abord sur les bords du golfe Thermaïque, puis au pied du mont Pangée. Là, il amassa de l'argent, engagea des mercenaires et, avec l'aide des Thébains, de Lygdamis de Naxos, et des cavaliers, qui étaient au pouvoir à Érétrie, il défit ses ennemis près du temple de Palléné, rentra victorieusement dans Athènes, et y établit solidement sa domination, en désarmant, par ruse, le peuple. Il devait récompenser son allié Lygdamis en l'installant à Naxos (c. XIV et XV).

Ces événements sont mentionnés par la *Politique*. Il y est fait allusion au gouvernement oligarchique des cavaliers à Érétrie. Aristote remarque, en effet, que tous les anciens États, dont la force militaire consistait en cavalerie, étaient des oligar-

(1) *Politique*, VIII, 4, 5, 1305, a, 18.
(2) *Politique*, VIII, 8, 2, 1310, b, 12.

chies, et il donne Érétrie comme exemple (1). Il parle également de la tyrannie de Lygdamis à Naxos : il le cite comme
un tyran du parti oligarchique (2). Enfin, étudiant les incon-
vénients des divers régimes politiques, le philosophe dit que
la tyrannie se défie des masses et leur enlève le droit de
posséder des armes (3). En effet, parmi les moyens que peut
employer la tyrannie pour se maintenir, il compte l'affaiblissement des sujets (4). Ailleurs, il démontre que le tyran
devra, s'il ne peut persuader tout ensemble aux riches et aux
pauvres que son pouvoir est leur seule garantie, s'appuyer sur
le parti le plus fort, afin de n'être pas contraint, ou de donner
la liberté aux esclaves, ou d'enlever les armes aux citoyens (5).

Pisistrate gouverna la cité avec modération, moins en tyran
qu'en citoyen respectueux de la Constitution. Il était d'un abord
facile et doux, gagnant une partie des citoyens par ses relations
d'amitié ; l'autre, par des services personnels. Il était indulgent
aux fautes. Afin d'aider les pauvres dans l'exploitation de leurs
terres, il leur avançait de l'argent pour qu'ils ne fussent point
obligés d'interrompre leurs travaux de culture. Il voulait qu'au
lieu de vivre à la ville, ils fussent dispersés dans la campagne,
et que, parvenant à l'aisance, ils fussent préoccupés de leurs
seuls intérêts, et n'eussent ni le désir, ni le loisir de se mêler aux
affaires publiques. En même temps, il s'assurait par là un moyen
d'accroître ses propres revenus, car il percevait la dîme des fruits.
Il institua les juges des dèmes, qui devaient terminer sur place
les procès des habitants de la campagne. Lui-même, il sortait
souvent de la ville, pour veiller à tout et régler en personne

(1) *Politique*, VI, 3, 2, 1289, b, 36. Ce passage est noté par l'éditeur
Susemihl comme interpolé.
(2) *Politique*, VIII, 5, 1, 1305, a, 35.
(3) *Politique*, VIII, 8, 7, 1311, a, 8. Il n'est pas sans intérêt de comparer
les deux expressions τὴν παραίρεσιν ποιεῖσθαι τῶν ὅπλων, de la *Politique*,
et παρείλετο τοῦ δήμου τὰ ὅπλα, de la *Constitution d'Athènes*.
(4) *Politique*, VIII, 9, 9, 1314, a, 23.
(5) *Politique*, VIII, 9, 19, 1315, a, 31.

les différends. Il donnait l'exemple de l'obéissance aux lois et ne s'arrogeait aucune prérogative. Accusé de meurtre, il comparut devant l'Aréopage, au lieu que sa partie, effrayée, fit défaut (c. XVI).

Ces actes de Pisistrate sont expliqués et approuvés dans la *Politique*, qui corrobore de tous points le témoignage de la *Constitution d'Athènes*. Aristote observe, en effet, que le tyran ne doit pas être d'un accès difficile ; il faut que son abord soit grave, mais inspire le respect, non la crainte (1). Nous aimons les hommes avec qui il est facile de vivre, ceux dont l'humeur est accommodante, qui sont indulgents à nos fautes, qui n'aiment ni les discussions ni les querelles, qui sont toujours prêts à nous assister de leur personne ou de leur argent. Aussi honorons-nous les hommes généreux, braves et justes (2). Ailleurs, le philosophe constate que, de toutes les vertus, c'est peut-être la libéralité qui se fait le plus aimer ; car c'est en donnant que l'on peut rendre à ses semblables les plus grands services (3).

Le tyran doit s'occuper avec sollicitude des intérêts de l'État, rendre compte de ses recettes et de ses dépenses, car ainsi, il est considéré comme un administrateur plutôt que comme un despote (4). Lorsqu'il lève des impôts, il faut qu'il semble n'agir que dans l'intérêt de l'administration publique, pour ménager à l'État des ressources en temps de guerre ; il doit paraître le gardien et le trésorier de la fortune générale, et non de sa fortune personnelle (5). Aristote résume ainsi toute sa théorie de la tyrannie : Le tyran doit être pour ses sujets non un despote, mais un administrateur, un roi ; non point un homme qui fait ses affaires, mais qui veille sur celles des autres. Il faut que, dans sa vie, il recherche la modé-

(1) *Politique*, VIII, 9, 13, 1314, b, 18.
(2) *Rhétorique*, II, 4, 1381, a, 29.
(3) *Ethique à Nicomaque*, IV, 1, 11, 1120, a, 21.
(4) *Politique*, VIII, 9, 11, 1314, a, 40.
(5) *Politique*, VIII, 9, 12, 1314, b, 14.

ration et non les excès ; qu'il fréquente les nobles, qu'il capte l'affection du peuple. Par là, il sera infailliblement sûr de rendre son autorité non seulement plus belle et plus enviable, parce que ses sujets deviendront meilleurs, et qu'il n'excitera ni haine ni crainte, mais encore plus durable. En un mot, il faut qu'il se montre toujours vertueux ou vertueux à demi, et jamais vicieux ou, du moins, vicieux à l'excès (1).

Ailleurs, Aristote engage les classes élevées à aider les pauvres et à les tourner toujours vers le travail, en leur créant des ressources (2). Il devait d'autant mieux approuver la protection accordée par Pisistrate aux cultivateurs, que la classe agricole est, à ses yeux, celle qu'il est le plus aisé d'éloigner de la place publique. La classe la plus propre au système démocratique est, dit-il, celle des laboureurs. Aussi la démocratie s'établit-elle sans peine partout où la masse des citoyens vit de l'agriculture et de l'élève des troupeaux. Comme elle n'est pas fort riche, elle n'a guère de loisirs et ne peut s'assembler que rarement; et, comme elle ne possède pas le nécessaire, elle s'applique aux travaux qui la nourrissent et n'envie pas d'autres biens que ceux-là. Travailler lui est plus agréable que gouverner et commander, là où l'exercice du pouvoir ne procure pas de grands profits, car la plupart des hommes préfèrent l'argent aux honneurs (3). Dans la *Rhétorique*, le philosophe, expliquant que nous aimons les hommes généreux, braves et justes, observe que ces qualités n'appartiennent guère qu'aux gens qui ne vivent pas aux dépens d'autrui; par exemple, à ceux qui assurent leur subsistance par leur travail, soit en cultivant la terre (οἱ ἀπὸ γεωργίας), soit en faisant valoir leurs biens (οἱ αὐτουργοί) (4). A la population des

(1) *Politique*, VIII, 9, 20, 1315, a, 41.
(2) *Politique*, VII, 3, 5, 1320, b, 7.
(3) *Politique*, VII, 2, 1, 1318, b, 9.
(4) *Rhétorique*, II, 4, 1381, a, 21.

villes, la *Politique* oppose les habitants des campagnes, plus
faciles à gouverner. Les laboureurs, disséminés dans les
champs, se rencontrent rarement entre eux et ne sentent pas
autant le besoin de se réunir. C'est au point que, si les
champs sont éloignés de la ville, et si la majorité des citoyens
est forcée d'aller vivre dans la campagne, l'on peut établir une
excellente démocratie en statuant que la masse des marchands
ne peut se réunir en assemblée sans la population agricole (1).
Pour se maintenir au pouvoir, un tyran doit, en effet, prévenir
tout ce qui donne ordinairement courage et assurance ; empêcher les loisirs et toutes les réunions d'hommes oisifs, et faire
en sorte que ses sujets restent le plus possible inconnus les uns
des autres, parce que les relations amènent une mutuelle confiance (2). Ajoutons enfin, avant d'abandonner la *Politique*, qu'elle
mentionne la comparution de Pisistrate devant l'Aréopage (3).

Après avoir jugé le gouvernement de Pisistrate, l'auteur de
la *Constitution d'Athènes* en indique la durée. Pisistrate vécut
trente-trois ans après son premier établissement. Il en passa
dix-neuf au pouvoir et le reste en exil (c. XVII, 1). Ce dernier chiffre est en contradiction avec celui de la *Politique*. Il
y est dit, en effet, que Pisistrate, durant sa tyrannie, fut deux
fois forcé de prendre la fuite, et qu'en *trente-trois* ans, il n'en
régna réellement que *dix-sept* (4). L'éditeur Susemihl pense, il
est vrai, que le chapitre, dans lequel on lit ce passage, est
interpolé. Quoi qu'il en soit, nous devons noter cette légère
discordance entre les deux ouvrages.

Pisistrate laissait quatre fils : deux étaient nés d'une Athénienne, Hippias et Hipparque ; deux avaient pour mère une
Argienne, Iophon et Hégésistratos, surnommé Thettalos, celui

(1) *Politique*, VII, 2, 7, 1319, a, 30.
(2) *Politique*, VIII, 9, 2, 1313, b, 1.
(3) *Politique*, VIII, 9, 21, 1315, b, 21. Susemihl croit que ce passage
est interpolé.
(4) *Politique*, VIII, 9, 23, 1315, b, 29.

qui avait amené à son père les mille Argiens, qui avaient pris
part au combat de Palléné. Le pouvoir échut, par droit de
naissance et d'aînesse, à Hippias et à Hipparque. Hippias était
d'un caractère sérieux ; il gouverna la cité. Hipparque était
d'un caractère jeune et voluptueux : c'est lui qui devait attirer
à Athènes Anacréon, Simonide et les autres poètes. Quant à
Thettalos, ce fut sa conduite impudente et violente qui causa
la chute des Pisistratides. Il s'éprit d'Harmodios et ne fut point
payé de retour. Pour se venger, il empêcha la sœur de ce
jeune homme d'être canéphore dans la procession des Panathénées et lui reprocha publiquement d'avoir un frère débauché.
Exaspérés, Harmodios et Aristogiton conspirèrent, avec un
grand nombre de citoyens, la mort des tyrans. Le jour de la
fête, fixé pour l'exécution du complot, Hippias attendait à
l'Acropole la procession qu'Hipparque ordonnait dans la cité.
Les conjurés, voyant un de leurs complices s'entretenir fami-
lièrement avec Hippias, se crurent trahis. Ils voulurent au
moins frapper un grand coup avant d'être pris, et, rencontrant
Hipparque près du Léocorion, ils le tuèrent. L'entreprise
échoua ainsi par leur faute. En effet, Harmodios fut sur-le-
champ mis à mort par les gardes. Aristogiton subit, avant le
dernier supplice, la torture, et dénonça beaucoup d'hommes de
naissance illustre, amis d'Hippias, soit qu'ils eussent vraiment
trempé dans le complot, soit pour discréditer et affaiblir le
parti des tyrans (c. XVII, 3 — XVIII).

Après la mort d'Hipparque, Hippias régna seul. Il se rendit
odieux par ses représailles. Il entreprit de fortifier Munichie
pour s'y établir. Mais il en fut chassé par Cléomène, roi de
Sparte. Sa victoire de Leipsydrion ne découragea pas les
Alcméonides, qui étaient à la tête des proscrits. Ils prirent
à ferme la reconstruction du temple de Delphes, et, grâce
aux richesses dont ils purent ainsi disposer, ils s'assurèrent
l'alliance des Lacédémoniens, d'ailleurs mécontentés par les rela-

tions d'amitié, que les Pisistratides entretenaient avec les Argiens. Le Spartiate Anchimolos fut d'abord vaincu, grâce à l'appui du Thessalien Cinéas; mais Cléomène défit les Thessaliens, qui défendaient l'entrée de l'Attique, assiégea Hippias dans le Pélargicon, fit prisonniers les fils des Pisistratides, et força ainsi les tyrans à capituler. Dix-sept ans s'étaient écoulés depuis la mort de Pisistrate; la tyrannie avait duré en tout quarante-neuf ans (c. XIX).

La *Politique* fait allusion à ces événements. Distinguant entre les conspirations, Aristote dit qu'elles s'attaquent tantôt à la personne de ceux qui ont le pouvoir, et tantôt au pouvoir lui-même. Les premières sont le plus souvent provoquées par le ressentiment d'une insulte. Alors la colère n'est pas ambitieuse et ne songe qu'à la vengeance. Témoin le sort des Pisistratides; ils avaient insulté la sœur d'Harmodios; Harmodios conspira pour venger sa sœur; Aristogiton, pour soutenir Harmodios (1). Le philosophe estime que la colère n'est pas moins dangereuse pour un tyran que la haine. La colère est, en effet, plus active que la haine. Elle conspire avec d'autant plus d'ardeur que la passion ne réfléchit pas. Le plus souvent, elle naît du ressentiment : ainsi elle fut la cause de la chute des Pisistratides et de beaucoup d'autres tyrans (2). Ailleurs encore, Aristote établit que les plus dangereux ennemis d'un tyran sont ceux qui font bon marché de leur vie, pourvu qu'ils aient la sienne. Aussi doit-il se garder surtout des hommes qui se croient insultés dans leur personne ou celle des gens qui leur sont chers. Quand on conspire par ressentiment, l'on ne s'épargne pas soi-même. Comme le dit Héraclite, le ressentiment est malaisé à combattre, car il joue sa vie (3). Le tyran doit par conséquent se garder lui-même et empêcher ceux

(1) *Politique*, VIII, 8, 9, 1311, a, 31.
(2) *Politique*, VIII, 8, 21, 1312, b, 25.
(3) *Politique*, VIII, 9, 18, 1315, a, 24.

qui l'entourent d'insulter jamais la jeunesse de l'un et l'autre
sexe (1). Cette circonspection est surtout nécessaire à l'égard
des cœurs nobles et fiers, qui souffrent cruellement d'une
atteinte portée à leur honneur. La réparation doit l'emporter
de beaucoup sur l'offense. Si le tyran a quelques relations
avec la jeunesse, il faut qu'il semble ne céder qu'à son pen-
chant, et non pas abuser de son pouvoir (2). Il ne devra jamais
se relâcher de sa prudence, car les grandes discordes sont
souvent engendrées par de petites causes (3). Dans la *Rhétorique*, Aristote, conseillant à l'orateur d'apprendre à connaître
la nature des divers gouvernements, définit la tyrannie, en
disant qu'elle a pour objet de défendre et de conserver la personne du tyran (4). La même observation devait encore être
faite dans l'*Ethique à Nicomaque* (5).

Quant au chiffre de *quarante-neuf*, donné par la *Constitution
d'Athènes*, nous devons reconnaître qu'il diffère légèrement de
celui qui est indiqué dans le passage de la *Politique*, dont
nous avons déjà cité une partie à propos de Pisistrate. « En
trente-trois ans, il n'en régna réellement que *dix-sept*; ses fils
en régnèrent *dix-huit*, soit, en tout, *trente-cinq* ans (6) ». Ici,
nous lisons dix-huit au lieu de dix-sept. Mais l'écart n'est pas
grand entre ces deux nombres. Dix-huit et trente-trois font cin-
quante-et-un; le chiffre de l''Αθηναίων πόλιτεία était quarante-neuf.
L'on remarquera, d'ailleurs, que cette nouvelle divergence, aussi
peu sensible que la première, en est la conséquence nécessaire.

(1) *Politique*, VIII, 9, 13, 1314, b, 23.
(2) *Politique*, VIII, 9, 17, 1315, a, 16.
(3) *Politique*, VIII, 3, 1, 1303, b, 17.
(4) *Rhétorique*, I, 8, 1366, a, 6.
(5) *Ethique à Nicomaque*. VIII, 10, 2, 1160, b, 2.
(6) *Politique*, VIII, 9, 23, 1315, b, 30. Nous rappelons que l'éditeur
Susemihl considère comme interpolé tout le chapitre, auquel est emprunté ce
passage. Un troisième chiffre nous a été conservé par une scolie au vers
502 des *Guêpes* : 'Αριστοτέλους μὲν τετταράκοντα καὶ ἓν φήσαντος. M. Haussoulier propose avec raison de corriger τετταράκοντα καὶ ἐννέα. Il semble,
en effet, que l'ouvrage, cité par le scoliaste, soit l' 'Αθηναίων πολιτεία.

CHAPITRE CINQUIÈME

CLISTHÈNES. PROGRÈS ET DÉCADENCE DE LA DÉMOCRATIE.

Après la chute des Pisistratides, Athènes fut en proie à la
rivalité d'Isagoras, fils de Teisandros, ami des tyrans, et de
Clisthènes, qui appartenait à la famille des Alcméonides.
Isagoras eut d'abord le dessus, grâce à l'appui des hétairies (1);
puis, vaincu par Clisthènes, qui s'était concilié. le peuple, il
appela à son aide Cléomènes, qui força Clisthènes à s'enfuir,
exila sept cents familles athéniennes et tenta de s'emparer du
pouvoir avec trois cents de ses amis. Assiégé par le peuple,
dans l'Acropole, il dut capituler. Clisthènes fut alors rappelé
et organisa la démocratie (c. XX).

Il répartit les Athéniens en dix tribus, afin de donner à
un plus grand nombre le titre de citoyens, et de rendre plus
accessibles les magistratures. Le chiffre des Conseillers fut
porté de quatre cents à cinq cents, cinquante par tribu. Pour
mêler les familles, Clisthènes distribua le sol, divisé en dêmes,
en trente subdivisions, ou trittyes, qui furent réparties par le
sort entre les dix tribus. Les citoyens du dême, les démotes,
avaient à leur tête un démarque, qui remplissait les mêmes
fonctions, qui étaient autrefois attribuées au naucrare. Les
familles, les phratries, les sacerdoces subsistèrent, mais n'eurent
plus qu'un caractère religieux. Clisthènes laissa le commandement de l'armée au polémarque, mais il lui adjoignit dix

_____

(1) Nous avons cité précédemment le chapitre de la *Politique* (VIII, 9,
2, 1313, a, 41), dans lequel Aristote conseille au tyran d'interdire toute
association politique. L'importance des hétairies est encore signalée VIII,
5, 5, 1305, b, 31.

stratèges, élus à main levée, à raison d'un par tribu. Enfin, il institua l'ostracisme (c. XXI, XXII, 1).

Dans la *Politique*, Aristote parle, à deux reprises, de Clisthènes. Définissant le citoyen, il dit que l'on pourrait contester le droit de ceux qui ont été admis dans la cité par une révolution, comme ceux qu'inscrivit Clisthènes, après l'expulsion des tyrans, en introduisant dans les tribus beaucoup d'étrangers et d'esclaves domiciliés. Mais le citoyen est un homme investi d'un certain pouvoir; quiconque jouit de ces prérogatives est effectivement citoyen; ceux qui les reçurent de Clisthènes étaient donc bien réellement citoyens (1). Ailleurs, il conseille, pour fonder la démocratie, d'imiter Clisthènes, c'est-à-dire de créer de nouvelles tribus et de nouvelles phratries, et de rendre aussi fréquentes que possible les relations entre citoyens (2).

Lorsqu'il définit la souveraineté, Aristote discute longuement la légitimité de l'ostracisme. Si, dans l'État, un ou plusieurs hommes l'emportent de beaucoup sur tous les autres citoyens, soit par leur mérite, soit par leur influence, ils ne peuvent plus trouver place dans la cité. Ce serait, en effet, leur faire injure que de les réduire à l'égalité commune. Aussi les États démocratiques, plus jaloux que tous les autres de cette égalité, ont-ils institué l'ostracisme. Dès qu'un homme semblait s'élever au-dessus de tous ses concitoyens par sa richesse, par le nombre de ses partisans, ou par tout autre avantage politique, l'ostracisme venait le frapper d'un exil plus ou moins long. Cet expédient n'est pas seulement utile aux tyrans; il est employé avec un égal succès dans les oligarchies et les démocraties. Le principe de l'ostracisme, appliqué aux supériorités bien reconnues, n'est pas dénué de toute équité. Mais il est préférable que la cité trouve dans ses institutions le moyen d'éviter

(1) *Politique*, III, 1, 10, 1275, b, 34.
(2) *Politique*, VII, 2, 11, 1319, b, 19.

ce remède (1). Ailleurs encore, Aristote fait la même réserve. Bien que la supériorité soit le plus souvent une cause de discordes, et entraîne un État soit à la monarchie, soit à l'oligarchie, mieux vaut, dit-il, la prévenir dès sa naissance, que l'écarter par l'ostracisme, après qu'on a commis l'imprudence de la laisser se former (2).

Après les réformes de Clisthènes, la victoire de Marathon enhardit encore le peuple, qui, deux ans après, appliqua pour la première fois l'ostracisme. On s'en servit d'abord pour écarter les amis des Pisistratides; mais ensuite l'on frappa des hommes de tous les partis, dès que leur supériorité portait ombrage à la démocratie. En 487, pour la première fois depuis la tyrannie, les neuf archontes furent tirés au sort, un par tribu, parmi les pentacosiomédimnes, que le peuple avait préalablement choisis (3). Peu de temps après, en 483, furent découvertes les mines d'argent de Maronéia, dont l'exploitation donna d'abondantes richesses à l'État. Sur le conseil de Thémistocle, le produit en fut employé à la construction d'une flotte de cent vaisseaux, qui devait combattre à Salamine et sauver la Grèce (c. XXII). Dans la *Politique*, Aristote constate que quatre espèces d'armes sont nécessaires à la guerre : la cavalerie, les hoplites, l'infanterie légère, et la marine. Or la cavalerie et l'infanterie des hoplites sont propres à l'oligarchie. Au contraire, l'infanterie légère et la marine sont des éléments tout démocratiques (4). Le philosophe explique ailleurs combien il est nécessaire pour une cité d'entretenir une marine, et il semble, dans ce développement, faire allusion à Athènes. Par la mer, la cité peut importer ce que le pays ne produit pas, et exporter les denrées dont elle a un superflu. Mais elle ne doit faire le

(1) *Politique*, III, 8, 1, 1284, a, 4.
(2) *Politique*, VIII, 2, 4, 1302, b, 15.
(3) *Const. d'Ath.*, XXII, 5. Nous avons déjà discuté ce texte. Aussi ne nous y arrêterons-nous pas de nouveau.
(4) *Politique*, VII, 4, 3, 1321, a, 6.

commerce que pour elle, et non point pour les autres peuples.
Dans quelques États, la rade ou le port creusé par la nature
est bien situé par rapport à la ville, qui, sans en être fort
éloignée, en est cependant séparée et le domine par ses remparts et ses fortifications. Grâce à cette situation, la ville pourra,
si elles lui sont utiles, profiter de toutes les communications,
qui lui sont ouvertes, et, si elles peuvent lui être dangereuses,
une simple disposition législative la garantira de tout danger,
en désignant spécialement les citoyens, auxquels il est permis
ou défendu de négocier avec les étrangers. Les forces navales
sont nécessaires à l'État pour secourir, ou, s'il est nécessaire,
inquiéter ses voisins ; elles doivent être proportionnées à l'importance de la cité. Si elle a des relations politiques étendues,
si elle commande à d'autres États, il faut que sa marine suffise
à ses entreprises (1).

Lorsque Xerxès envahit la Grèce, les Athéniens purent
sortir de la ville avant l'arrivée des Barbares, grâce au dévoû-
ment et à la générosité de l'Aréopage. Il avait, en effet, trouvé
des fonds, distribué aux citoyens huit drachmes par tête, et
embarqué tout le monde sur les vaisseaux. Aussi, après la
victoire, reprit-il de l'influence. Il gouverna la ville, et le
régime d'Athènes fut, pendant ce temps, digne d'éloges. C'est
à cette époque, en effet, que les Athéniens acquirent l'expérience de la guerre, étendirent leur influence sur toute la Grèce,
et conquirent l'hégémonie de la mer (c. XXIII).

La *Politique* confirme et complète le témoignage de la
Constitution d'Athènes. Énumérant les causes des révolutions
dans les cités, Aristote démontre qu'il suffit, pour établir un
régime nouveau, de donner une importance exagérée à une
magistrature ou à une classe de l'État. Ainsi la considération
dont l'Aréopage fut entouré, à l'époque des guerres médiques,

(1) *Politique*, IV, 5, 5, 1327, a, 27.

tendit à l'excès les ressorts de la Constitution. Tous ceux qui ont acquis à la cité quelque puissance nouvelle deviennent pour elle une cause de séditions. Ou bien l'on s'insurge contre eux par jalousie; ou bien, enorgueillis par leurs succès, ils cherchent à détruire à leur profit l'égalité (1). En revanche, la population maritime, à qui Athènes était redevable de la victoire de Salamine et de son hégémonie, rendit encore plus forte la démocratie (2). Aristote avait déjà fait ailleurs la même constatation. Le peuple, fier d'avoir remporté la victoire navale dans les guerres médiques, mit à sa tête des démagogues corrompus, écartant des fonctions publiques les citoyens modérés (3). Lorsqu'il distingue les éléments divers dont sont composées les démocraties, le philosophe remarque encore que c'est la population maritime qui domine à Athènes (4). Il conseille aussi de ne pas admettre dans la cité la tourbe des gens de mer. Seuls les guerriers qui montent la flotte et les commandants de vaisseaux doivent être citoyens (5).

Le peuple avait alors pour chefs Aristide et Thémistocle. L'un était le général, l'autre le conseiller politique des Athéniens. Bien qu'ils fussent rivaux, ils dirigèrent ensemble la reconstruction des murs. Ce fut Aristide qui détacha les Ioniens de l'alliance des Lacédémoniens, discrédités par la conduite de Pausanias (6). Il persuada aussi aux Athéniens de quitter la campagne pour venir habiter la ville, prendre part aux affaires publiques et se saisir de l'hégémonie. Dès lors, Athènes fit sentir à tous ses alliés une domination plus tyrannique, sauf à Chios, Lesbos et Samos, qu'elle considérait

(1) *Politique*, VIII, 3, 5, 1304, a, 17.
(2) *Politique*, VIII, 3, 5, 1304, a, 21.
(3) *Politique*, II, 9, 4, 1274, a, 12.
(4) *Politique*, VI, 4, 1, 1291, b, 17.
(5) *Politique*, IV, 5, 7, 1327, b, 7.
(6) Pausanias est mentionné dans la *Politique*, mais seulement à propos des dangers que son ambition fit courir à la Constitution spartiate (IV, 13, 13, 1333, b, 34; VIII, 1, 5, 1301, b, 21; VIII, 6, 2, 1307, a, 4).

comme les gardiennes de son empire et dont elle respecta les
Constitutions (c. XXIV). Il est question de ces trois États dans
la *Politique*. Aristote, observant que l'ostracisme peut frapper
des cités aussi bien que des hommes, cite comme exemple la
conduite des Athéniens à l'égard des Samiens, des Chiotes et
des Lesbiens. « Dès que leur puissance fut établie, ils affai-
blirent leurs sujets, au mépris des traités (1). » La contradiction entre les deux textes n'est qu'apparente, car ils se rapportent à des époques différentes de l'histoire coloniale d'Athènes.
En effet, Samos, Lesbos et Chios avaient été admises dans la
Confédération athénienne en 479. Or Samos ne s'en détacha
qu'en 441, et fut, l'année suivante, vaincue par Périclès. Lesbos
fit de même défection en 428, et fut châtiée par la prise de
Mitylène en 427. Enfin, Chios passa dans l'alliance de Sparte
en 412. C'est à ces derniers événements que fait allusion la
Rhétorique. Aristote, expliquant de quelle manière il faut louer
et blâmer, dit que l'éloge ne doit être attribué qu'à des actions
belles ou qui semblent telles; le blâme, aux actions contraires.
Par exemple, s'il s'agissait de blâmer les Athéniens, l'on
rechercherait s'ils ont asservi les Grecs, et s'ils ont réduit en
esclavage des peuples qui avaient combattu à leurs côtés contre
les Barbares, et notamment les Æginètes et les Potidéens, qui
s'étaient tous signalés dans la lutte. On leur reprochera tous
les actes de ce genre et toutes les autres fautes qu'ils ont pu
commettre (2).

Aristide voulut que tous les citoyens eussent leur part dans
la prospérité générale. Grâce aux tributs des alliés, il assura la
subsistance de vingt mille hommes. Toutes les fonctions publiques furent, en effet, rémunérées, non moins que le service de
terre et de mer. Or, sans compter le Conseil des Cinq cents
et les juges, il y avait environ sept cents magistrats dans

(1) *Politique*, III, 8, 4, 1284, a, 38.
(2) *Rhétorique*, II, 22, 1396, a, 16.

l'Attique et à peu près autant dans les colonies. Les orphelins étaient aussi nourris aux frais de l'État (c. XXIV). La *Politique* témoigne de cette dernière disposition. Aristote étudiant la Constitution d'Hippodamos de Milet, dit qu'il assurait, en la mettant à la charge de l'État, l'éducation des enfants, laissés par les guerriers morts dans les combats. Cette institution, ajoute-t-il, lui appartenait en propre ; mais aujourd'hui Athènes et plusieurs autres États possèdent une loi analogue (1).

L'Aréopage conserva pendant dix-sept ans la direction suprême des affaires. Mais son autorité fut minée par Éphialte, chef du parti populaire. D'abord, il accusa un grand nombre d'Aréopagites, puis, sous l'archontat de Conon, il enleva à ce Sénat la plupart des prérogatives, qu'il s'était arrogées et qui lui assuraient la garde de la Constitution, pour les donner soit aux Cinq Cents, soit au peuple, soit aux tribunaux. Il fut aidé par Thémistocle, qui faisait partie de l'Aréopage, mais était sous le coup d'une accusation de médisme. Éphialte et Thémistocle accusèrent l'Aréopage devant les Cinq Cents et devant le peuple, et firent si bien qu'ils le dépouillèrent de toute son influence. Éphialte devait être assassiné peu de temps après (c. XXV).

Ce chapitre de la *Constitution d'Athènes* est formellement contredit par la *Politique*. L'affaiblissement de l'Aréopage n'y est attribué qu'à Éphialte et à Périclès. En effet, parlant de la réforme de Solon, qui ouvrait les fonctions judiciaires à tous les citoyens, Aristote dit que, cette loi une fois établie, les flatteries dont le peuple fut l'objet, comme un véritable tyran, causèrent l'avènement de la démocratie. *Éphialte mutila l'Aréopage, comme le fit aussi Périclès,* qui alla jusqu'à donner un salaire aux juges (2).

(1) *Politique*, II, 5, 4, 1268, a, 6.
(2) *Politique*, II, 9, 3, 1274, a, 5.

M. Th. Reinach (1) croit que tout ce passage, relatif au rôle de Thémistocle, dans la campagne menée contre l'Aréopage, est interpolé. En effet, à l'époque où l'auteur de la *Constitution d'Athènes* place la conjuration d'Éphialte et de Thémistocle, il y avait dix ans que ce dernier avait été frappé d'ostracisme; et, depuis trois ou quatre ans, les Athéniens et les Lacédémoniens, qui lui reprochaient, avec quelque apparence de raison, de conspirer avec Pausanias et la Perse, l'avaient obligé de chercher un refuge auprès d'Artaxerxès. Accusé de médisme, il se serait, d'après notre historien, joint à Éphialte, pour se soustraire à la juridiction de l'Aréopage. Mais nous savons, par un fragment de Kratéros (2), qui puisait dans les archives officielles d'Athènes, que l'accusation fut portée devant le peuple, sous forme d'εἰσαγγελία, par Léobotas, fils d'Alcméon. En outre, Plutarque ne mentionne pas, dans sa *Vie de Thémistocle*, l'anecdote qui est ici rapportée; et, cependant nous avons remarqué, à propos de Thésée, qu'il avait consulté et citait parfois presque textuellement la *Constitution d'Athènes*. D'ailleurs, lorsque l'historien fait, dans la suite de son récit, allusion à l'abaissement de l'Aréopage, il n'est plus question de Thémistocle, mais seulement d'Éphialte et d'Archestratos (3).

Ces arguments nous semblent décisifs, et nous n'hésitons pas à nous ranger à l'avis de M. Th. Reinach, et, par conséquent, à retrancher du chapitre XXV les paragraphes 3 et 4 (4). Ainsi disparaît la contradiction entre la *Constitution d'Athènes* et la *Politique*.

La mort d'Éphialte n'arrêta pas les progrès de la démocratie. En effet, les démagogues commencent alors à exercer une influence prépondérante dans la cité. Les modérés (οἱ

---

(1) Voir l'article *Aristote ou Critias*, précédemment cité, p. 143.
(2) Muller. F. H. G. II. 619. Cf. Plutarque, *Thémistocle*, XXIII.
(3) Voir *Const. d'Ath.*, XXXV, 2.
(4) M. Th. Reinach fait remarquer que l'interpolation était assez ancienne pour induire en erreur l'auteur de l'*Argument* de l'*Aréopagitique* d'Isocrate.

ἐπιεικεῖς) n'ont pas de chef : Cimon est trop jeune. De plus, la
guerre enlève au peuple ses meilleurs citoyens et épuise les
éléments modérés des deux partis. Même explication donnée
dans la *Politique*. Aristote, indiquant les causes des révolutions dans les États, démontre que les bouleversements politiques sont souvent produits par l'accroissement disproportionné
d'un élément de la cité. Par exemple, il arrive souvent que
la guerre diminue un parti. A Athènes, les classes élevées
furent affaiblies par les échecs qu'éprouva l'infanterie, parce
que l'on n'employait pour la guerre contre Lacédémone que
les citoyens inscrits sur les rôles de l'État (1).

Cinq ans après la mort d'Éphialte (457 avant Jésus-
Christ), l'on décida que les zeugites pourraient, de même que les
pentacosiomédimnes et les cavaliers, être choisis comme candidats à l'archontat. On rétablit ensuite les trente juges des
dèmes (453 avant Jésus-Christ) ; et, comme le nombre des
citoyens augmentait toujours, le peuple décréta, sur la proposition de Périclès, que nul ne jouirait des droits politiques
s'il n'était né de père et de mère athéniens. Aristote fait
allusion à cette mesure dans sa *Politique*. Quand, dit-il, la
population abonde, on élimine peu à peu d'abord les citoyens
nés d'un père et d'une mère esclaves, puis ceux qui sont
citoyens seulement du côté des femmes ; et, enfin, l'on n'admet
que ceux dont le père et la mère étaient citoyens (2).

Avec Périclès, qui devint le chef du parti populaire, les
progrès de la démocratie furent encore plus rapides. Il enleva

----

(1) *Politique*, VIII, 2, 7, 1302, b, 33 : Καὶ ἐν Ἀθήναις ἀτυχούντων πεζῇ
οἱ γνώριμοι ἐλάττους ἐγένοντο διὰ τὸ ἐκ καταλόγου στρατεύεσθαι ὑπὸ τὸν
Λακωνικὸν πόλεμον. Cf. l'expression employée par l'auteur de la *Constitution
d'Athènes* : Τῆς γὰρ στρατείας γιγνομένης ἐν τοῖς τότε χρόνοις ἐκ καταλόγου... ὥστε ἀναλίσκεσθαι τοὺς ἐπιεικεῖς καὶ τοῦ δήμου καὶ τῶν εὐπόρων
(c. XXVI, 1).

(2) Dans le passage de la *Politique* (II, 9, 3, 1274, a, 5), que nous avons
cité à propos de l'abaissement de l'Aréopage, Périclès est nommé à côté
d'Éphialte (τὴν ἐν Ἀρείῳ πάγῳ βουλὴν Ἐφιάλτης ἐκόλουσε καὶ Περικλῆς).

à l'Aréopage quelques-unes des attributions qui lui restaient (1), et tourna de plus en plus l'ambition d'Athènes vers l'empire de la mer. Pour lutter contre l'opulence de Cimon, il institua le salaire des tribunaux. Cette mesure devait lui être reprochée, sous prétexte que les moindres citoyens étaient plus assidus au tribunal que les modérés et que les juges se laissaient plus aisément corrompre (c. XXVI et XXVII). Dans un passage de la *Politique*, que nous avons précédemment analysé, cette réforme est également attribuée à Périclès, et présentée comme particulièrement favorable à la démocratie (2). Enfin, l'on peut se demander si Aristote ne songeait pas à Périclès lorsqu'il parlait, dans la *Rhétorique*, de la gravité que l'exercice du pouvoir donne à l'homme d'État. Les hommes au pouvoir sont plus ambitieux et plus virils que les riches parce qu'ils conçoivent des desseins que la puissance dont ils disposent leur permet d'accomplir. Ils sont aussi plus sérieux, parce qu'ils sont sans cesse sur leurs gardes, par la nécessité de veiller à tout ce qui assure leur puissance (3).

Jusqu'à Périclès, tous les chefs du peuple avaient appartenu au parti modéré. La même constatation est faite dans un passage de la *Politique*, que nous avons déjà cité en partie. Aristote, louant la Constitution de Solon, dit que les progrès de la démocratie ont été déterminés par les circonstances, plutôt que par la volonté du législateur. Le peuple, fier des victoires navales remportées dans les guerres médiques, écarta des fonctions publiques les citoyens modérés, pour confier la direction des affaires à des démagogues corrompus. Solon n'avait accordé au peuple que les prérogatives sans lesquelles il est ou esclave ou hostile, le choix des magistrats et le droit de leur faire rendre des comptes: et telles étaient les

(1) *Politique*, II, 9, 3, 1274, a, 8.
(2) *Politique*, II, 9, 3, 1274, a, 5.
(3) *Rhétorique*, II, 17, 1391, a, 22.

conditions censitaires imposées aux magistratures, que, seuls, les citoyens distingués et riches y avaient accès (1).

Après Périclès, le pouvoir passa à des démagogues ambitieux et sans scrupules : Cléon, qui dégrada la tribune de son ancienne dignité ; Cléophon, qui donna au peuple la diobélie ; Callicrate, qui l'abolit. Au contraire, le parti opposé avait à sa tête des hommes honnêtes et fidèles aux traditions de la cité : Nicias, Thucydide et Théramène (c. XXVIII). Dans la *Rhétorique*, Aristote, enseignant quelles sont les connaissances indispensables à l'orateur, lui impose l'obligation d'apprendre combien il y a d'espèces de gouvernements, quelles sont celles qui conviennent aux différents États, quelles sont les causes naturelles de leur ruine, si ces causes sont impliquées dans leur principe même ou se confondent avec tout ce qui leur fait exposition. Les premières font qu'en dehors de la Constitution parfaite, tous les gouvernements se perdent, soit parce qu'ils sont trop relâchés, soit parce qu'ils sont trop tendus. C'est ainsi que la démocratie s'affaiblit, et non seulement elle s'altère jusqu'à tourner à l'oligarchie, mais elle se détruit elle-même, quand les ressorts en sont tendus à l'excès (2). La diobélie est également mentionnée dans la *Politique*. Critiquant les institutions de Phaléas, Aristote explique que l'égalité des fortunes ne peut être maintenue dans un État. L'avidité des hommes est insatiable ; d'abord ils se contentent de deux oboles ; mais, une fois qu'ils s'en sont fait un patrimoine, leurs besoins s'accroissent sans cesse, jusqu'à ce que leurs vœux ne connaissent plus de bornes ; et, quoique la nature de la cupidité soit précisément de n'avoir point de limites, la plupart d'entre eux ne vivent que pour l'assouvir (3).

(1) *Politique*, II, 9, 3, 1274, a, 11.
(2) *Rhétorique*, II, 17, 1391, a, 22.
(3) *Politique*, II, 4, 11, 1267, a, 41.

CHAPITRE SIXIÈME

L'Oligarchie. Les Quatre Cents. Les Trente.
Restauration de la Démocratie.

Le régime démocratique se maintint jusqu'au désastre de
Sicile, en 413. Athènes, que sa défaite mettait à la merci de
Lacédémone, se décida, sur la proposition de Pythodoros, à
rétablir l'oligarchie. Le peuple espérait ainsi se concilier l'alliance du Grand Roi, dont l'appui avait assuré la victoire de
Sparte (c. XXIX). La *Politique* lui prête la même intention.
Aristote y explique, en effet, que les révolutions procèdent
tantôt par la violence, et tantôt par la ruse. La ruse emploie
d'abord la persuasion. Par des promesses mensongères, elle
fait d'abord accepter au peuple la révolution ; puis elle recourt
à la force, pour se maintenir contre sa résistance. Ainsi les
Quatre Cents trompèrent le peuple, en lui disant que le Grand
Roi lui fournirait les moyens de continuer la guerre contre
les Lacédémoniens ; et, ce mensonge ayant réussi, ils essayèrent
de garder le pouvoir (1).

Le décret de Pythodoros confiait la rédaction d'une constitution à trente commissaires (πρόϐουλοι), choisis parmi les
citoyens âgés d'au moins quarante ans. Ces commissaires sont
mentionnés dans la *Rhétorique*, à propos d'une question adressée
par Pisandre à Sophocle, au sujet des Quatre Cents (2). Dans
la *Politique*, Aristote démontre que l'institution des commis-

(1) *Politique*, VIII, 3, 8, 1304, b, 8.
(2) *Rhétorique*, III, 18, 1419, a, 26 : ...οἶον Σοφοκλῆς ἐρωτώμενος ὑπὸ
Πεισάνδρου εἰ ἔδοξεν αὐτῷ ὥσπερ καὶ τοῖς ἄλλοις προϐούλοις καταστῆσαι τοὺς
τετρακοσίους...

saires est essentiellement oligarchique. Recherchant si les diverses fonctions diffèrent dans chaque système politique ou restent identiques, il constate que quelques magistratures sont exclusivement spéciales à une forme de gouvernement ; tels sont les commissaires, dont l'établissement est contraire au principe de la démocratie et exige un Sénat. Sans doute, il doit y avoir des fonctionnaires, qui préparent les délibérations du peuple, pour lui faire gagner du temps. Or, s'ils sont peu nombreux, l'institution est oligarchique ; et, comme le nombre n'en peut jamais être fort élevé, cette fonction appartient en propre à l'oligarchie (1). Elle doit être classée parmi les magistratures proprement dites, c'est-à-dire parmi celles qui confèrent le droit de délibérer, de décider ou d'ordonner. Ce sont les dernières qui sont les plus élevées, car ordonner est le caractère définitif de l'autorité (2).

Les commissaires, institués par le décret de Pythodoros, assurèrent d'abord la liberté de toutes les propositions qui seraient faites pour le salut public. Ils suspendirent ou abrogèrent toutes les lois destinées à prévenir ou à réprimer les innovations constitutionnelles. Ils défendirent aux magistrats, sous peine de mort, d'en poursuivre les auteurs. Ces précautions une fois prises, les commissaires firent voter la gratuité de toutes les fonctions publiques, à l'exception de l'archontat et de la prytanie, dont le salaire quotidien était fixé à trois oboles, et l'institution d'un corps souverain d'au moins cinq mille citoyens, pris parmi les Athéniens capables de servir l'État de leur personne ou de leur argent. Ce choix

----

(1) *Politique*, VI, 12, 8, 1299, b, 30.

(2) *Politique*, VI, 12, 3, 1299, a, 25. L''Αθηναίων πολιτεία mentionne *trente* πρόβουλοι. Thucydide n'en comptait que *dix* (VIII, 67). Or Harpocration (art. συγγραφεῖς) note cette divergence entre Thucydide et les atthidographes, Androtion et Philochore. Cette constatation n'est pas dépourvue d'intérêt. Elle prouve que l'auteur de la *Constitution d'Athènes* a puisé de nombreux renseignements dans l'œuvre des annalistes.

devait être fait par dix citoyens, élus dans chaque tribu et âgés d'au moins quarante ans (c. XXIX). Ce projet de Constitution était oligarchique, car les fonctions publiques y étaient rendues gratuites, et tous les citoyens qui n'avaient pas de revenus et devaient travailler pour vivre en étaient écartés. Comme le dit Aristote dans la *Politique*, c'est la pauvreté qui distingue essentiellement la démocratie; et la richesse, l'oligarchie; partout où le pouvoir est aux riches, majorité ou minorité, règne l'oligarchie (1).

Ce corps souverain, d'environ cinq mille citoyens, ne fut jamais constitué. Provisoirement, le pouvoir fut exercé par les citoyens sous les armes, au nombre d'environ cinq mille. Ceux-ci désignèrent cent commissaires, chargés de rédiger une nouvelle constitution. Le projet qu'ils élaborèrent confiait la direction des affaires à un Sénat, dont les fonctions devaient être gratuites et annuelles, et qui recruterait parmi ses membres les titulaires de toutes les magistratures importantes. Les Cinq Mille étaient divisés par le sort en quatre sections. Dans chacune d'elles, les citoyens âgés d'au moins trente ans formaient un Sénat. Il y avait ainsi quatre assemblées, qui, à tour de rôle, siégeaient pendant un an. Chaque sénateur pouvait s'adjoindre un assesseur, ayant l'âge légal ; il devait être présent à toutes les réunions, sous peine d'une amende d'une drachme (c. XXX).

Ces dispositions ne furent pas appliquées. En fait, le pouvoir fut exercé par un Conseil de quatre cents membres, choisis, à raison de quarante, parmi les candidats de chaque tribu. Provisoirement les stratèges étaient élus parmi les Cinq Mille; mais, à l'avenir, le Conseil devait nommer dans son sein une Commission de dix membres, investie d'un pouvoir discrétionnaire. Les Cinq Mille ne furent choisis que pour la forme. L'oligarchie était établie (411 avant Jésus-Christ, c. XXXI-XXXII).

(1) *Politique*, III, 5, 7, 1279, b, 39.

Une fois installés, les Quatre Cents firent à Sparte des propositions de paix. Mais, comme les Lacédémoniens exigeaient qu'Athènes renonçât à l'empire de la mer, les négociations furent rompues. L'auteur de la *Constitution d'Athènes* ne nous renseigne pas autrement sur le gouvernement des Quatre Cents. Mais, dans la *Politique*, Aristote est plus explicite. Il rappelle, en effet, dans un passage, que nous avons eu déjà l'occasion de citer, les discussions et les intrigues, qui divisèrent les oligarques. Parmi les causes de révolutions, que portent en elles les oligarchies, il compte la turbulence des oligarques, qui se font démagogues, car l'oligarchie a aussi ses démagogues. Il cite alors l'exemple de Chariclès, qui fut un démagogue parmi les Trente, et de Phrynikos, qui joua le même rôle parmi les Quatre Cents (1).

Le gouvernement des Quatre Cents ne dura guère que quatre mois. Après la défaite navale d'Érétrie et la défection de l'Eubée, les Athéniens le renversèrent et remirent le pouvoir aux Cinq Mille, c'est-à-dire aux citoyens en état de s'armer eux-mêmes. En même temps, ils décrétaient la suppression des salaires pour toutes les charges. Les principaux auteurs de cette révolution étaient Aristocrate et Théramène. L'historien loue le nouveau régime. « La cité fut alors bien gouvernée, car l'on était en guerre, et c'était aux citoyens capables de s'armer eux-mêmes, qu'appartenaient les droits politiques » (2). Or l'attribution des droits politiques aux citoyens qui sont capables de s'armer eux-mêmes est précisément l'un des principes de la politique d'Aristote. Traitant des expédients auxquels recourent les divers gouvernements, il dit que les démocraties assurent une indemnité aux pauvres, qui assistent au tribunal et à l'Assemblée, et promettent l'impunité aux

(1) *Politique*, VIII, 5, 4, 1305, b, 22.
(2) *Const. d'Ath.*, XXXIII, 2.

riches, qui restent éloignés des séances. Or cette combinaison n'est pas équitable. Il faut donner un salaire aux pauvres et frapper les riches d'une amende. Tous les citoyens participeront au gouvernement de l'État. Il ajoute alors : « Le corps politique doit être exclusivement composé des citoyens en état de s'armer » (1). Dans quelques États, il suffit, non pas de porter, mais d'avoir porté les armes, pour faire partie de la cité. A Malie, les droits politiques appartiennent à ceux qui font partie de l'armée, et c'est parmi eux que sont choisis les magistrats (2). Il en fut de même chez les Grecs, après la chute de la royauté. Les premières républiques n'étaient formées que de guerriers portant les armes. A l'origine, c'étaient des cavaliers, car la cavalerie faisait alors toute la force des armées. Mais à mesure que les États s'agrandirent et que l'infanterie prit plus d'importance, le nombre des hommes jouissant des droits politiques s'accrut dans une égale proportion (3). Aristote avait déjà, en critiquant les théories d'Hippodamos de Milet, exprimé la même idée sur la nécessité de recruter parmi les citoyens en état de s'armer les stratèges, les gardes de la cité, et, en un mot, tous les principaux magistrats (4).

Après le renversement des Quatre Cents, le peuple, trompé par ses conseillers, commit la faute de condamner les stratèges, qui avaient été victorieux aux îles Arginuses, et de rejeter, sur les instances de Cléophon, les propositions de paix faites par Sparte, après cette défaite. L'année suivante (405 avant Jésus-Christ), il essuya le désastre d'Ægos-potamos, qui rendit Lysandre maître d'Athènes. Les Athéniens étaient alors divisés en trois partis : les démocrates désiraient le maintien du

(1) *Politique*, VI, 10, 8, 1297, b, 1.
(2) *Politique*, VI, 10, 9, 1297, b, 12.
(3) *Politique*, VI, 10, 10, 1297, b, 16. Nous avons déjà cité le passage dans lequel Aristote établit que la cavalerie est l'arme de l'oligarchie (VI, 3, 1, 1289, b, 27).
(4) *Politique*, II, 5, 5, 1268, a, 21.

régime populaire ; les aristocrates, organisés en associations, et les exilés, rentrés à Athènes, souhaitaient l'oligarchie ; enfin, les partisans de Théramène s'attachaient à l'ancienne Constitution, qu'ils prétendaient restaurer. Bien qu'il fût stipulé dans le traité que les Athéniens garderaient les institutions de leurs pères, le vainqueur appuya les oligarques, et le peuple dut rétablir l'oligarchie (c. XXXIV). En combattant la démocratie, Lysandre se montrait fidèle à la tradition de Sparte, ainsi définie par Aristote, dans la *Politique* : Les peuples, qui ont tour à tour exercé l'hégémonie de la Grèce, ont fait prédominer dans les États soumis à leur puissance leur propre Constitution, tantôt l'oligarchie, tantôt la démocratie ; ils se souciaient seulement de leurs propres intérêts, et point du tout de ce qui importait à leurs tributaires (1). Aussi les gouvernements succombent-ils parfois à des causes de destruction, qui leur sont extérieures, par exemple, quand ils ont auprès d'eux un État constitué sur un principe opposé au leur, ou quand cet ennemi, tout éloigné qu'il soit, possède une grande puissance. Témoin la lutte de Sparte et d'Athènes : partout les Athéniens renversaient les oligarchies, et les Lacédémoniens, les constitutions démocratiques (2).

Sous la pression des vainqueurs, le peuple désigna donc trente magistrats, qui furent investis de tous les pouvoirs. Les Trente recrutèrent un Conseil de cinq cents membres et les autres fonctionnaires parmi les candidats présentés par les Cinq Mille. Ils s'adjoignirent dix archontes pour le Pirée, onze geôliers et trois cents gardes.

Leur gouvernement fut d'abord modéré. Ils abolirent les lois d'Éphialte et d'Archestratos contre l'Aréopage, ainsi que toutes les lois de Solon, dont l'interprétation prêtait à la discussion. C'était ôter au peuple le droit de trancher les contes-

(1) *Politique*, VI, 9, 11, 1296, a, 32.
(2) *Politique*, VIII, 6, 9, 1307, b, 20.

tations. Ils se débarrassèrent des intrigants et des sycophantes,
et ainsi se concilièrent la faveur de tous les hommes sensés.
Mais, quand leur pouvoir fut assuré, ils massacrèrent tous les
citoyens que désignaient leur naissance, leur fortune ou leurs
titres, autant pour affaiblir leurs ennemis que pour accaparer
leurs biens : ils n'exécutèrent pas moins de quinze cents personnes. Dans la *Politique*, Aristote, traçant leurs devoirs aux
chefs des oligarchies, les engage à faire de nombreuses dépenses
pour la cité. Le peuple, alors, ne se plaindra plus de ne pas
arriver aux emplois, et sa jalousie pardonnera sans peine à
qui doit payer si cher l'honneur de les remplir. Ainsi, pour
leur installation, les magistrats devront faire de magnifiques
sacrifices, construire des monuments publics, donner des ban-
quets et des fêtes. Mais aujourd'hui, dit le philosophe, les
chefs des oligarchies, loin d'agir ainsi, font précisément tout
le contraire; ils cherchent le profit autant que l'honneur. Et il
termine par ce trait de satire : « Aussi peut-on dire avec vérité
que les oligarchies ne sont que de petites démocraties (1) ».

Les excès commis par les Trente furent blâmés par Théramène. Aristote constate, en effet, dans la *Politique*, que la
désunion règne parfois entre les oligarques. La démocratie,
dit-il, est plus stable et moins sujette aux changements que
l'oligarchie. En effet, dans l'oligarchie, la division peut naître
soit parmi les oligarques eux-mêmes, soit entre les oligarques
et le peuple (2). Théramène conseilla donc aux Trente de cesser
leurs violences et d'admettre les meilleurs citoyens aux affaires.
Les oligarques refusèrent d'abord ; mais, craignant qu'il ne
devînt le chef du parti populaire et ne les renversât, ils dres-
sèrent une liste de trois mille citoyens, auxquels ils promirent
de donner les droits politiques. Nous devons rappeler ici le
passage de la *Politique*, dans lequel c'est Chariclès, qui est

____

(1) *Politique*, VII, 4, 6, 1321, a, 40.
(2) *Politique*, VIII, 1, 9, 1302, a, 8.

nommé comme ayant été un démagogue parmi les Trente (1).
Ce texte ne contredit point, d'ailleurs, la *Constitution d'Athènes* ;
car Aristote n'entend pas dire que Théramène n'ait pas joué
le même rôle parmi les oligarques.

La proposition des Trente ne satisfaisait pas Théramène.
Pourquoi, disait-il, ne conférer les droits politiques qu'à trois
mille hommes? Le nombre des bons citoyens était-il donc si
peu élevé? La *Politique* donne raison à Théramène. Lorsqu'il
juge la Constitution de Solon, Aristote dit que l'on ne saurait
écarter la masse des citoyens de toutes les charges, ni les
priver de toute distinction publique : ils deviendraient, en effet,
les ennemis de l'État (2). Théramène reprochait encore aux
Trente de prétendre imposer une domination aussi lourde à
un peuple, dont ils eussent été impuissants à réprimer la
révolte. Les tyrannies ne peuvent, en effet, se maintenir que
si elles disposent de forces assez grandes pour résister à la
volonté du peuple. Il n'est, dit Aristote, dans sa *Politique*,
qu'un point essentiel que la tyrannie ne doit jamais oublier :
c'est d'avoir toujours la force nécessaire pour gouverner, non
pas seulement avec l'assentiment, mais aussi malgré la volonté
générale. Renoncer à cette force, ce serait renoncer à la
tyrannie même (3). Mais, au lieu de suivre les sages conseils
de Théramène, les Trente l'accusèrent auprès des Lacédémoniens et leur demandèrent des secours. L'harmoste Kallibios
vint donc, avec sept cents soldats, occuper l'Acropole. Cependant Thrasybule s'emparait de Phylé avec les émigrés. Les
Trente marchèrent contre lui et furent battus. Ils résolurent
alors de désarmer les citoyens et de perdre Théramène. En
conséquence, ils firent approuver du Conseil deux lois : l'une,
qui leur conférait le droit de mettre à mort quiconque n'était

(1) *Politique*, VIII, 5, 4, 1305, b, 22.
(2) *Politique*, III, 6, 6, 1281, b, 28.
(3) *Politique*, VIII, 9, 10, 1314, a, 34.

pas inscrit sur la liste des Trois Mille ; l'autre, qui refusait les droits politiques à quiconque avait fait de l'opposition à l'oligarchie des Quatre Cents. Or Théramène était atteint par les deux lois. Dès qu'elles furent ratifiées, il fut mis à mort. Tous les citoyens, à l'exception des Trois Mille, furent ensuite désarmés (c. XXXVI et XXXVII). Les Trente se conduisirent comme les tyrans et, en particulier, comme Pisistrate, qui avait désarmé le peuple pour affermir son pouvoir (1). Aristote établit, en effet, que l'oligarchie a les mêmes défauts que la tyrannie ; elle ne se propose d'autre but que d'acquérir des richesses, afin d'entretenir sa garde et de goûter les jouissances du luxe ; en même temps, elle se défie de la multitude et lui ôte ses armes (2).

Pendant que les Trente prenaient ces mesures extrêmes, les bannis, déjà maîtres de Phylé, s'emparaient de Munichie. Victoire facile, car, suivant l'observation d'Aristote, dans sa *Politique*, les habitants du Pirée étaient plus attachés à la démocratie que les Athéniens (3). Les Trente se portèrent contre les émigrés, mais furent vaincus. Dès le lendemain, les Athéniens de la ville abolirent le gouvernement et investirent un comité de dix citoyens de pleins pouvoirs pour terminer la guerre.

Les Dix ne remplirent pas leur mandat, mais demandèrent à Lacédémone du secours et de l'argent. Pour frapper la cité d'épouvante, ils mirent à mort un citoyen considérable, Demarétos, et se maintinrent grâce à la garnison lacédémonienne, commandée par Kallibios, et à l'appui des cavaliers, qui

(1) Voir plus haut les passages de la *Politique*, qui rappellent ou expliquent cette précaution de Pisistrate (VIII, 8, 7, 1311, a, 8 ; 9, 9, 1314, a, 23 ; 9, 19, 1315, a, 31).

(2) *Politique*, VIII, 8, 7, 1311. a, 8.

(3) *Politique*, VIII, 2, 12, 1303, b, 7 : Στασιάζουσι δὲ ἐνίοτε αἱ πόλεις καὶ διὰ τοὺς τόπους, ὅταν μὴ εὐφυῶς ἔχῃ ἡ χώρα πρὸς τὸ μίαν εἶναι πόλιν, οἷον... καὶ Ἀθήνησιν οὐχ ὁμοίως ἐστίν, ἀλλὰ μᾶλλον δημοτικοὶ οἱ τὸν Πειραῖα οἰκοῦντες τῶν τὸ ἄστυ.

s'opposaient le plus énergiquement au retour des bannis. Nous savons, en effet, par un passage de la *Politique* précédemment cité, que les cavaliers sont particulièrement favorables au régime oligarchique (1). Mais tous les partisans de la démocratie se rangèrent du côté des bannis, déjà maîtres du Pirée et de Munichie. Le peuple renversa donc les dix commissaires et en nomma dix autres, qu'il choisit parmi les meilleurs citoyens. Rhinos et Phayllos, les chefs de ce comité, s'entendirent avec Pausanias, roi de Sparte, et les dix conciliateurs, que celui-ci fit venir de Lacédémone, pour rétablir l'accord entre les partis et restaurer la démocratie. La convention, acceptée par les partis, sous l'archontat d'Euclide (403 avant Jésus-Christ), permettait aux partisans de l'oligarchie de quitter Athènes et d'aller s'établir à Éleusis; l'amnistie était assurée à tous les citoyens, à l'exception des Trente, des Dix et de leurs agents; les dettes de guerre restaient à la charge des partis qui les avaient contractées (c. XXXVIII et XXXIX).

Les anciens partisans des Trente furent effrayés. Comme ils hésitaient à faire leur déclaration de départ, Archinos, par un acte de bonne politique, les retint de force à Athènes, en supprimant les derniers jours du délai fixé pour l'inscription. Il ne montra pas moins de sagesse en accusant d'illégalité le décret de Thrasybule, qui conférait le droit de cité à tous ceux qui étaient revenus avec lui du Pirée, et parmi lesquels se trouvaient de nombreux esclaves. Il traîna aussi devant le Conseil et fit mettre à mort sans jugement le premier des citoyens récemment rentrés à Athènes, qui témoigna sa rancune et voulut user de représailles. Grâce à ces mesures, les passions s'apaisèrent, et bien que la convention stipulât que chaque parti devait acquitter sa dette, les Athéniens s'entendirent pour rendre aux Lacédémoniens l'argent que leur avaient

____

(1) *Politique*, VI, 3, 2, 1289, b, 36.

emprunté les Trente. Enfin, deux ans après l'amnistie (401 avant Jésus-Christ), les Athéniens se réconcilièrent avec ceux de leurs concitoyens qui avaient émigré à Éleusis (c. XL).

C'est à ces événements que se termine le récit des révolutions politiques, qui forme la première partie de la *Constitution d'Athènes*. Il est résumé dans un chapitre (XLI) où sont énumérées les *onze* Constitutions, qui ont régi Athènes jusqu'en 401. La dernière était encore en vigueur au temps où était composé ou révisé le traité.

A cette énumération se mêlent quelques appréciations. Ainsi l'auteur fait remarquer que la cité commit ses plus grandes fautes après l'époque d'Éphialte, lorsqu'elle était poussée par les démagogues, et employait tous les moyens de conserver son empire maritime. Or ce jugement est confirmé par un passage de la *Politique*, que nous avons analysé plus haut et dans lequel Aristote, passant en revue les diverses formes de la démocratie, définit le régime sous lequel la souveraineté n'appartient plus à la loi, mais à la multitude. Quelques traits de ce tableau trahissent une intention satirique, et nous ne doutons point que le philosophe n'y fasse allusion à la Constitution athénienne. C'est, dit-il, lorsque la souveraineté passe de la loi à la multitude qu'apparaissent les démagogues. En effet, quand le peuple est monarque, il rejette le joug de la loi et accueille avec faveur les flatteurs, qui l'engagent à régner en despote. Le démagogue et le flatteur se ressemblent, car tous deux ils ont un crédit sans bornes, l'un sur le tyran, l'autre sur le peuple corrompu. Le démagogue rapporte toutes les affaires au peuple, afin de le déterminer à substituer la souveraineté des décrets à celle de la loi. Il ne peut, en effet, que gagner à ce que le peuple devienne tout-puissant, car il dispose de lui grâce à la confiance qu'il lui inspire. Le gouvernement dans lequel les démagogues prennent un tel ascendant n'est plus, à vrai dire, une démocratie, mais une démagogie. Ce n'est même plus

une Constitution, car il n'y a de Constitution que là où la loi
est souveraine. La loi doit décider des affaires publiques,
comme le magistrat tranche les affaires particulières ; et,
puisque les décrets ne peuvent jamais statuer d'une manière
générale, l'État, où tout se fait à coups de décrets, ne peut être
considéré comme une démocratie digne de ce nom (1). Ailleurs
encore, recherchant quelles sont les causes de révolutions dans
les démocraties, Aristote cite, en première ligne, la turbulence
des démagogues. Dans les affaires particulières, ils contraignent,
par leurs dénonciations, les riches à se réunir et à conspirer.
Car la crainte rapproche même les pires ennemis. Dans les
affaires publiques, c'est la foule qu'ils poussent à se soulever.
Le philosophe cite alors plusieurs exemples, puis il conclut
ainsi : L'observation d'autres faits encore démontre que, dans
la démocratie, la marche ordinaire des révolutions est celle-ci :
tantôt les démagogues, voulant se rendre agréables au peuple,
soulèvent les classes supérieures de l'État par les injustices
qu'ils commettent envers elles, soit en demandant le partage
des biens, soit en les chargeant de toutes les dépenses publiques; tantôt ils se servent de la calomnie pour obtenir
la confiscation des grandes fortunes. La puissance des démagogues est d'autant plus dangereuse qu'il est devenu facile de
capter la faveur populaire. A l'origine des cités, il fallait, pour
devenir chef du peuple, sortir des rangs de l'armée. Grâce
aux progrès de la rhétorique, il suffit d'être habile à parler (2).

Lorsque l'auteur de l' Ἀθηναίων πολιτεία a cité la dernière
Constitution, celle qui était encore en vigueur de son temps,
il ajoute que, depuis la restauration de la démocratie, le
peuple n'a cessé d'accroître son pouvoir. Il gouverne tout par
ses décrets et par les tribunaux, dont il s'est rendu maître.
Les attributions judiciaires, qu'avait autrefois le Conseil, sont

(1) *Politique*, VI, 4, 4-7, 1292, a, 4 et suivants.
(2) *Politique*, VIII, 4, 1-5, 1304, b, 21 et suivants.

passées à l'Assemblée du peuple; « et c'est justice, car il est plus aisé de corrompre un petit nombre d'hommes qu'une foule par l'appât du gain et par des faveurs (1) ». Pour attirer le peuple à l'Assemblée, Agyrrhios fit donner à chaque citoyen présent un salaire d'une obole; Hérakleidès de Clazomène, de deux oboles; et le même Agyrrhios, de trois oboles. Le peuple eut ainsi intérêt à être assidu.

Nous doutons que ce développement soit à sa place à la fin d'un résumé; il conviendrait mieux, ce semble, au chapitre précédent, où l'auteur racontait comment fut restaurée la démocratie. Quoi qu'il en soit de cette question, le jugement, qui est ici porté sur les empiètements de la démocratie, est de tous points conforme aux théories développées dans la *Politique*. Aristote, expliquant comment la démocratie dégénère en démagogie, montre que tous ceux qui croient avoir à se plaindre des magistrats, en appellent au jugement exclusif du peuple; celui-ci accueille volontiers la requête; et, ainsi, tous les pouvoirs légaux sont anéantis (2). Ailleurs, il parle des confiscations, que les démagogues font prononcer par les tribunaux (3). Ces confiscations sont surtout fréquentes dans les démocraties, où le peuple est fort nombreux, et où il est nécessaire de rémunérer les citoyens, qui assistent aux assemblées. Lorsque l'État n'a pas de revenus propres, il faut lui créer des ressources, soit par des contributions spéciales, soit précisément par les confiscations, que prononcent des tribunaux corrompus. Or c'est là une cause de ruine pour bien des démocraties (4). Aristote considère que le Conseil est une institution démocratique; mais il remarque que le pouvoir en est annulé dans les démocraties où le peuple s'assemble en masse, pour décider

(1) *Const. d'Ath.*, XLI, 2.
(2) *Politique*, VI, 4, 6, 1292, a, 28.
(3) *Politique*, VII, 3, 2, 1320, a, 4.
(4) *Politique*, VII, 3, 3, 1320, a, 17.

lui-même de toutes les affaires, surtout lorsque sa présence à l'assemblée est rétribuée ; ses réunions sont alors fréquentes, et il juge tout par lui-même (1).

L'explication donnée par l'auteur de la *Constitution d'Athènes*, qu'un petit nombre d'hommes est moins corruptible qu'une foule, peut sembler ironique (2). Il n'en est rien, pourtant. En effet, dans la *Politique*, Aristote, se demandant s'il vaut mieux, quand la loi est muette, s'en remettre à l'autorité d'un seul homme, supérieur à tous les autres, ou au jugement de la majorité, reconnaît que chacun des membres de cette majorité est inférieur, sans doute, à cet homme, mais qu'il en est des États comme des repas où chacun paie son écot ; ils sont toujours plus complets que ne le serait le repas fait, au prix de la cotisation, par un convive isolé. Aussi la foule est-elle, la plupart du temps, meilleur juge qu'un individu, même supérieur. De plus, toute grande quantité, comme, par exemple, une masse d'eau, est toujours moins corruptible ; la majorité est donc moins accessible à la corruption que la minorité. La colère ou toute autre passion peut fausser le jugement d'un individu, au lieu que la majorité tout entière ne peut être furieuse ou aveuglée (3).

Quant au salaire de l'Assemblée, Aristote en parle à plusieurs reprises, dans la *Politique*. Nous avons déjà résumé les réflexions, que lui inspirent les expédients, auxquels ont recours les divers gouvernements, pour faire prévaloir le parti sur lequel ils s'appuient. Les démocraties, afin de favoriser le peuple, accordent une indemnité aux pauvres, qui siègent au tribunal et dans l'Assemblée, et assurent l'impunité aux riches, qui n'y assistent pas. Or, pour que le régime politique soit

(1) *Politique*, VI, 12, 8, 1299, b, 37.
(2) Ne serait-on pas tenté de rapprocher cette justification des éloges ironiques, adressés à la Constitution athénienne par l'auteur du pamphlet de la Πολιτεία Ἀθηναίων, attribué à Xénophon?
(3) *Politique*, III, 10, 5-6, 1286, a, 24.

équitable, il faut combiner ces deux systèmes, donner un salaire aux pauvres et frapper les riches d'une amende. Tous alors prendront part à la direction des affaires ; autrement, le pouvoir n'appartiendra jamais qu'aux uns, à l'exclusion des autres (1). Enfin, rappelons le passage précédemment cité, et dans lequel le philosophe condamne les démocraties, où les démagogues, pour rémunérer les citoyens, qui se rendent à l'Assemblée, frappent les riches de contributions spéciales ou font confisquer leurs biens par des tribunaux corrompus (2).

L'*Ethique* est d'accord avec la *Politique*, pour blâmer le salaire des fonctionnaires publics. Le magistrat, à qui est confié le pouvoir, est le gardien de la justice et de l'égalité. Il ne s'attribue jamais plus que ce qui lui revient, puisqu'il est juste. Il ne se donne jamais une part plus considérable des biens qui sont à répartir, à moins qu'il ne doive en avoir davantage. Par suite, il travaille, non pour lui, mais pour autrui. Il mérite donc une récompense, qu'il faut lui accorder, l'honneur. Ceux qui ne se contentent pas de ce noble salaire deviennent des tyrans (3).

(1) *Politique*, VI, 10, 8, 1297, a, 35.
(2) *Politique*, VII, 3, 3, 1320, a, 17.
(3) *Ethique à Nicomaque*, V, 6, 7, 1134, b, 6.

TROISIÈME PARTIE

LES INSTITUTIONS DÉMOCRATIQUES D'ATHÈNES

TROISIÈME PARTIE

Les Institutions démocratiques d'Athènes

CHAPITRE PREMIER

LE DROIT DE CITÉ. LE POUVOIR LÉGISLATIF. LE CONSEIL.

La première partie de l' 'Αθηναίων πολιτεία était *historique* :
l'auteur y racontait et y jugeait les révolutions, qui avaient
fait époque dans l'histoire constitutionnelle d'Athènes. La
seconde partie a un caractère tout différent. Elle est *didactique*, c'est-à-dire qu'elle contient le tableau des institutions
démocratiques de la cité. L'organisation des trois pouvoirs
constitutifs de l'État y est expliquée en ses moindres ressorts ;
les magistratures y sont énumérées, et leurs attributions définies.

L'histoire n'est pas cependant tout-à-fait exclue de cet exposé.
L'auteur y donne tous les renseignements et conte même certaines anecdotes, qui n'avaient pu trouver place dans son histoire
de la Constitution athénienne. Il mentionne les transformations
subies par les magistratures ; il note les changements survenus
dans la composition des collèges. C'est ainsi qu'il nous apprend
comment le peuple enleva au Conseil le droit d'infliger l'amende,
l'emprisonnement et la mort (1). Il nous avertit que le nombre

(1) *Const. d'Ath.*, XLV, 1.

des inspecteurs des grains a été porté de dix à *vingt* (1), et celui des magistrats, qui rendaient la justice dans Athènes, de trente à *quarante* (2). Il remarque que l'inscription des éphèbes ne se fait plus, comme autrefois, sur des tablettes blanches, mais sur une stèle de bronze, dressée, chaque année, devant le palais du Conseil, auprès des statues des dix héros éponymes (3). A propos du greffier de la prytanie, il raconte que, primitivement, ce magistrat était désigné non par le sort, comme c'était la coutume au IV° siècle, mais par l'élection. C'étaient alors les citoyens les plus illustres et les plus dignes de la confiance populaire qui étaient investis de cette charge, car le nom du greffier devait figurer sur les stèles, où étaient gravés les traités d'alliance et les décrets qui conféraient la proxénie ou le droit de cité (4). Parlant de l'examen (δοκιμασία) des archontes devant le Conseil des Cinq Cents, l'auteur constate encore qu'anciennement un seul conseiller votait sur l'admission ou l'exclusion du magistrat désigné ; mais, plus tard, tous les membres durent prendre part au scrutin, afin que si un indigne parvenait à se débarrasser de ses accusateurs, il fût au pouvoir du Conseil de l'exclure (5). Plus loin, nous apprenons que l'archonte choisissait les cinq chorèges pour le concours de la comédie, mais que cette attribution lui fut retirée et que la liturgie fut désormais conférée par les tribus (6). Les dix commissaires, tirés au sort pour organiser avec l'archonte la procession des Grandes Dionysies, étaient autrefois élus par le peuple et devaient supporter tous les frais de la cérémonie (7). Dans le chapitre où sont mentionnées les

(1) *Const. d'Ath.*, LI, 3.
(2) *Const. d'Ath.*, LIII, 1.
(3) *Const. d'Ath.*, LIII, 2.
(4) *Const. d'Ath.*, LIV, 3.
(5) *Const. d'Ath.*, LV, 2.
(6) *Const. d'Ath.*, LVI, 2.
(7) *Const. d'Ath.*, LVI, 2.

attributions des athlothètes, nous lisons que l'huile des oliviers
sacrés, distribuée aux athlètes vainqueurs, était recueillie par
l'archonte. Primitivement, la récolte était affermée par l'État, et
quiconque était convaincu d'avoir déraciné ou abattu un arbre
consacré était condamné à mort par l'Aréopage. Plus tard,
l'huile fut fournie, à titre de redevance, par le propriétaire
du terrain. Mais la loi subsista, bien que la procédure ne fût
plus en usage (1). Enfin, dans un passage, si obscur qu'il est
presque impossible d'en démêler le sens, sont exposés les deux
modes de tirage au sort, qui étaient anciennement pratiqués
dans les tribus (2). L'exposé didactique des magistratures athéniennes complète donc, partout où il est nécessaire, le récit
des révolutions constitutionnelles, qui formait la première
partie de l'ouvrage.

L'auteur y étudie successivement l'organisation : 1°) du pouvoir législatif; 2°) du pouvoir exécutif; 3°) du pouvoir judiciaire. Nous avons démontré, en réfutant l'hypothèse, suivant
laquelle les deux parties de l' 'Αθηναίων πολιτεία auraient été
composées à deux époques différentes, la première, après, la
seconde, avant la *Politique*, que cette division est, aux yeux
d'Aristote, la seule rationnelle. En effet, dans la Constitution
de tout État, il distingue trois éléments, de l'organisation desquels dépendent la forme et le caractère du gouvernement. Le
premier est l'Assemblée générale, délibérant sur les affaires
publiques; le second, le corps des magistrats; le troisième,
le corps judiciaire (3). Il observe lui-même cette division; et,
pour établir les différences qui existent entre les diverses
espèces de gouvernements, il caractérise successivement le pouvoir législatif (VI, 11, 2-10), le pouvoir exécutif (VI, 12, 1-14),
et le pouvoir judiciaire (VI, 13, 1-4), sous les régimes de la

(1) *Const. d'Ath.*, LX, 2.
(2) *Const. d'Ath.*, LXII, 1.
(3) *Politique*, VI, 11, 1, 1297, b, 38.

démocratie et de l'oligarchie. Le plan de la *Politique* reproduit exactement celui de la *Constitution d'Athènes*. Il semble qu'il n'en soit plus ainsi au septième livre. Aristote, en effet, explique l'organisation des gouvernements démocratique et oligarchique. Il détermine d'abord les conditions de l'exercice du pouvoir dans les démocraties (VII, 1-3), puis, par opposition, dans les oligarchies (VII, 4). Ensuite, il passe en revue les magistratures indispensables ou utiles à la cité. Dans une énumération rapide, il traite successivement de la surveillance du marché public et de la voirie, de la police des campagnes, de l'administration des finances, de l'exécution des sentences judiciaires, des affaires militaires, de l'apurement des comptes publics; et c'est presque en dernier lieu qu'il s'occupe de la présidence de l'Assemblée générale. Au dessus de ces magistratures, et de beaucoup la plus puissante de toutes, car c'est d'elle souvent que dépendent la fixation et la rentrée des impôts, est, dit-il, cette magistrature, qui préside l'Assemblée générale, dans les États où le peuple est souverain. Il faut, en effet, des fonctionnaires spéciaux, pour convoquer le souverain en assemblée (1). Il semble que l'ordre, adopté ici par Aristote, soit l'inverse de celui qui est indiqué au sixième livre, et suivi par l'auteur de la *Constitution d'Athènes*. Mais le lecteur voudra bien faire les deux remarques suivantes : 1°) il s'agit ici, non pas de l'Assemblée elle-même ni de ses attributions législatives, mais tout simplement de l'organisation du bureau et de l'attribution de la présidence; 2°) le bureau de l'Assemblée souveraine est nommé en dernier lieu en raison même de son importance. Aristote a mentionné d'abord les magistratures de simple police. Il termine par celles qui tiennent à l'organisation même du pouvoir. S'il eût traité de ces pouvoirs eux-mêmes, il eût suivi l'ordre qu'il avait précédemment déterminé, et qui est, d'ailleurs,

____

(1) *Politique*, VII, 5, 10, 1322, b, 12.

le seul logique et le seul conforme à la réalité, étudiant successivement le pouvoir législatif, qui promulgue les lois; le pouvoir exécutif, qui les applique; le pouvoir judiciaire, qui les fait respecter.

Les rapprochements avec la *Politique* seront moins fréquents dans cette seconde partie de l'ouvrage. Les considérations d'Aristote sont abstraites et générales. Elles s'appliquent à la fois aux Constitutions de toutes les cités grecques, classées suivant leur principe, oligarchique ou démocratique, et qui sont comme les faits, que le philosophe observe et dont il tire la loi. Les principes, qu'il dégage et formule, peuvent éclairer les jugements portés par l'historien sur les mœurs politiques d'Athènes, sur les révolutions qui s'y sont accomplies, sur les hommes qui en ont été les agents. Il est donc nécessaire de comparer le récit et les opinions de l'historien aux déductions et aux théories du philosophe, car s'ils ont l'un et l'autre même doctrine, ils ne sauraient se contredire. Mais les institutions politiques d'Athènes peuvent être exposées; le jeu et le mécanisme en peuvent être démontrés, en dehors de toute prévention et de tout système, sans que l'auteur intervienne jamais pour louer ni pour blâmer. Nous aurons encore, en résumant la *Constitution d'Athènes*, à citer la *Politique*, car il y est souvent fait allusion aux magistratures athéniennes; mais ces comparaisons seront moins nombreuses, et notre analyse en sera d'autant plus rapide.

Dans un chapitre préliminaire (XLII), l'auteur définit le droit de cité. Seuls les fils légitimes d'un père et d'une mère athéniens font partie du peuple souverain. Dans la *Politique*, Aristote justifie la définition usuelle du citoyen, suivant laquelle ce titre n'est reconnu qu'à l'homme né d'un père citoyen et d'une mère citoyenne : en effet, une seule des deux conditions ne suffirait pas. Mais il blâme l'exigence de ceux qui demandent deux ou trois ascendants, et même davantage. Car il est difficile de savoir si ce troisième ou quatrième ancêtre était lui-même citoyen. Il rappelle à ce propos, la plaisanterie de Gorgias de Léontini, disant que les citoyens de Larisse étaient fabriqués par des ouvriers, dont c'était le métier, et qui faisaient des Larissiens, comme les potiers leurs pots. Aristote pense donc que tous les individus qui rentrent dans sa définition sont citoyens; on ne peut exiger des premiers habitants ni des fondateurs d'une cité, qu'ils soient nés d'un père citoyen et d'une mère citoyenne (1). Dans l'*Ethique à Nicomaque*, le philosophe, se demandant s'il convient d'avoir de nombreux amis, remarque qu'il en est des amis comme des citoyens dans l'État. On ne saurait constituer un État avec dix citoyens, pas plus qu'avec cent mille. Sans doute, il est difficile d'en préciser le nombre, mais le total en doit être maintenu entre de certaines limites (2).

A l'âge de dix-huit ans, les fils légitimes d'un père et d'une mère citoyens, sont inscrits sur les registres des dèmes. L'assemblée des démotes déclare par un vote et sous la foi du serment s'ils ont l'âge requis, et s'ils sont de naissance libre et légitime. Celui qui est exclu par les démotes peut en appeler au tribunal. Le dème élit alors cinq de ses membres pour soutenir l'accusation. Si l'appelant gagne son procès, il est inscrit de droit; s'il le perd, la cité le vend comme esclave. L'inscription est soumise au Conseil, qui punit toute irrégularité par une amende infligée aux démotes.

Après l'inscription, les pères des éphèbes se réunissent dans chaque tribu, prêtent serment et choisissent trois d'entre eux parmi les citoyens âgés d'au moins quarante ans, qui leur paraissent le plus capables de bien diriger les éphèbes. Dans chacun de ces groupes, l'Assemblée du peuple élit le sophro-niste de chaque tribu; et, dans l'ensemble de la cité, elle

(1) *Politique*, III, 1, 9, 1275, b, 21.
(2) *Ethique à Nicomaque*, IX, 10, 3, 1170, b, 30.

choisit un cosmète. Le peuple élit encore deux pédotribes (παιδοτρίβαι) et deux maîtres (διδάσκαλοι), chargés d'apprendre aux éphèbes le maniement des armes. Le sophroniste reçoit, pour sa nourriture quotidienne, une drachme; chaque éphèbe, quatre oboles. La solde des éphèbes forme, par tribu, une masse avec laquelle le sophroniste pourvoit aux repas, que les éphèbes prennent en commun.

Les éphèbes portent un uniforme, la chlamyde. La première année, aussitôt après leur inscription, ils vont, sous la conduite de leurs chefs, visiter les sanctuaires, puis tenir garnison, soit à Munichie, soit sur le littoral. La seconde année, après avoir été passés en revue et avoir manœuvré devant le peuple, assemblé au théâtre, ils reçoivent de la cité une lance et un bouclier; puis ils continuent leur service de patrouilles et tiennent garnison dans les forts. Aristote fait allusion, dans sa *Politique*, à ce stage militaire des éphèbes. Parlant de la fonction de geôlier, il dit que cette magistrature est odieuse et qu'il est dangereux de la confier à des hommes corrompus. Il conseille de la donner aux jeunes gens, partout où les éphèbes et les gardes de la ville sont organisés militairement (1).

Pendant leur stage, les éphèbes sont exemptés de toute charge; et, pour qu'ils ne puissent s'absenter sous aucun prétexte, il ne leur est point permis de paraître en justice, ni comme défendeurs, ni comme demandeurs, excepté lorsqu'il s'agit de recueillir une succession, une épiclère ou un sacerdoce. Après leurs deux années de stage, ils mènent la vie des autres citoyens (c. XLII).

Après avoir défini le droit de cité et traité de l'éphébie, l'auteur étudie l'organisation des pouvoirs. Dans la *Politique*, les conditions de l'exercice du pouvoir, dans une démocratie bien constituée, sont ainsi déterminées : Tous les citoyens doivent être

____

(1) *Politique*, VII, 5, 7, 1322, a, 26.

électeurs et éligibles. Tous doivent commander à chacun, et chacun à tous, alternativement. Toutes les charges doivent être données au sort, ou du moins toutes celles qui n'exigent ni expérience ni talent spécial. Il ne doit y avoir aucune condition de cens, ou, du moins, s'il y en a, elles doivent être minimes. Nul ne doit exercer deux fois la même charge, ou, du moins, fort rarement, et seulement pour les magistratures les moins importantes, à l'exception des fonctions militaires. Les emplois doivent être de courte durée, sinon tous, du moins tous ceux qui peuvent être soumis à cette condition. Tous les citoyens doivent être juges dans toutes les affaires, ou, du moins, dans les plus importantes. L'on doit ôter tout pouvoir aux magistratures secondaires, ou ne leur en laisser que sur les objets insignifiants. Tous les emplois doivent être rétribués ou, du moins, il faut rétribuer ceux des magistrats et des fonctionnaires, qui sont tenus de prendre leurs repas en commun. Si les caractères de l'oligarchie sont la naissance, la richesse, l'instruction, ceux de la démocratie sont la roture, la pauvreté, l'exercice d'un métier. Il ne faut créer aucune fonction à vie, et si quelque magistrature ancienne a conservé ce privilège, malgré la révolution démocratique, il convient d'en limiter les pouvoirs et de la remettre au sort, au lieu de la laisser à l'élection. Toutes ces conditions sont autant de conséquences du principe même de la démocratie, qui est l'égalité parfaite de tous les citoyens, n'ayant entre eux de différence que celle du nombre. L'égalité veut que les pauvres n'aient pas plus de pouvoir que les riches, qu'ils ne soient pas seuls souverains, mais que tous le soient, dans la proportion même de leur nombre. C'est à cette seule condition que les citoyens seront égaux et libres (1).

Or, ces conditions, nous allons les voir presque toutes

(1) *Politique*, VII, 1, 8-10, 1317, b, 18 et suivants.

remplies dans la Constitution athénienne, dont l'auteur commence l'étude, en exposant l'organisation du pouvoir législatif, représenté par le Conseil (c. XLIII à XLIX).

Le Conseil rentre dans la classe des fonctionnaires de l'administration ordinaire, qui sont tous désignés par le sort, à l'exception du trésorier des fonds militaires, des administrateurs du théorique et de l'intendant des fontaines publiques, élus à main levée.

Le Conseil est recruté par le sort, et compte cinq cents membres, cinquante par tribu. Il a, à sa tête, un comité directeur, ce que nous appelons un bureau : la prytanie. Chaque tribu exerce cette fonction à son tour, dans l'ordre fixé par le sort, les quatre premières, pendant trente-six jours, les six autres, pendant trente-cinq. Les prytanes prennent leurs repas aux frais de l'État, dans la Tholos. Ils rédigent l'ordre du jour des séances du Conseil et de l'Assemblée, qu'ils convoquent, le premier tous les jours, sauf les jours fériés ; la seconde, quatre fois par prytanie. La première de ces séances est la séance régulière. On y valide les fonctionnaires ; on y juge leur administration ; on y pourvoit à l'approvisionnement et à la défense du pays. Tous les citoyens y peuvent introduire des accusations de haute trahison ; on y lit l'état des biens confisqués, les demandes d'envoi en possession de succession et les revendications d'épiclères. A la même séance de la sixième prytanie, on met aux voix l'application de l'ostracisme et l'on dépose les demandes de sentences préjudicielles contre les sycophantes et ceux qui n'ont pas tenu les engagements pris à l'égard du peuple. La seconde séance est consacrée aux suppliques, que tous les citoyens ont le droit de présenter. Dans chacune des deux autres, il doit être traité de trois affaires concernant la religion, de trois affaires concernant l'État, et de trois affaires concernant les relations extérieures. Les hérauts et les ambassadeurs doivent se présenter tout d'abord aux prytanes (c. XLIII).

Parmi les prytanes, le sort désigne un épistate. Il n'occupe ces fonctions qu'une nuit et un jour et ne peut les exercer deux fois. Il conserve les clefs du temple, où sont le Trésor et les archives, ainsi que le sceau de l'État. Il doit rester dans la Tholos, avec un tiers des prytanes, choisi par lui. Quand les prytanes convoquent le Conseil et le peuple, l'épistate tire au sort neuf proèdres, un par tribu, à l'exception de la tribu prytane; puis, parmi ces proèdres, un autre épistate, et il leur remet l'ordre du jour. Les proèdres exercent la police de l'Assemblée, font connaître l'ordre du jour, jugent les votes à main levée, et ont le droit de suspendre la séance. On ne peut être épistate qu'une fois par an, et proèdre une fois par prytanie. C'est dans l'Assemblée du peuple, après la sixième prytanie, et lorsque les présages sont favorables, que sont élus, sur un vote préalable du Conseil, les stratèges, les hipparques et les autres fonctionnaires militaires (c. XLIV).

Le Conseil avait anciennement le droit d'infliger l'amende, l'emprisonnement et la mort. Mais le peuple le lui enleva. Toutes les condamnations prononcées par le Conseil durent être portées par les thesmothètes au tribunal, dont le vote fut seul souverain. Le Conseil juge la plupart des fonctionnaires, surtout ceux qui gèrent les finances; mais les coupables peuvent en appeler au tribunal. Tout particulier peut accuser de haute trahison devant le Conseil le fonctionnaire qui ne respecte pas les lois; mais celui-ci a le droit d'appel. Est-il besoin de répéter à ce propos, que, dans la *Politique*, Aristote présente cet abus comme caractéristique des démocraties absolues ? (1). Le Conseil est aussi chargé de l'examen des Conseillers, qui doivent siéger l'année suivante, et des neuf archontes. Ceux qu'il exclut ont le droit de recours auprès du tribunal. Enfin, il doit préparer la tâche du peuple, qui ne peut délibérer sans son

____

(1) *Politique*, VI, 4, 6, 1292, a, 28.

vote préalable et sans que les affaires aient été inscrites à l'ordre du jour, dressé par les prytanes (c. XLV).

Le Conseil inspecte les trières, les agrès et les loges des vaisseaux. Il surveille les constructions décrétées par le peuple, qui nomme à main levée les architectes. Si le Conseil ne livre pas les vaisseaux achevés au Conseil qui lui succède, il n'a pas droit à la récompense ordinaire. Il est assisté, dans cette surveillance, par des commissaires, qu'il choisit parmi tous les Athéniens. Il inspecte aussi les édifices publics, dénonce au peuple, condamne et livre au tribunal les entrepreneurs, qu'il a pris en faute (c. XLVI).

Outre ses attributions législatives, le Conseil a pour fonction d'assister certains magistrats dans l'exercice de leur charge. Tels sont, tout d'abord, les dix trésoriers d'Athèna, recrutés dans la classe des pentacosiomédimnes, selon la loi de Solon, encore en vigueur (1). Il est vrai que le citoyen, désigné par le sort, exerce la charge, même s'il est pauvre. C'est devant le Conseil que ces trésoriers prennent livraison des statues d'Athèna et des Victoires, des parures et des sommes en caisse. Dans la *Politique*, Aristote recommande, afin de prévenir la dilapidation des revenus publics, de faire rendre les comptes des magistrats en présence de tous les citoyens, d'en faire afficher des copies dans les phratries, les cantons et les tribus, et, afin que les magistrats soient intègres, de récompenser en honneur ceux qui se distinguent par leur bonne administration (2).

Les dix polètes sont chargés de toutes les adjudications publiques. Avec le concours du trésorier des fonds militaires et des administrateurs du théorique, ils afferment les impôts pour une année, en présence et après un vote favorable du Conseil. Les mines en exploitation sont affermées pour trois ans,

(1) Nous avons rapproché plus haut ce passage du chapitre VII, 3.
(2) *Politique*, VII, 7, 11, 1309, a, 10.

après l'agrément des archontes. Les polètes vendent aussi les biens des citoyens condamnés par l'Aréopage et frappés d'atimie. Lorsque les impôts sont affermés, ils inscrivent le nom du fermier et le prix consenti sur des tablettes blanches, qu'ils remettent au Conseil. Ils portent à part sur dix tablettes le nom des débiteurs, qui doivent payer à la fin de l'année et à la neuvième prytanie. Ces magistrats dressent encore l'état des terres et des maisons vendues après inventaire devant le tribunal. Les maisons doivent être payées en cinq ans, les terres en dix, dans la neuvième prytanie. Les fermages des domaines sacrés, accordés pour dix ans, sont également acquittés à la neuvième prytanie. C'est l'archonte-roi qui présente au Conseil le rapport sur cette adjudication, et inscrit sur des tablettes blanches le nom des preneurs. Toutes les tablettes portant les créances sont remises au Conseil et gardées par le greffier. Quand un payement doit avoir lieu, le greffier décroche et remet aux apodectes les tablettes, sur lesquelles doivent être effacées dans la journée, après le versement, les sommes rentrées (c. XLVII).

Les dix apodectes sont également tirés au sort. Ils reçoivent, en séance du Conseil, les tablettes de créance, effacent les sommes, après qu'elles ont été versées, et rendent les tablettes au greffier. Si le payement n'est pas effectué, ils le notent sur la tablette, et le débiteur est tenu, sous peine d'emprisonnement, de payer le double de sa dette. Le Conseil, chargé du recouvrement, a le droit de l'enchaîner. Le jour même où les apodectes reçoivent les fonds, ils les répartissent entre les divers magistrats. Le lendemain, ils présentent au Conseil, inscrit sur une tablette, le compte des sommes qu'ils ont fournies, et si, dans la répartition, quelque irrégularité a été commise par un magistrat ou un particulier, ils mettent la question aux voix. Les apodectes sont nommés dans la *Politique*. Lorsqu'il énumère les magistratures indispensables à la cité; Aristote dit qu'il faut compter parmi elles celle qui doit percevoir les deniers publics, garder le trésor de l'État, et répartir les fonds entre les divers chapitres de l'administration publique. Le fonctionnaire investi de cette charge se nomme apodecte (ἀποδέκτης) ou trésorier (ταμίας) (1).

Les Conseillers tirent au sort parmi eux les dix logistes, qui reçoivent à chaque prytanie, les comptes des fonctionnaires. Ces magistrats sont également cités, dans la *Politique,* comme indispensables à la cité. Quelques magistratures, sinon toutes, maniant souvent les fonds publics, il faut nécessairement que celle qui reçoit et apure les comptes des autres, en soit totalement séparée et n'ait exclusivement que ce soin. Les fonctionnaires, qui en sont chargés, se nomment tantôt euthynes (εὐθύνους), tantôt logistes (λογιστάς), tantôt vérificateurs (ἐξεταστάς), tantôt accusateurs (συνηγόρους) (2).

Il y a également dix euthynes, assistés chacun de deux parèdres. A l'époque de la reddition des comptes, ils siègent au pied de la statue du héros éponyme de chaque tribu, et reçoivent la requête de tout citoyen, qui, dans un délai de trois jours, engage une action civile ou criminelle contre le magistrat ayant obtenu décharge. Ils reçoivent du demandeur une tablette, où celui-ci inscrit son nom, celui du défendeur, le grief, et l'évaluation du dommage en argent. Ils renvoient les affaires privées aux juges des dèmes; les affaires publiques, aux thesmothètes, qui les introduisent devant le tribunal (c. XLVIII).

Le Conseil est, en outre, chargé d'inspecter les chevaux des cavaliers. Il refuse et marque tous ceux qui ne sont pas en état de courir ou qui sont mal dressés, et frappe d'une amende tout cavalier, qui n'a pas bien entretenu sa monture. Il inspecte aussi les cavaliers éclaireurs et l'infanterie légère qui combat avec les cavaliers (ἄμιπποι). L'exclusion entraîne la suppression

(1) *Politique,* VII, 5, 4, 1321, b, 31.
(2) *Politique,* VII, 5, 10, 1322, b, 7.

du salaire. Remarquons en passant que, dans la *Politique*, Aristote cite, comme terme de comparaison, les généraux, qui, dans le combat, savent mêler à la cavalerie et aux hoplites une proportion convenable de troupes moins pesantes. Il ne désigne pas par leur nom les ἄμιπποι; mais c'est évidemment à eux qu'il fait allusion (1).

Les cavaliers sont enrôlés par dix officiers de recrutement, que le peuple élit à main levée. Ces officiers remettent la liste des hommes recrutés aux hipparques et aux phylarques. Ceux-ci la présentent au Conseil, et ouvrent le tableau, conservé sous scellés, qui contient les rôles des cavaliers. Si un cavalier en activité affirme sous serment que sa santé ne lui permet plus de servir, on l'efface et l'on appelle, pour le suppléer, une des recrues. Celle-ci n'est inscrite qu'après un vote favorable du Conseil.

Le Conseil doit enfin examiner les infirmes qui possèdent moins de trois mines et sont incapables de travailler; s'il en est besoin, il leur accorde, sur le Trésor, deux oboles par jour (c. XLIX).

(1) *Politique*, VII, 4, 4, 1321, a, 16.

CHAPITRE DEUXIÈME

Le pouvoir exécutif. Les magistratures conférées par le sort. Les magistratures électives

Après l'énumération des attributions législatives et des
fonctions judiciaires et administratives du Conseil, l'historien
étudie l'organisation du pouvoir exécutif. Il passe successivement en revue : 1°) les magistratures conférées par le sort
(L à LX); 2°) les magistratures électives (LXI à LXII).

L'entretien des temples est confié à dix commissaires, chargés
d'y employer les trente mines, qu'ils reçoivent des apodectes.
A côté d'eux, il y a dix astynomes, dont cinq exercent leurs
fonctions au Pirée, et cinq dans la ville. La courte distance,
qui séparait Athènes de son port, explique ce dédoublement de
certains collèges de fonctionnaires. Dans la *Politique*, il est fait
une allusion directe à la position du Pirée par rapport à
Athènes. Aristote, démontrant de quelle influence est la confi-
guration de l'État sur la Constitution de la cité, pense que la
position en doit être également bonne et sur terre et sur mer.
Il faut, en effet, que tous les points puissent s'y prêter un mutuel
secours, et que le transport des denrées, des bois et des produits de l'industrie y puisse être facile. Il est, à son avis, difficile
de décider si le voisinage de la mer est avantageux ou funeste
à l'État. Le contact des étrangers, élevés sous des lois différentes, est nuisible au bon ordre ; et la population que forme
la foule des marchands, qui vont et viennent par les mers,
est rebelle à toute discipline politique ; mais, d'autre part, pour
la sûreté et l'abondance nécessaires à l'État, nul doute qu'une

position maritime ne soit préférable. L'on soutient mieux une agression ennemie, quand on peut recevoir des secours à la fois par terre et par mer ; et si l'on ne peut faire du mal aux assaillants des deux côtés à la fois, on leur en fait assurément davantage de l'un des deux, quand on peut occuper simultanément l'un et l'autre. De plus, la mer permet de satisfaire les besoins de la cité, en important ce que le pays ne produit pas, et en exportant les denrées dont il abonde. Et, un peu plus loin, dans un passage que nous avons déjà été amené à citer, et dans lequel nous avons cru reconnaître une allusion à Athènes et au Pirée, Aristote ajoute : Dans quelques États, la rade ou le port creusé par la nature, est merveilleusement situé par rapport à la ville, qui, sans en être fort éloignée, en est cependant séparée et le domine par ses remparts et ses fortifications. Grâce à cette situation, il est évident que la ville profitera de toutes les communications avec l'extérieur, si elles lui sont utiles ; et, si elles peuvent lui être préjudiciables, une simple disposition législative pourra la garantir de tout danger, en désignant spécialement les citoyens, auxquels il sera permis ou défendu d'entrer en relations avec les étrangers (1).

Revenons aux astynomes. Ils veillent à ce que les musiciennes ne soient pas louées plus de deux drachmes, et attribuent par le sort celles que plusieurs personnes se disputent ; ils sont chargés de la police du balayage et de la voirie ; ils font, avec l'aide d'agents, salariés par l'État, enlever les cadavres des personnes mortes sur la voie publique (c. L). Aristote traite de cette magistrature, dans sa *Politique*, quand il énumère les fonctionnaires indispensables au gouvernement de la cité. Il faut, dit-il en substance, veiller à la conservation des propriétés publiques et particulières, c'est-à-dire à la tenue régulière de la

(1) *Politique*, IV, 5, 2-5, 1327, a, 4 et suivants.

cité, à l'entretien et à la réparation des édifices qui se dégradent, aux chemins publics, au règlement des limites pour chaque propriété, afin de prévenir les contestations. Cette fonction est l'*astynomie*. Les attributions en sont très variées, et peuvent, dans les cités bien peuplées, être partagées entre plusieurs mains. Ainsi, on peut instituer des architectes spéciaux pour les murailles, des inspecteurs des eaux et des fontaines, des surveillants du port (1).

Les dix agoranomes, également répartis entre le Pirée et Athènes, sont chargés de la police des ventes, faites sur le marché. Dans la *Politique*, Aristote nomme ces magistrats immédiatement avant les astynomes. Le premier objet de surveillance, c'est, dit-il, le marché public, qui doit être sous la direction d'une autorité, veillant aux conventions qui s'y passent et à sa bonne tenue. Le philosophe remarque même que c'est là une fonction indispensable à la cité, car, dans presque toutes les villes, il y a nécessité pour les citoyens de vendre et d'acheter, afin de satisfaire leurs mutuels besoins; peut-être même est-ce la plus importante garantie de ce bien-être, qu'ont cherché les membres de la cité, en se réunissant dans une association commune (2).

Les métronomes, répartis de la même façon entre Athènes et le Pirée, surveillent les poids et les mesures; les inspecteurs du commerce des grains veillent à ce que les céréales, les farines et le pain, soient vendus au prix courant, et fixent le poids du pain; les dix inspecteurs du port marchand sont chargés de la police des différents ports, et font porter à Athènes les deux tiers de tout chargement de blé, débarqué au port des grains (c. LI).

Les Onze ont la direction de la prison. Ils mettent à mort

---

(1) *Politique*, VII, 5, 3, 1321, b, 18. Les astynomes sont de nouveau mentionnés VII, 5, 6, 1322, a, 13.

(2) *Politique*, VII, 5, 2, 1321, b, 12. Les agoranomes sont encore nommés VII, 5, 6, 1322, a, 14.

les voleurs d'hommes et d'effets (1), pris en flagrant délit et qui avouent leur crime ; ils traduisent devant le tribunal les prévenus qui nient, mettent en liberté ceux qui sont acquittés, et exécutent aussitôt ceux qui sont condamnés. Ce sont eux qui introduisent devant le tribunal les actions engagées contre les détenteurs de terres ou de maisons appartenant à l'État et qui doivent être livrées aux polètes, ainsi que les poursuites engagées par voie de délation. Ces magistrats sont nommés dans la *Politique*, mais dans une glose, qui doit être retranchée du texte (2). Aristote, d'ailleurs, traite de leur fonction. La magistrature chargée d'exécuter les sentences judiciaires, de poursuivre les coupables et de garder les prisonniers, est l'une des plus nécessaires, mais, en même temps, la plus délicate de toutes. Elle est en butte à la haine de tous les citoyens. Aussi, quand le

(1) Cette sévérité pour les voleurs d'effets paraîtra peut-être excessive. Mais on la trouvera justifiée dans une dissertation des *Problèmes* (section XXIX, 14). Bien que l'authenticité de cet ouvrage soit contestée, il convient de le citer. L'auteur recherche pourquoi la législation athénienne punit de mort le vol commis dans un lieu public, bain, palestre ou marché, au lieu qu'elle condamne simplement le coupable à payer le double de la valeur soustraite, quand elle a été dérobée dans une maison. C'est d'abord que, dans une maison, l'on a toujours quelque moyen de se défendre, et que l'on se tient sur ses gardes. Dans un lieu public, au contraire, le vol est aisé, il suffit que l'attention des surveillants se relâche un instant, pour que le malfaiteur en profite. De plus, le maître de la maison ne reçoit chez lui que ceux qu'il veut y admettre ; il écarte tous ceux dont il se défie Dans un bain, l'on ne peut empêcher personne d'entrer ; le vêtement du voleur et le vêtement du volé sont placés pêle-mêle ; honnêtes gens et malfaiteurs doivent mettre tout en commun. En outre, ceux qui volent dans un lieu où va qui veut ont été vus de tout le monde, quand ils sont entrés ; peu leur importe d'être jugés coupables, pourvu qu'ils s'assurent le gain qu'ils convoitent. La même théorie est professée XXIX, 13 Le malfaiteur, surpris par une seule personne, peut tenter de se disculper auprès d'elle ou la dédommager par quelque présent ; il n'est pas malhonnête pour le reste de sa vie ; ce sont les délits commis dans les endroits les plus fréquentés qui déshonorent le plus une cité, de même que le bon ordre maintenu en ces lieux fait le plus grand honneur à l'État. Ces délits sont une injure pour la cité. Chez soi, la victime du vol n'est pas exposée à la raillerie, plus désagréable souvent que la perte subie.

(2) *Politique*, VII, 5, 7, 1322, a, 19. Πολλαχοῦ δὲ διήρηται καὶ ἡ φυλάττουσα πρὸς τὴν πραττομένην [οἶον Ἀθήνησιν ⟨ἡ⟩ τῶν ἕνδεκα καλουμένων]. L'athétèse a été faite par l'éditeur Susemihl.

profit n'est pas considérable, ne trouve-t-on personne pour la remplir, ou du moins appliquer les lois dans toute leur rigueur. Elle est pourtant indispensable : à quoi bon rendre la justice, si les arrêts n'ont pas de suite? La société civile ne peut pas plus subsister sans l'exécution des jugements que sans la justice qui les rend. Ces difficiles fonctions doivent donc être partagées entre plusieurs magistrats. Il convient de les attribuer aux membres des divers tribunaux, et suivant la nature des actions et des instances judiciaires. Les magistratures étrangères au jugement pourront se charger de l'exécuter. Dans les causes où sont impliqués des jeunes gens, l'exécution de l'arrêt sera confiée de préférence à de jeunes magistrats. Si les poursuites atteignent des magistrats en place, celui qui exécute ne doit pas être le même qui a condamné. Si l'exécution est d'autant plus complète que la haine excitée par les agents de l'autorité est plus faible, il faut éviter de doubler cette haine en remettant aux mêmes mains la condamnation et l'exécution; c'est rendre l'exécration générale que d'étendre à tous les objets les fonctions de juge et d'exécuteur, et de les laisser toujours aux mêmes individus (1).

A côté des Onze, il y a cinq introducteurs, un pour deux tribus, chargés d'introduire devant le tribunal les affaires qui doivent être jugées dans le délai d'un mois, actions de dot, actions en paiement d'une dette ou des intérêts d'un prêt, consenti à une drachme, actions en restitution d'un capital, emprunté pour faire des affaires sur l'agora, actions d'injures, de conflit entre éranistes ou associés, actions relatives à la vente d'esclaves ou de bêtes de somme, à la triérarchie ou aux opérations de banque. On doit aussi juger dans un délai d'un mois les poursuites intentées par les apodectes pour ou contre

(1) *Politique*, VII, 5, 5-6, 1321, b, 40. C'est à ce passage que fait immédiatement suite la glose, dans laquelle sont nommés les Onze, et que retranche Susemihl.

les fermiers. Quand les sommes réclamées sont supérieures à dix drachmes, les apodectes, au lieu de juger eux-mêmes, introduisent l'affaire devant le tribunal (c. LII).

Les Quarante, désignés par le sort, à raison de quatre par tribu, rendaient la justice en parcourant les dèmes. Ils prononçaient souverainement jusqu'à dix drachmes; au-dessus de ce taux, ils renvoyaient l'affaire aux arbitres publics. Si l'arbitre ne pouvait obtenir de conciliation, il rendait une décision; si cet arbitrage n'était point accepté par les parties, l'arbitre plaçait dans deux vases, l'un pour le demandeur, l'autre pour le défendeur, les témoignages, les sommations, les textes de lois ; il transcrivait sur une tablette la sentence arbitrale, et remettait le tout à ceux des Quarante, qui devaient introduire les actions de la tribu devant un tribunal, composé soit de deux cent un, soit de quatre cent un membres, suivant que la demande était inférieure ou supérieure à mille drachmes. On ne pouvait produire devant ce tribunal d'autres preuves que celles qui avaient été alléguées devant l'arbitre.

Les arbitres étaient recrutés parmi les citoyens âgés de soixante à soixante et un ans, c'est-à-dire parmi ceux qui venaient d'être libérés du service militaire, et dont l'âge était établi d'après les listes des archontes et des éponymes, c'est-à-dire des dix éponymes des tribus et des quarante-deux éponymes des classes. Cette fonction était obligatoire sous peine d'atimie. Les seuls motifs de dispense qui pussent être allégués étaient l'absence et l'exercice d'une autre fonction. L'arbitre pouvait être poursuivi, par voie de dénonciation, devant le corps des arbitres et frappé d'atimie. Mais cette condamnation n'était pas sans appel (c. LIII).

Les cinq agents voyers ont sous leurs ordres des ouvriers aux gages de l'État. Les dix logistes et les dix synégores reçoivent les comptes des fonctionnaires. Les magistrats, qu'ils ont convaincus de prévarication ou de corruption, sont condamnés par les juges à payer au décuple la somme détournée ou reçue. S'ils ne sont prévenus que de malversation, ils ne sont condamnés qu'au payement simple; mais le simple est porté au double, s'il n'est pas acquitté avant la neuvième prytanie. Le greffier de la prytanie conserve les archives et les décrets, copie les autres pièces et assiste aux séances du Conseil. Le greffier des lois prend acte de toutes les dispositions législatives nouvelles. Il y a aussi un greffier, chargé de lire les documents dans l'Assemblée du peuple et dans le Conseil, mais il est élu à main levée par le peuple.

Les dix commissaires des sacrifices offrent les sacrifices prescrits par les oracles et cherchent avec les devins à obtenir des présages favorables. A côté d'eux, il y a les dix sacrificateurs de l'année, qui offrent certains sacrifices et président à toutes les fêtes célébrées tous les quatre ans, à l'exception des Panathénées. Une loi, contemporaine de l'archonte Céphisophon, a réglé l'ordre de ces fêtes, de telle sorte que jamais trois d'entre elles ne tombent la même année. A ces magistrats se rattachent l'archonte de Salamine et le démarque du Pirée, chargés l'un et l'autre de la célébration des Dionysies et de la désignation des chorèges (c. LIV).

Nous arrivons ainsi à la principale magistrature d'Athènes, l'archontat. Il y a neuf archontes : l'archonte, le roi, le polémarque, puis six thesmothètes; à ces derniers est adjoint un greffier. Ces magistrats sont tirés au sort, un par tribu, suivant le roulement établi entre les tribus. Ils sont soumis à un examen du Conseil des Cinq cents, puis du tribunal, car l'archonte exclu par le Conseil a le droit d'appel. Le greffier des thesmothètes n'est soumis qu'à l'examen du tribunal suivant la règle appliquée aux autres fonctionnaires. L'examen comprend des questions relatives au père et à la mère de l'archonte, à ses aïeux paternel et maternel, à son dème et à celui de ses parents; on s'assure s'il rend un culte à

Apollon Patroos et à Zeus Herkeios. On s'informe où sont les objets de ce culte, ainsi que les tombeaux de sa famille ; on recherche quelle est sa conduite à l'égard de ses parents, s'il paye ses contributions, s'il a fait son service militaire. L'archonte produit ses témoins. Alors, s'il se présente un contradicteur, le Président fait entendre l'accusation et la défense, et voter le Conseil à main levée. Au tribunal, le scrutin est secret. S'il ne se présente aucun accusateur, il est immédiatement procédé au vote. Une fois admis, les archontes se rendent à la pierre consacrée, sur laquelle se prêtent tous les serments judiciaires ; et là, ils jurent de remplir leurs fonctions en toute justice et selon les lois, de n'accepter, dans l'exercice de leur charge, aucun présent, et, s'ils en reçoivent, d'offrir une statue d'or massif. Puis ils montent à l'Acropole, renouvellent dans les mêmes termes le même serment, et, dès lors, entrent en fonctions (c. LV). L'archonte, le roi et le polémarque peuvent s'adjoindre chacun deux assesseurs, également soumis à l'examen du tribunal et à la reddition des comptes.

Aussitôt après son installation, l'archonte proprement dit fait proclamer la déclaration suivante : « Ce que chacun possédait, avant que le nouvel archonte entrât en charge, il en restera possesseur et maître, jusqu'à la fin de cette charge ». Il désigne, parmi les riches Athéniens, trois chorèges pour les concours de tragédie. Les cinq chorèges pour les concours de comédie sont choisis parmi les tribus, mais installés par l'archonte. C'est lui qui procède aux échanges de fortunes, et porte au tribunal les motifs de dispenses, allégués par les riches citoyens, qui désirent être exemptés de cette liturgie, ou déclarent n'avoir pas atteint l'âge légal de quarante ans. Il nomme les chorèges pour Délos et les archithéores, qui conduisent dans l'île la théorie de jeunes garçons. Il dirige la procession d'Asclépios, celle des grandes Dionysies, dans l'organisation de laquelle il est assisté par dix commissaires tirés au sort, celle des Thargélies, et enfin celle qui est célébrée en l'honneur de Zeus Soter. Il organise aussi les concours des Dionysies et des Thargélies. Sa compétence judiciaire comprend : les actions de mauvais traitements envers les parents, un orphelin, ou une épiclère; de mauvaise gestion des biens d'un orphelin, de démence, de partage, de dation de tuteurs, de revendication de tutelle, d'envoi en possession d'une succession ou d'une épiclère. Il est aussi chargé de protéger les orphelins, les épiclères et les veuves; il peut frapper d'une amende ou traduire devant le tribunal toute personne qui leur fait tort, il afferme leurs biens, prend hypothèque sur ceux des fermiers, oblige le tuteur à subvenir aux besoins de son pupille (c. LVI).

L'archonte-roi préside à la célébration des mystères, avec quatre commissaires élus à main levée par le peuple, deux parmi tous les Athéniens, un dans la famille des Eumolpides, un dans celle des Kéryces. Il a aussi la présidence des Dionysies du Lénaeon, dont il dirige seul le concours, mais dont il organise la procession de concert avec les commissaires. C'est encore lui qui ordonne les courses aux flambeaux, ainsi que tous les sacrifices, dont l'institution remonte aux ancêtres. Nous avons déjà cité, en le rapprochant du chapitre III, le passage de la *Politique* dans lequel Aristote explique les démembrements successifs de l'ancienne royauté, dont les prérogatives ont été, pour la plupart, attribuées aux archontes. Soit par l'abandon volontaire des rois, soit par l'exigence des peuples, elle fut presque partout réduite à la présidence des sacrifices, et là où elle méritait encore son nom, elle n'avait conservé que le commandement des armées hors du territoire de l'État (1).

La compétence judiciaire du roi s'étend à toutes les actions de meurtre, et c'est lui qui prononce contre le coupable l'interdiction qui le retranche de la cité. Les accusations d'homicide

____

(1) *Politique*, III, 9, 8, 1286, b, 14.

prémédité, d'empoisonnement suivi de mort, d'incendie, sont portées par écrit devant l'Aréopage, qui connaît de ces seuls crimes. Les actions de meurtre involontaire, d'intention, de meurtre d'un esclave, d'un métèque ou d'un étranger, sont jugées en avant du Palladion. Si l'accusé avoue l'homicide et soutient qu'il a été accompli légalement ou par mégarde, l'affaire est jugée en avant du Delphinion. Le coupable, qui, déjà exilé pour un meurtre pouvant donner lieu à composition, est chargé d'une nouvelle accusation de meurtre ou de blessure, est jugé à Phréatto et se tient sur un navire à l'ancre près du rivage. Toutes ces affaires ressortissent au tribunal ordinaire, devant lequel les introduit le roi, et qui siège en plein air, la nuit. Avant le jugement, le prévenu ne peut s'approcher d'un lieu sacré ni se présenter à l'agora. Le jour venu, il se rend au sanctuaire, où il affirme son innocence, par un serment prêté sur l'autel. L'affaire est jugée même si le coupable n'est pas connu. C'est encore au roi et aux rois des tribus qu'il appartient de juger les accusations de meurtre, portées contre des objets inanimés et des animaux (c. LVII). Nous avons précédemment rapproché de ce passage les distinctions établies par Aristote, dans sa *Politique*, entre les diverses espèces de tribunaux. Il ne sera pas inutile de les rappeler ici. Le tribunal qui connaît de l'homicide peut se subdiviser selon qu'il est formé des mêmes juges ou de juges différents, qu'il s'agit d'un meurtre prémédité ou involontaire, que le crime est avoué ou qu'il y a doute sur le droit du prévenu (1).

Le polémarque est chargé des sacrifices en l'honneur d'Artémis Agrotéra et d'Enyalios; il organise les jeux funèbres en l'honneur des soldats morts à la guerre, et célèbre les sacrifices expiatoires en mémoire d'Harmodios et d'Aristogiton. C'est à lui que ressortissent toutes les actions civiles intentées pour ou

____

(1) *Politique*, VI, 13, 2, 1300, b, 24.

contre les métèques, les isotèles et les proxènes. Il les répartit
en dix lots, qu'il assigne par le sort aux dix tribus, dont les
juges les remettent aux arbitres. Enfin c'est lui qui introduit
devant le tribunal toutes les actions dirigées par des métèques
contre les affranchis ingrats, ou intentées à un métèque qui n'a
pas de patron, ou relatives soit à une succession, soit à une
épiclère (c. LVIII). Aristote traite des métèques dans la *Politique*. Quand il définit le citoyen, il refuse le droit de cité aux
étrangers domiciliés, et, à ce propos, il fait allusion à quelques-
unes des obligations qui leur sont imposées. Il ne suffit pas,
pour être citoyen, d'être domicilié, car le domicile est accordé
aux métèques et aux esclaves. On ne fait pas non plus partie
de la cité parce qu'on peut ester en justice comme demandeur
et comme défendeur, car ce droit peut être conféré par un simple traité de commerce. Le domicile et l'action juridique peuvent donc appartenir à des gens qui ne sont pas citoyens. Dans
quelques États, le droit de paraître au tribunal est même limité,
pour les métèques, par l'obligation de se choisir une caution (1).

Les thesmothètes fixent les jours auxquels doivent siéger les
juges, et attribuent aux magistrats les tribunaux qu'ils doivent
présider. Ils portent devant le peuple les accusations de haute
trahison et font procéder au vote en cas de condamnation ; ils
introduisent les demandes de sentence préjudicielle, déposées
devant le peuple, les accusations d'illégalité, les accusations
portées contre les auteurs de lois inopportunes, contre les
proèdres et l'épistate, en raison de leur gestion, et enfin les
comptes des stratèges. Les actions qui leur ressortissent sont
celles d'usurpation du titre de citoyen, de corruption, de syco-
phantie, de fausse inscription, de faux record, de mauvaise
intention, de fausse radiation et d'adultère. Ce sont eux qui
font procéder à l'examen de tous les magistrats et soumettent au

(1). *Politique*, III, 1, 3; 1275, a, 7.

tribunal les exclusions prononcées par les démotes, les condamnations décidées par le Conseil, l'accusation de faux témoignage produit devant l'Aréopage ; ils donnent les actions civiles dans les affaires de commerce et de mines, et contre l'esclave accusé d'avoir diffamé un homme libre. Enfin, ils ratifient les conventions conclues avec les autres États (τὰ σύμβολὰ τὰ πρὸς τὰς πόλεις) et introduisent devant les tribunaux les actions obtenues en exécution de ces conventions (c. LIX). Aristote parle de ces conventions (σύμβολά) et les définit dans la *Politique* : il distingue, en effet, les traités de commerce, conclus au sujet des importations (συνθῆκαι περὶ τῶν εἰσαγωγίμων), les conventions qui garantissent la sûreté individuelle (σύμβολὰ περὶ τοῦ μὴ ἀδικεῖν), et les alliances politiques (γραφαὶ περὶ συμμαχίας) (1). Dans la *Rhétorique*, il avait de même, en énumérant les connaissances générales indispensables à l'orateur, démontré qu'il devait savoir d'où la cité tire sa subsistance, quelles dépenses lui sont nécessaires, quelles sont les denrées produites par le pays, quelles sont celles qui y doivent être importées, quels traités (συνθῆκαι) et quelles conventions (σύμβολά) doivent, en conséquence, être conclus, car l'État ne doit donner aucun sujet de plainte ni aux peuples plus puissants, ni à ceux qui sont utiles à son entretien (2).

L'historien termine l'énumération des magistratures conférées par le sort, en mentionnant les athlothètes, qui sont au nombre de dix, et restent quatre ans en charge. Ils organisent la procession des Panathénées, le concours de musique, le concours gymnique et la course de chevaux. Ils veillent aussi, de concert avec le Conseil, à la confection du péplos et des amphores, et remettent aux athlètes vainqueurs l'huile des oliviers sacrés, recueillie par l'archonte. De même, dans le VII° livre de la *Politique*, après avoir passé en revue toutes les fonctions publiques, Aristote termine en observant que dans les cités paisibles

(1) *Politique*, III, 5, 10, 1280, a, 37.
(2) *Rhétorique*, I, 4, 1360, a, 12.

et opulentes, certains magistrats doivent être chargés de la police des gymnases, y assurer l'exécution des lois, veiller à l'organisation des jeux et à la célébration des fêtes (1).

Les magistratures conférées à l'élection sont les fonctions militaires. Dans la *Politique*, Aristote nous indique la raison pour laquelle ces charges doivent être électives. Il y a, dit-il, des magistratures qui exigent un mérite éprouvé ; c'est, par conséquent, la confiance seule qui peut les accorder. Ces fonctions sont celles qui ont pour objets la défense de la cité et toutes les affaires militaires. Elles sont nécessaires même en temps de paix, car il faut veiller à la garde et à l'entretien des portes et des murailles, enregistrer les citoyens, les répartir entre les diverses armes. Les magistrats à qui elles incombent sont les stratèges et les polémarques. Si l'État a des cavaliers, des troupes légères, des archers, une flotte, il faut, en outre, des navarques, des hipparques, des taxiarques, des triérarques, des lochages, des phylarques, et tous les chefs des éléments de ce genre (2). Telles sont bien les charges militaires énumérées dans la *Constitution d'Athènes*. Il y a dix stratèges, élus parmi tous les Athéniens, et à qui le peuple distribue à main levée leurs attributions. L'un commande les hoplites, quand ils se mettent en campagne ; un autre garde le pays ; deux sont préposés au Pirée, l'un à Munichie, l'autre à l'Acté ; un autre est affecté aux symmories, inscrit sur le rôle les triérarques, procède, s'il y a lieu, aux échanges de fortunes, et introduit devant le tribunal les contestations entre compétiteurs. Les autres stratèges sont détachés au dehors selon les besoins. A chaque prytanie, l'assemblée décide si les stratèges remplissent régulièrement leurs fonctions. Celui qui est exclu par le peuple est jugé par le tribunal. Dans l'exercice de leur commandement, les stratèges peuvent infliger l'amende, l'emprisonnement et l'ex-

(1) *Politique*, VII, 5, 13. 1322, b, 37.
(2) *Politique*, VII, 5, 8-9, 1322, a, 30.

pulsion. Les dix taxiarques commandent aux hommes de leur tribu et nomment les lochages ou capitaines. Les deux hipparques, pris parmi tous les Athéniens, et qui commandent chacun à cinq tribus, ont sur la cavalerie les mêmes pouvoirs que les stratèges sur l'infanterie. Les phylarques correspondent de même aux taxiarques. Il y a aussi un hipparque pour Lemnos et deux intendants pour la galère Paralienne (1) et la galère d'Ammon.

Telles sont les magistratures entre lesquelles est réparti le pouvoir exécutif. Dans un dernier chapitre (LXII), l'auteur explique comment l'on procède au tirage au sort et indique quel est le salaire des magistrats. Le tirage au sort avait lieu généralement par tribu, et tous les phylètes qui donnaient leur nom en pouvaient courir les chances. Dans un passage fort obscur, l'auteur expose que, pour certaines fonctions, on subdivisait anciennement le tirage, de manière à faire une part à chacun des dèmes, qui composaient la tribu ; mais que, de son temps, ce mode n'était plus appliqué qu'à la désignation des conseillers et des gardiens.

Chaque citoyen recevait trois oboles pour une séance de l'Assemblée ou du tribunal ; chaque Conseiller touchait cinq oboles, et le prytane, un supplément d'une obole pour les frais de nourriture. La solde des archontes était de quatre oboles, mais l'entretien du héraut et du joueur de flûte, qui les assistaient, était à leur charge. L'archonte de Salamine percevait une drachme, ainsi que les amphictyons envoyés à Délos. Pendant les Panathénées, les athlothètes prenaient leurs repas au Prytanée. L'État subvenait également à la nourriture des magistrats envoyés à Samos, Skyros, Lemnos et Imbros.

Seules les fonctions militaires pouvaient être remplies plusieurs fois. Parmi les autres magistratures, il n'y avait d'exception que pour le Conseil, où l'on pouvait siéger deux fois.

---

(1) Dans la *Rhétorique* (III, 10, 1411, a, 13) Aristote, citant des exemples de métaphores, rappelle le mot de Pitholaos, appelant la galère Paralienne « la massue du peuple » (ῥόπαλον τοῦ δήμου).

CHAPITRE TROISIÈME

Le pouvoir judiciaire. Organisation des tribunaux

L'étude de l'organisation du pouvoir judiciaire occupait la dernière partie de la *Constitution d'Athènes* (c. LXIII, à la fin). Les colonnes du papyrus, dans lesquelles étaient copiés ces chapitres, sont incomplètes ou mutilées, et il est tout à fait impossible d'en restituer le texte. Les fragments contiennent cependant des indications assez précises pour nous laisser entrevoir l'ensemble du système et deviner le jeu de ses principaux ressorts (1).

La liste des juges est dressée tous les ans par les archontes, chacun dans sa tribu. Cette liste comprend six mille noms, tirés au sort parmi tous les citoyens âgés de plus de trente ans, qui n'ont pas été frappés d'atimie et ne sont pas débiteurs de l'État. Celui qui siège sans en avoir le droit est poursuivi par voie de dénonciation devant le tribunal. Les six cents juges, tirés au sort dans chaque tribu, sont partagés aussi également que possible en dix sections, et chaque juge reçoit une tablette en buis, portant son nom, son démotique et un chiffre indiquant celle des dix sections dont il fait partie.

Cette liste, dressée pour l'année entière, servait à composer les tribunaux pour les jours d'audience. Dans chaque tribu, les six cents juges désignés se réunissent sous la présidence d'un archonte ou du greffier de thesmothètes. Les soixante

(1) Est-il besoin de dire de quel secours nous a été, dans cette partie de notre analyse, le livre de M. Dareste sur la *Science du droit en Grèce*? (Voir les pages 192-199).

citoyens, compris dans chacune des dix sections, jettent leurs tablettes dans une boîte marquée au numéro de la section. Il y a, par conséquent, dix boîtes. Quand elles sont remplies, l'appariteur les agite et le thesmothète tire de chacune une tablette. Les dix citoyens dont le nom est sorti, dans les dix sections, tirent les autres tablettes et les affichent sur un tableau, qui porte le numéro de la section. Ainsi sont composées dix listes, comprenant, dans l'ordre fixé par le sort, le nom de tous les juges présents. Mais il reste encore à savoir, d'abord qui siégera, et ensuite dans quel tribunal l'élu devra se rendre.

L'archonte verse dans une urne des cubes noirs et blancs, les blancs en nombre égal à celui des juges dont il a besoin ; les noirs en nombre suffisant pour que le total soit égal à celui des tablettes déposées. Chaque fois qu'un cube sort de l'urne, l'archonte appelle un nom dans l'ordre de la liste de présence. Si le cube est blanc, le citoyen est retenu ; si le cube est noir, il est libéré. La liste de service est achevée, quand le dernier cube blanc est sorti.

L'appariteur appelle ensuite les juges, qui ont été désignés pour siéger. Chacun, à l'appel de son nom, tire d'un vase un gland, portant un chiffre à partir de onze. Il y a autant de chiffres que de tribunaux à pourvoir. Le juge remet ce chiffre à l'archonte, qui détache la tablette du tableau, où elle est fixée, et la jette dans une boîte, portant le numéro inscrit sur le gland. Ainsi est constitué le jury de chaque tribunal.

Chaque tribunal a une porte peinte d'une couleur différente, et un numéro, tiré au sort par le thesmothète, et affiché par l'appariteur. Ce chiffre est compris entre onze et vingt, comme celui qui est inscrit sur les glands. Le juge, qui a tiré ce numéro, reçoit de l'appariteur un bâton de la même couleur que la porte du tribunal, désigné par le même chiffre. Il n'y est, en effet, admis que sur la présentation de ce bâton, qu'il doit déposer à l'entrée, et en échange duquel il reçoit, d'un distributeur désigné lui-même par le sort, un jeton qui sert à contrôler son identité (col. XXXI et XXXII).

Dans les trois colonnes qui suivent (XXXIII, XXXIV, XXXV), l'on entrevoit qu'il était question du salaire payé aux juges et du serment qu'ils devaient prêter. L'historien achevait son exposition en traitant de la procédure.

Les bulletins de vote étaient formés de petits disques en bronze, traversés au milieu par une tige. Il y en avait de deux sortes, en nombre égal. Dans les uns, la tige était creuse; dans les autres, elle était pleine. Lorsque les plaidoiries, dont la durée était mesurée par la clepsydre, étaient achevées, des distributeurs, désignés par le sort, remettaient à chaque juge, sous les yeux mêmes des parties, un bulletin de chaque espèce. Dans l'enceinte du tribunal étaient placées deux amphores, destinées à recevoir les bulletins; l'une en bronze, l'autre en bois. Chaque juge s'en approchait, un bulletin dans chaque main, les doigts sur les extrémités de la tige, pour qu'il fût impossible de voir comment il votait. Il jetait le bulletin valable dans l'amphore de bronze, dont le couvercle était percé d'une ouverture, qui ne laissait passer qu'un bulletin à la fois; l'amphore de bois recevait les bulletins nuls, qui servaient à contrôler le vote.

Ce vote était précédé de deux proclamations du héraut, la première, pour demander si les parties se proposaient d'attaquer les témoignages; la seconde, pour avertir que les bulletins à tige creuse servaient à voter pour la partie qui avait plaidé d'abord, c'est-à-dire pour l'accusation; les bulletins pleins, pour la défense. Les bulletins étaient ensuite comptés, et la partie qui avaient obtenu la majorité gagnait le procès. A égal partage de voix, le défendeur était acquitté. Lorsqu'il était nécessaire de fixer la peine ou l'amende, on laissait aux deux parties, pour qu'elles pussent s'expliquer, un temps évalué à une demi-mesure de la clepsydre; puis l'on procédait à un second vote, qui s'effectuait exactement de la même façon que le premier.

En votant, chaque juge rend son jeton, reprend en échange le bâton qu'il a déposé en entrant, et retourne au lieu où il a tiré au sort. Il remet son bâton, et touche son salaire.

Cet exposé de l'organisation, de la composition, de la procédure et du mobilier du tribunal ne prête qu'à deux rapprochements avec la *Politique*. Aussi bien en doit-il être ainsi, puisqu'Aristote ne fait que définir le principe des institutions et expliquer les modifications qu'elles subissent dans les diverses formes de gouvernement, sans s'arrêter à en analyser le mécanisme. L'auteur de la *Constitution d'Athènes* se sert pour désigner l'action de faux témoignage, qui peut être intentée avant le vote des juges, du verbe ἐπισκήπτεσθαι. Or le mot ἐπίσκηψις se lit dans un passage de la *Politique*, que les éditeurs, il est vrai, considèrent comme interpolé, et dans lequel Charondas est cité comme l'auteur de la première loi contre les faux témoignages (1). Enfin Aristote, critiquant la Constitution d'Hippodamos de Milet, remarque que ce législateur condamnait le vote par le bulletin (διὰ ψηφοφορίας), tel qu'il est pratiqué à Athènes, sous prétexte qu'il force souvent les juges à se parjurer, en votant d'une manière absolue dans un sens ou dans l'autre (2). Mais Aristote blâmait à son tour le système proposé par Hippodamos, et suivant lequel le juge devait indiquer sur une tablette s'il condamnait purement et simplement, et, dans le cas où il ne condamnait qu'en partie, énoncer ses motifs. Cette disposition a, en effet, l'inconvénient de changer les juges en arbitres; ceux-ci peuvent discuter en commun leur sentence; mais il ne doit pas en être ainsi des juges, entre lesquels toute communication doit être interdite (3).

La *Rhétorique* explique pourquoi le faux témoignage peut

(1) *Politique*, II, 9, 8, 1274, b, 5.
(2) Cf. la théorie de l'équité (ἐπιείκεια), qui sera exposée plus loin.
(3) *Politique*, II, 5, 3 et 8, 1268, a, et 1268, b, 4.

être immédiatement poursuivi. C'est qu'on aggrave la faute en la commettant dans le lieu même où l'on punit les coupables. Où respectera-t-on la justice, si ce n'est dans le tribunal même (1)?

La disposition législative, suivant laquelle l'égal partage des voix entre le demandeur et le défendeur vaut acquittement, est justifiée dans une longue dissertation des *Problèmes* (section XXIX, 13). La première raison pour laquelle cette loi a été établie, c'est l'infériorité dans laquelle se trouve l'accusé par rapport à l'accusateur. Les griefs, qui lui sont imputés, et à propos desquels il doit produire des témoins ne lui sont révélés qu'au cours des débats. Il lui est difficile de deviner les charges qui seront relevées contre lui, et de réunir les témoignages et les preuves, qui démontreront son innocence. Quand l'on est dominé par la crainte, l'on néglige une foule d'arguments. Au contraire, l'accusateur a toute liberté d'action. Dès qu'il a cité son adversaire en justice, il peut préparer l'affaire comme il l'entend, et, au besoin, inventer tout ce qui peut autoriser sa poursuite. Comme les accusés courent le plus souvent de plus grands risques que les accusateurs, et omettent, sous l'empire de la crainte, certaines preuves, qu'ils auraient pu alléguer, il est évident, lorsqu'ils obtiennent l'égalité des suffrages, qu'ils auraient triomphé, s'ils avaient su ne rien oublier. La seconde raison, c'est que mieux vaut innocenter un coupable que condamner un innocent. En admettant que tous les crimes, imputés par l'accusateur, soient réels, l'on aimerait mieux acquitter le prévenu que de le condamner, si l'accusation n'était pas fondée. Dans le doute, l'on préfère commettre la moindre des erreurs possibles. Quand la propriété d'une chose est contestée, l'objet litigieux ne doit pas être immédiatement remis au demandeur; l'on doit attendre que l'on ait pu juger de son droit. C'est la règle que doivent suivre les juges; les votes étant égaux, il

(1) *Rhétorique*, I, 14, 1375, a, 10.

n'y a d'avantage pour personne ; et chacun, par conséquent, doit garder la position qu'il occupait. Une troisième raison, c'est que si l'on a condamné à tort, l'on ne saurait plus, même quand l'occasion s'en présente, réparer la faute commise. Si, au contraire, le coupable a été absous, de deux choses l'une : ou bien, il n'enfreint plus la loi, et, dans ce cas, l'indulgence des juges ne saurait être blâmée ; ou bien, il commet de nouveau le même délit, et l'on peut alors lui infliger une peine plus grave, qui punisse à la fois les deux fautes. D'autre part, il se peut que l'acte reproché au prévenu n'ait pas été prémédité, au lieu que d'appeler un innocent devant le tribunal, c'est le plus souvent le fait d'une préméditation. Si les votes sont également partagés, le demandeur est convaincu d'avoir accusé à tort et avec préméditation ; le défendeur est jugé coupable, mais sans préméditation. Puis donc que l'on donne à l'accusateur plus de tort qu'à l'accusé, le législateur a raison de laisser gain de cause à celui qui a le tort moindre. L'auteur des *Problèmes* invoque même un dernier argument, fort contestable, sans doute, c'est que le délit est plus grave, quand celui qui le commet ne croit pas que sa victime puisse l'ignorer ; et c'est précisément le cas de celui qui intente contre un innocent une poursuite calomnieuse. Ailleurs encore (section XXIX, 15), il dit que d'obtenir l'égal partage des voix, c'est, pour l'accusé, remporter une véritable victoire, car il est alors prouvé qu'il n'a pu être véritablement atteint par l'accusation.

L'analyse de la *Constitution d'Athènes* terminée, que devons-nous conclure des nombreux rapprochements, que nous avons faits entre cet ouvrage et la *Politique* ?

Il n'y a guère, dans l''Αθηναίων πολιτεία, de chapitres, qui ne prêtent à plusieurs comparaisons décisives avec l'œuvre d'Aristote. L'exposé historique et le traité philosophique se complètent et se confirment l'un l'autre. L'historien raconte en détail les révolutions constitutionnelles d'Athènes, et expose, en ses moindres ressorts, l'organisation de la démocratie. Le philosophe se contente de faire allusion aux événements et aux institutions, dont il a dégagé les principes et formulé les lois. Mais ces allusions suffisent à prouver que l'un et l'autre ont recueilli sur les mêmes faits les mêmes témoignages, s'en font la même idée, les expliquent par les mêmes causes, leur attribuent les mêmes conséquences. Une aussi parfaite concordance ne peut être l'œuvre du hasard, et elle est, à nos yeux, une preuve décisive que l'auteur même de la *Politique* est l'historien de la *Constitution d'Athènes*.

Il ne nous semble pas, cependant, que notre démonstration soit complète; et, dans les pages qui vont suivre, nous nous appliquerons à rechercher si, des jugements portés par l'historien de l' Ἀθηναίων πολιτεία sur les révolutions constitutionnelles et les institutions démocratiques d'Athènes, il n'est pas possible de dégager les éléments d'une doctrine politique, et si cette doctrine est conforme ou contradictoire aux théories professées par Aristote dans sa *Politique*. Nous pourrons tirer de cette étude un double profit : elle nous permettra, d'abord, de produire une nouvelle série de preuves, plus fortes encore que les premières; et, ensuite, de relier plus étroitement les observations, qui ont été présentées, en donnant à un développement trop discursif plus de cohésion et d'unité.

____

LA DOCTRINE POLITIQUE
DE LA « CONSTITUTION D'ATHÈNES »

____

QUATRIÈME PARTIE

La Doctrine politique de la « Constitution d'Athènes ».

CHAPITRE PREMIER

Les idées politiques de l' 'Αθηναίων πολιτεία.
Aristote et Thucydide

L'auteur de la *Constitution d'Athènes* expose jusqu'en ses moindres détails l'œuvre législative de Solon. Il a, en effet, reconnu que la démocratie, établie après les réformes de Clisthènes, y était contenue en germe, et que toutes les révolutions politiques, qui se succédèrent à Athènes, y étaient, pour ainsi dire, impliquées. Or, afin de mieux démêler le principe de cette Constitution, l'historien ne dédaigne pas de tracer le portrait et de définir le caractère du législateur. Solon, par sa naissance et sa réputation, comptait, dit-il, parmi les premiers citoyens; par sa fortune et sa situation, il faisait partie de la classe moyenne (τῶν μέσων) (1). C'était, en même temps, un modéré. Afin de rétablir la concorde, il attaque également, dans ses vers, les deux partis ennemis, les riches et les pauvres; il leur donne

---

(1) *Const. d'Ath.*, V, 3.

tour à tour tort et raison, et les engage à terminer d'un commun accord les dissensions, qui se sont élevées entre eux (1). Il exhorte les riches à la modération (παραινῶν τοῖς πλουσίοις μὴ πλεονεκτεῖν), et rejette sur eux la responsabilité des troubles, disant que la haine naît du conflit de la pauvreté et de l'arrogance (2).

Le même caractère de modération se retrouve dans la Constitution de Solon. L'auteur, après avoir déclaré que le législateur ne s'associa point aux manœuvres des nobles, qui, avertis de l'abolition des dettes, achetèrent des terres et firent ainsi fortune, ajoute qu'il fut si modéré (μέτριος) et si attaché aux intérêts publics, que, pouvant tourner les lois à son profit et usurper le pouvoir, il s'attira la haine de l'un et l'autre parti, en sacrifiant ses propres intérêts à l'honneur et au salut de la cité (3). L'historien lui adresse encore le même éloge, quand il raconte qu'après avoir promulgué sa Constitution, il fut obligé de quitter Athènes, parce que les deux factions, entre lesquelles il s'était efforcé de rétablir la concorde, lui étaient devenues également hostiles. Leur attente avait, en effet, été déçue : le peuple avait espéré que Solon ferait un partage de toutes les terres ; les nobles s'étaient imaginé qu'il restaurerait les institutions du passé, ou, du moins, qu'il n'en abolirait aucun principe essentiel. Le législateur avait préféré encourir la haine des deux partis, et sauver sa patrie, en établissant les meilleures lois (4).

De même que Solon, Pisistrate nous est présenté comme un modéré. Il gouverna la cité plutôt en citoyen respectueux de la Constitution qu'en tyran (Διῴκει... τὰ κατὰ τὴν πόλιν μετρίως καὶ μᾶλλον πολιτικῶς ἢ τυραννικῶς) (5). Il était, d'ailleurs, d'un abord

(1) *Const. d'Ath.*, V, 2.
(2) *Const. d'Ath.*, V, 3.
(3) *Const. d'Ath.*, VI, 3.
(4) *Const. d'Ath.*, XI, 2.
(5) *Const. d'Ath.*, XVI, 2.

facile et doux (φιλάνθρωπος ὢν καὶ πρᾶος) (1) et se montrait indulgent à toutes les fautes (τοῖς ἁμαρτάνουσιν συγγνωμονικός) (2). Il
allait lui-même hors de la ville régler les différends entre les
cultivateurs; il ne prit contre le peuple aucune mesure vexa-
toire; sous son gouvernement, la cité fut calme et les relations
extérieures restèrent pacifiques. Les Athéniens louaient ses
manières et sa bienveillance, qui dénotaient un ami du peuple
(τὸ δημοτικὸν εἶναι τῷ ἤθει καὶ φιλάνθρωπον) (3). Pour donner l'exemple
de la soumission aux lois établies, on le vit comparaître devant
l'Aréopage, où l'avait cité un calomniateur (4). Il sut, pendant
son régne, se concilier la faveur des nobles et du parti populaire, gagnant les uns par le charme de son commerce, les autres
par les services qu'il leur rendait (τοὺς μεν γὰρ ταῖς ὁμιλίαις, τοὺς
δὲ ταῖς εἰς τὰ ἴδια βοηθείαις προσήγετο, καὶ πρὸς ἀμφοτέρους ἐπεφύκει
καλῶς). (5). En un mot, l'historien nous donne et loue Pisistrate
comme le véritable continuateur de Solon. Seuls ses fils firent
peser lourdement sur les Athéniens le joug de la tyrannie (6).

Les Athéniens n'exercèrent point de représailles contre les
amis des tyrans, avant l'époque de Clisthènes. Aussi l'historien
reconnait-il sans réserve la douceur de leur caractère (χρώμενοι
τῇ εἰωθυίᾳ τοῦ δήμου πραότητι) (7). Il remarquera plus loin, en
condamnant les démagogues, que le peuple, lorsqu'il se laisse
entraîner à une erreur, se prend d'ordinaire à haïr ceux qui
l'ont poussé au mal (8). Les Athéniens furent vraiment grands
à l'époque où, subissant l'ascendant de l'Aréopage, ils recueilli-
rent, grâce à leur modération, le fruit de la victoire, remportée
à Salamine, acquirent la gloire militaire, et grâce à leur puis-

(1) *Const. d'Ath.*, XVI, 2.
(2) *Const. d'Ath.*, XVI, 2.
(3) *Const. d'Ath.*, XVI, 8.
(4) *Const. d'Ath.*, XVI, 8.
(5) *Const. d'Ath.*, XVI, 9.
(6) *Const. d'Ath.*, XVI, 7.
(7) *Const. d'Ath.*, XXII, 4.
(8) *Const. d'Ath.*, XXVIII, 3.

sance maritime, s'assurèrent, malgré les efforts de Lacédémone, l'hégémonie de la Grèce.

Mais bientôt, enivrée par ses victoires et sa puissance, corrompue par les démagogues, qui, dans leur intérêt personnel, flattaient les passions du peuple, Athènes abusa de son hégémonie, acheva la ruine de l'Aréopage, et laissa se relâcher son antique respect des institutions et des lois. C'est alors que, pour l'historien, commence le déclin d'Athènes. La principale cause de cette décadence, c'est l'affaiblissement de l'élément modéré des deux partis, épuisé par la guerre (ὥστε ἀναλίσκεσθαι τοὺς ἐπιεικεῖς καὶ τοῦ δήμου καὶ τῶν εὐπόρων) (1). Ces modérés, ce sont les représentants de l'équité (οἱ ἐπιεικεῖς) (2). Dès qu'ils seront disparus, Athènes sera en proie aux démagogues, et se précipitera vers la ruine.

L'auteur reconnaît que Périclès sut se garder de tout excès; mais s'il ne le blâme pas, on ne peut dire qu'il le loue. Tant que Périclès fut à la tête du parti populaire, dit-il, le régime politique fut meilleur; après sa mort, le mal empira beaucoup (3). L'éloge paraîtra bref, surtout si l'on songe que Périclès inspirait à Thucydide une si sincère et si profonde admiration. C'est qu'il avait détruit, au profit du peuple, l'ancien équilibre des partis, si habilement maintenu par les Solon et les Pisistrate, et qu'ainsi il s'était écarté de cette modération et de cette équité (ἐπιείκεια), qui sont les qualités souveraines de l'homme d'État. C'est ainsi que l'historien lui reproche d'avoir institué le salaire des juges, et d'avoir, par cette mesure, ouvert le tribunal à la corruption (4).

Le jugement porté sur les démagogues est sommaire. L'auteur nomme avec mépris Cléon et Cléophon; il condamne en masse

<hr>

(1) *Const. d'Ath.*, XXVI, 2.
(2) *Const. d'Ath.*, XXVI, 1 et 2.
(3) *Const. d'Ath.*, XXVIII, 1.
(4) *Const. d'Ath.*, XXVII, 5.

leurs successeurs. En revanche, il loue Nicias, Thucydide et
Théramène. Nicias et Thucydide ont, dit-il, été, d'un consentement unanime, considérés comme d'honnêtes citoyens, qui
demeurèrent fidèles aux traditions de leurs ancêtres et méri-
tèrent bien de la cité (οὐ μόνον καλοὺς κἀγαθοὺς, ἀλλὰ καὶ πολιτικοὺς
καὶ τῇ πόλει πάσῃ πατρικῶς χρωμένους) (1). Si les avis sont plus
partagés au sujet de Théramène, c'est qu'il a vécu sous divers
régimes et dans des temps troublés. Il serait injuste de l'accuser
d'avoir détruit tous les gouvernements, dont il fit successivement
partie; il les a, au contraire, soutenus, tant qu'ils demeuraient
dans la légalité; et ainsi il a montré qu'à cette condition un bon
citoyen pouvait les servir tous (ὅπερ ἐστὶν ἀγαθοῦ πολίτου ἔργον) (2).

Sous les Cinq mille, la Constitution d'Athènes fut digne d'éloges, parce que les droits politiques appartenaient aux citoyens
en état de s'armer eux-mêmes. Ce jugement ne doit pas surprendre, car cette classe de citoyens (οἱ ἐκ τῶν ὅπλων) (3) est
précisément la même qui formait le parti modéré (οἱ ἐπιεικεῖς),
autrefois décimé par la guerre, et dont la ruine avait causé
la décadence d'Athènes. L'auteur loue de même la modération
que les Trente montrèrent aussitôt après leur établissement,
afin d'assurer leur pouvoir, observant les traditions politiques
des ancêtres, abrogeant les lois portées par Éphialte et Archestratos contre l'Aréopage, abolissant celles des lois de Solon,
dont l'interprétation prêtait aux discussions, et qui laissaient
au tribunal le droit de trancher souverainement les contestations (4). Il n'en condamne qu'avec plus de sévérité les confiscations et les meurtres, dont ils se rendirent coupables, dès
qu'ils crurent n'avoir plus d'opposition à redouter (5). Théramène eut la sagesse et le courage de s'opposer à leurs vio-

(1) *Const. d'Ath.*, XXVIII, 5.
(2) *Const. d'Ath.*, XXVIII, 5.
(3) *Const. d'Ath.*, XXXV, 1.
(4) *Const. d'Ath.*, XXXV, 1 et 2.
(5) *Const. d'Ath.*, XXXV, 4.

lences. Il leur conseilla de donner à tous les modérés une part dans le gouvernement de la cité (1). Mais cette tentative de réaction devait rester vaine; et, quand ils se furent débarrassés de Théramène, les Trente s'abandonnèrent davantage encore à leur cupidité et à leur cruauté. Enfin, l'historien loue la mesure d'Archinos, lorsqu'après la restauration de la démocratie, il retint de force les Athéniens, qui voulaient émigrer à Éleusis, accusa d'illégalité le décret de Thrasybule, qui accordait le droit de cité à des esclaves, et traîna devant le Conseil, pour l'y faire condamner à mort sans jugement, le premier citoyen qui tenta d'user de représailles contre les anciens partisans de l'oligarchie (2). Cet éloge est étendu à toute la démocratie, qui effaça les anciennes accusations et rendit aux Lacédémoniens l'argent emprunté par les Trente. Dans les autres États, au contraire, le parti démocratique avait abusé de sa victoire; il s'était refusé à contribuer de ses deniers et avait même fait le partage des terres (3).

De tous ces jugements, il résulte que l'historien n'est partisan ni de l'aristocratie, ni de l'oligarchie, ni de la démocratie, mais d'un gouvernement, dont le principe serait l'équilibre des trois éléments aristocratique, oligarchique et démocratique. Peut-être objectera-t-on qu'en plusieurs endroits, il loue la conduite du parti populaire. Il est vrai, mais ces éloges ne sont attribués qu'à la modération, dont le peuple fit réellement preuve; et, aux yeux de l'auteur, la modération semble être la première vertu de l'homme d'État.

Nous ne ferons cependant pas difficulté de reconnaître qu'un passage de la *Constitution d'Athènes* semble contredire à cette interprétation. C'est celui où l'historien expose les progrès de la démocratie, après le renversement des Trente, et qui ne nous

(1) *Const. d'Ath.*, XXXVI, 2.
(2) *Const. d'Ath.*, XL, 2.
(3) *Const. d'Ath.*, XL, 3.

paraît pas être à sa place dans le chapitre de résumé, qui sert
de conclusion à la première partie de l'ouvrage. Il y est dit
que c'est justice, si le peuple s'est emparé des attributions judiciaires du Conseil, parce qu'il est plus malaisé de corrompre
une foule qu'un petit nombre de citoyens (1). N'est-ce pas là
une déclaration franchement démocratique? Il est, croyons-nous,
facile de répondre à cette objection. Il suffit, en effet, d'observer que l'auteur reconnaît ici une des nécessités du régime
populaire. Le peuple, étant souverain, ne peut laisser échapper
une prérogative aussi importante, ni négliger un instrument de
gouvernement aussi puissant, que le droit de tout juger sans
appel et d'exercer par le tribunal un contrôle efficace sur la
gestion des magistratures. Ce n'est nullement à dire que la
démocratie soit, aux yeux de l'historien, supérieure à l'aristocratie ou à l'oligarchie; et la meilleure preuve en est que nous
l'avons vu blâmer Périclès d'avoir accordé un salaire aux juges,
et d'avoir, par cette mesure, si favorable pourtant aux progrès
de la démocratie, ouvert la voie à la corruption. De même,
dans la *Politique*, Aristote concède que, dans une démocratie,
il est nécessaire de rétribuer l'exercice des magistratures (2);
et cependant il déclarait, dans l'*Éthique*, que la seule récompense qui doive être donnée aux magistrats, c'est l'honneur et
la considération : ceux qui ne se contentent pas de ce noble
salaire deviennent des tyrans (3).

L'historien de la *Constitution d'Athènes* n'est donc partisan
d'aucun régime absolu, mais d'un compromis entre les trois
régimes aristocratique, oligarchique et démocratique. C'est, par
conséquent, à la classe moyenne (οἱ μέσοι) que doit être attribué
le pouvoir, et c'est aux citoyens modérés, représentants de

(1) *Const. d'Ath.*, XLI, 2.
(2) *Politique*, VI, 10, 8, 1297, a, 35.
(3) *Éthique à Nicomaque*, V, 6, 5, 1134, b, 6... μισθὸς ἄρα τις δοτέος,
τοῦτο δὲ τιμὴ καὶ γέρας· ὅτῳ δὲ μὴ ἱκανὰ τὰ τοιαῦτα, οὗτοι γίγνονται τύραννοι.

l'équité (οἱ ἐπιειχεῖς), que doivent être confiées les magistratures.
S'il n'y a pas là de système, il y a, du moins, des principes
nettement définis, et l'on aperçoit clairement l'idéal, vers
lequel l'auteur tournait sans cesse ses regards.

Avant de démontrer que ces préférences sont tout à fait
conformes aux théories professées dans la *Politique*, peut-être
ne sera-t-il pas sans intérêt de les rapprocher des idées exprimées dans l'*Histoire de la Guerre du Péloponèse*, et d'indiquer
brièvement quelle influence décisive Thucydide a exercée sur
Aristote. Il ne lui a pas seulement fourni de précieux renseignements, transmis les règles essentielles de la méthode historique, donné l'exemple d'une sévère impartialité et d'une admiration sincère pour Athènes ; il ne lui a pas seulement appris
à envelopper de fortes pensées dans une phrase brève et solidement construite, il a porté, sur les mêmes hommes et les
mêmes institutions, des jugements presque semblables et
motivés par des considérations presque identiques.

Thucydide (1) ne penche tout-à-fait ni du côté de l'aristocratie ni du côté de la démocratie. Il sait le fort et le faible
des deux régimes. Chios et Lacédémone lui semblent bien gou-
vernées, et la Constitution de ces cités était aristocratique.
« Les habitants de Chios, dit-il, sont les seuls avec les Lacédémoniens qui aient, à ma connaissance, été heureux et sages ;
plus leur ville prenait d'accroissement et mieux ils y assuraient
le bon ordre (2). » Il admire Périclès, bien qu'il soit le chef
du parti populaire, parce qu'il a toujours été modéré et qu'il
a su, sans violer la Constitution ni transgresser les lois, faire

(1) Nous n'avons pas ici à résumer toutes les idées politiques de Thucydide. Il nous suffit d'en énoncer les principales, afin de montrer dans quelle
mesure Aristote s'en est inspiré. Nous renvoyons le lecteur à la lumineuse
Introduction, que notre maître M. A. Croiset a placée en tête de son édition
de Thucydide (Paris, Hachette, 1886), et qui contient quelques-unes des plus
belles pages qui aient été écrites sur le grand historien.

(2) Thucydide, *Hist.*, VIII, 24, 4.

respecter son autorité (1). Il hait la violence. Cléon lui paraît
ridicule et odieux. Quand ce démagogue est contraint de partir
pour Pylos et qu'il se vante de réduire les Lacédémoniens,
Thucydide raconte que les Athéniens riaient de la fatuité de
son langage, mais que les gens sensés s'applaudissaient, ou
d'être débarrassés de Cléon, ce qui semblait le plus certain,
ou de vaincre leurs ennemis (2). Les excès commis par les
Quatre Cents sont formellement condamnés (3). Lorsque l'historien expose, à propos des troubles de Corcyre, les dissensions auxquelles étaient alors en proie les cités grecques, il
flétrit les abus des deux partis opposés, et plaint les modérés
de ne pouvoir vivre en paix au milieu de ces agitations (4).
Il loue sans réserve le gouvernement qui succéda à l'oligarchie
des Quatre Cents. « Alors, pour la première fois, au moins de
mon vivant, les Athéniens furent bien gouvernés, car c'était
*un mélange heureusement tempéré d'oligarchie et de démo-
cratie*, et ce régime releva enfin la ville du mauvais état où
elle était tombée (5) ».

L'analogie entre les idées de Thucydide et d'Aristote est
évidente, et le philosophe relève directement de l'historien,
dont l'influence se trahit jusque dans les théories de l'*Éthique*
et de la *Politique*.

(1) Thucydide, *Hist.*, II, 65, 5 : Ὅσον τε γὰρ χρόνον προύστη τῆς πόλεως
ἐν τῇ εἰρήνῃ, μετρίως ἐξηγεῖτο καὶ ἀσφαλῶς διεφύλαξεν αὐτήν... Cf. plus
bas, 8 : κατεῖχε τὸ πλῆθος ἐλευθέρως καὶ οὐκ ἤγετο μᾶλλον ὑπ' αὐτοῦ ἢ
αὐτὸς ἦγε...
(2) Thucydide, *Hist.*, IV, 28, 5.
(3) Thucydide, *Hist.*, VIII, 70, 1.
(4) Thucydide, *Hist.*, I 1, 82, 8 : Τὰ δὲ μέσα τῶν πολιτῶν ὑπ' ἀμφοτέρων
ἢ ὅτι οὐ ξυνηγωνίζοντο ἢ φθόνῳ τοῦ περιεῖναι διεφθείροντο.
(5) Thucydide, *Hist.*, VIII, 97, 2 : Καὶ οὐχ ἥκιστα δὴ τὸν πρῶτον χρόνον
ἐπί γ' ἐμοῦ Ἀθηναῖοι φαίνονται εὖ πολιτεύσαντες· μέτρια γὰρ ἥ τε ἐς τοὺς
ὀλίγους καὶ τοὺς πολλοὺς ξύγκρασις ἐγένετο, καὶ ἐκ πονήρων τῶν πραγμάτων
γενομένων τοῦτο πρῶτον ἀνήνεγκε τὴν πόλιν.

CHAPITRE DEUXIÈME

Théories de la Μέση πολιτεία, de la vertu, de l'équité
et de la concorde

Au chapitre 9 du VI⁰ livre de la *Politique*, Aristote recherche quelle est la meilleure Constitution. Il n'entend pas par là parler d'une Constitution idéale, qui aurait pour conditions une vertu dépassant les forces ordinaires de l'humanité et une instruction exigeant tout ensemble d'heureuses circonstances et de rares dispositions naturelles ; il se propose seulement de déterminer quelle est, pour la majorité des hommes, la meilleure organisation de la vie, et quelle est la Constitution la mieux appropriée aux besoins de l'État (1).

La Constitution est l'âme même de l'État. Or, tout État renferme trois classes, les citoyens riches, les citoyens pauvres, et les citoyens aisés, dont la situation tient le milieu entre ces deux extrêmes (οἱ μέσοι). En fait de fortunes, la moyenne propriété (ἡ κτῆσις ἡ μέση) sera la plus convenable de toutes. C'est elle qui se plie le plus aisément aux ordres de la raison, si peu écoutée, quand l'on jouit de quelque avantage extraordinaire, ou quand l'on souffre de quelque infériorité excessive. Les deux classes extrêmes négligent leurs devoirs politiques et sont également dangereuses pour la cité. Lorsque l'homme se sent une grande supériorité, soit à cause de sa richesse, soit à cause de son influence, il ne veut ni ne sait obéir. En revanche, une extrême pauvreté dégrade, et, si l'opulence n'enseigne à commander qu'en maître, l'indigence n'apprend à servir

(1) *Politique*, VI, 9, 1, 1295, a, 25.

qu'en esclave. Dans l'État, il n'y a plus alors que des maîtres
et des esclaves, et point d'hommes libres. D'un côté, jalousie
envieuse ; de l'autre, vanité méprisante ; nulle part, la bienveillance et la fraternité, qui sont les liens de l'État. Ce qu'il faut
à la cité, ce sont des citoyens égaux et semblables ; or ils ne
peuvent se rencontrer que dans les conditions moyennes (τοῖς
μέσοις) (1). Cette classe moyenne n'a point à envier la richesse,
et sa fortune n'est pas convoitée. Vivant loin de tout danger,
dans une sécurité profonde, elle ne forme ni ne craint de
conspiration.

Aussi la meilleure association politique est-elle formée par
les citoyens de la classe moyenne (ἡ κοινωνία ἡ πολιτικὴ ἀρίστη
ἡ διὰ τῶν μέσων) (2). Les États bien administrés sont ceux où la
classe moyenne est plus nombreuse et plus puissante que les
deux autres réunies, ou, du moins, que chacune d'elles sépa-
rément (ἐν αἷς δὴ πολὺ τὸ μέσον καὶ κρεῖττον μάλιστα μὲν ἀμφοῖν, εἰ
δὲ μή, θατέρου μέρους) (3). Lorsque l'équilibre vient à se rompre,
elle n'a, pour le rétablir, qu'à se ranger de l'un ou de l'autre côté.

Un autre avantage de la classe moyenne, c'est qu'elle est
la seule qui ne s'insurge jamais. Si les grandes cités sont tran-
quilles, c'est que les fortunes moyennes y sont en grand
nombre. Dans les petits États, au contraire, la masse entière
se divise facilement en deux camps opposés, parce que tous
y sont riches. C'est aussi la raison pour laquelle les démocraties sont moins troublées et plus durables que les oligarchies. Dans celles-ci, en effet, la classe moyenne est moins
nombreuse ; elle a moins de part au pouvoir politique ; la quantité des pauvres s'accroît, sans que la classe moyenne augmente
en proportion ; et ainsi l'État se précipite vers sa ruine (4).

(1) *Politique*, VI, 9, 6, 1295, b, 25.
(2) *Politique*, VI, 9, 8, 1295, b, 35.
(3) *Politique*, VI, 9, 8, 1295, b, 36.
(4) *Politique*, VI, 9, 9, 1296, a, 7.

La meilleure preuve qu'on puisse alléguer en faveur de ce principe, c'est que les bons législateurs sont sortis de la classe moyenne. Solon en faisait partie, comme l'attestent ses vers ; et il en était ainsi de Lycurgue et de Charondas (1).

Aristote explique, par les mêmes considérations, pourquoi la plupart des gouvernements sont ou démagogiques ou oligarchiques. La classe moyenne y étant le plus souvent peu nombreuse, et tous ceux qui y dominent, riches ou pauvres, y étant toujours également éloignés du moyen terme, c'est pour eux seuls qu'ils convoitent et accaparent le pouvoir. De plus, comme les séditions et les luttes sont fréquentes entre les pauvres et les riches, jamais le pouvoir, quel que soit le parti qui triomphe, ne repose sur l'égalité ; toujours le vainqueur penche vers l'un des extrêmes, la démocratie ou l'oligarchie. Il est rare qu'entre ces extrêmes s'établisse un régime équitable ; ou bien l'on tâche de s'emparer du pouvoir, ou bien, si l'on n'est pas le plus fort, l'on se résigne à obéir. Et Aristote, faisant allusion à la μέση πολιτεία, conclut en ces termes : « Ces considérations suffisent à montrer quel est le meilleur gouvernement et, ce qui en fait l'excellence » (2).

(1) *Politique*, VI, 9, 10, 1296, a, 18. Il n'est pas sans intérêt de comparer les deux passages de la *Constitution d'Athènes* et de la *Politique*, dans lesquels il est dit que Solon appartenait à la classe moyenne :

Const. d'Ath., V, 3 : Ἦν δ'ὁ Σόλων τῇ μὲν φύσει καὶ τῇ δόξῃ τῶν πρώτων, τῇ δ' οὐσίᾳ καὶ τοῖς πράγμασι τῶν μέσων, ὡς ἔκ τε τῶν ἄλλων ὁμολογεῖται, καὶ αὐτὸς ἐν τοῖσδε τοῖς ποιήμασιν μαρτυρεῖ, παραινῶν τοῖς πλουσίοις μὴ πλεονεκτεῖν·

ὑμεῖς δ'ἡσυχάσαντες ἐνὶ φ, εσὶ καρτερὸν
[ἦτορ,
οἱ πολλῶν ἀγαθῶν ἐς κόρον ἡλάσατε,
ἐν μετρίοισι τρέφεσθε μέγαν νόον· οὔτε
[γὰρ ἡμεῖς
πεισόμεθ', οὔθ' ὑμῖν ἄρτια πάντ'
[ἔσεται.

Politique, 1296, a, 19 : Σημεῖόν δὲ δεῖ νομίζειν καὶ τὸ τοὺς βελτίστους νομοθέτας εἶναι τῶν μέσων πολιτῶν· Σόλων τε γὰρ ἦν τούτων (δηλοῖ δ'ἐκ τῆς ποιήσεως)... Aristote ne cite pas les vers auxquels il fait allusion ; mais il ne nous paraît pas douteux que ce ne soient les mêmes, qui nous ont été conservés par la *Constitution d'Athènes*.

(2) *Politique*, VI, 9, 10-12, 1296, a, 22.

Le philosophe a lui-même rattaché sa théorie de la μέση πολιτεία aux définitions du bonheur et de la vertu, qu'il avait précédemment données dans l'*Éthique*, dont nous avons démontré que la *Politique* était la suite naturelle. Pour déterminer quelle est la meilleure forme de gouvernement, il faut établir quel est le genre de vie qui doit être préféré. Car le gouvernement parfait sera celui qui assurera aux citoyens, qu'il régit, la jouissance du bonheur le plus complet, que comporte leur condition (1). Or le bonheur consiste dans l'exercice facile de la vertu, et celle-ci, dans un juste milieu entre deux extrêmes (τὸν εὐδαίμονα βίον εἶναι τὸν κατ᾽ ἀρετὴν ἀνεμπόδιστον, μεσότητα δὲ ἀρετήν) (2).

Reportons-nous donc au II° livre de l'*Éthique à Nicomaque*, dans lequel est formulée et développée cette définition de la vertu. La vertu est une habitude (ἕξις), qui rend parfait, dans sa manière d'être, tout ce dont elle est une vertu, et le met en état de bien exécuter les fonctions qui lui sont particulières (οὗ ἂν ᾖ ἀρετή, αὐτό τε εὖ ἔχον ἀποτελεῖ καὶ τὸ ἔργον αὐτοῦ εὖ ἀποδίδωσιν). La vertu de l'homme est donc une manière d'être par laquelle l'homme devient bon et capable d'accomplir les actes, qui lui sont propres (ἡ τοῦ ἀνθρώπου ἀρετὴ εἴη ἂν ἕξις ἀφ᾽ ἧς ἀγαθὸς ἄνθρωπος γίνεται καὶ ἀφ᾽ ἧς εὖ τὸ ἑαυτοῦ ἔργον ἀποδώσει) (3).

Or, quiconque est instruit dans un art évite l'excès et le défaut, cherche et préfère le milieu ou le moyen terme. Il ne s'agit pas ici du milieu défini par rapport à la chose elle-même, mais du milieu considéré par rapport à nous. Si donc, dans tout art, l'on arrive à un heureux résultat, en ramenant tout à ce juste milieu, et si la vertu est un art plus parfait que tous les autres, et qui leur est préférable, il s'ensuit que la vertu tend sans cesse à ce juste milieu. Par exemple, l'on peut

(1) *Politique*, IV, 1, 1, 1288, b, 5.
(2) *Politique*, VI, 9, 2, 1295, a, 35.
(3) *Éthique à Nicomaque*, II, 6, 2, 1106, a, 15.

s'abandonner plus ou moins à la crainte, à la confiance, au désir, à l'aversion, à la colère, à la pitié ; être trop ou trop peu affecté de plaisir ou de douleur, et à tort, dans l'un et l'autre cas. Mais éprouver à propos ces sentiments, pour des personnes et par des causes qui les rendent légitimes, et dans la mesure qu'il convient, voilà le juste milieu, en quoi consiste la vertu (1).

Il y a aussi excès, défaut et milieu, dans les actions. L'excès y est une erreur ; le défaut, un sujet de blâme ; au contraire, le milieu obtient de justes éloges, et le succès s'y trouve, deux choses qui appartiennent à la vertu. Ainsi s'explique la définition : « la vertu est une sorte de modération, qui tend au juste milieu » (μεσότης τις ἄρα ἐστὶν ἡ ἀρετή, στοχαστική γε οὖσα τοῦ μέσου). Elle sera donc une habitude de se déterminer conformément au milieu convenable à notre nature, par l'effet d'une raison exacte et telle qu'on la trouve dans tout homme sensé (Ἔστιν ἄρα ἡ ἀρετή ἕξις προαιρετική, ἐν μεσότητι οὖσα τῇ πρὸς ἡμᾶς, ὡρισμένη λόγῳ καὶ ὡς ἂν ὁ φρόνιμος ὁρίσειε). Ce milieu se rencontre entre deux vices, l'un par excès, l'autre par défaut. Et comme nos actions et nos passions peuvent nous écarter du devoir par excès aussi bien que par défaut, c'est à la vertu qu'il appartient de découvrir le milieu entre ces extrêmes et de s'y fixer (2).

La théorie morale de la vertu explique donc et complète la théorie politique de la μέση πολιτεία. On trouverait ainsi, dans l'*Éthique*, s'il était besoin de l'y chercher, la justification de tous les principes, énoncés dans la *Politique*.

À côté des μέσοι, c'est-à-dire des représentants de la classe moyenne, dont l'aisance tenait le juste milieu entre la richesse et la pauvreté, l'auteur de la *Constitution d'Athènes* louait les modérés (οἱ ἐπιεικεῖς), qui pouvaient, d'ailleurs, appartenir au

<hr>

(1) *Éthique à Nicomaque*, II, 6, 8, 1106, b, 5.
(2) *Éthique à Nicomaque*, II, 6, 15, 1106, b, 24.

parti oligarchique aussi bien qu'au parti démocratique. Or,
dans le deuxième chapitre du Ve livre de l'*Éthique à Nicomaque*, Aristote distingue de la justice (δικαιοσύνη) l'équité
(ἐπιείκεια). Ce sont, à ses yeux, deux vertus distinctes, sans
être absolument différentes. L'équité est, sans doute, la justice;
mais elle lui est supérieure, en ce sens qu'elle n'est pas la
justice selon la loi, mais la rectification de la justice rigoureusement légale (τὸ ἐπιεικὲς δίκαιον μέν ἐστιν, οὐ τὸ κατὰ νόμον δὲ,
ἀλλ' ἐπανόρθωμα νομίμου δικαίου) (1). Toute loi est nécessairement
générale. Or, il est certains objets, sur lesquels le législateur
ne saurait convenablement statuer par des dispositions générales. Lors donc qu'il est inévitable de prononcer d'une manière
purement générale, et qu'il est impossible de le bien faire, la
loi ne saisit que les cas les plus ordinaires, sans, d'ailleurs,
se dissimuler ses propres lacunes. La faute n'en est ni à la
loi, ni au législateur, mais à la nature de l'objet. Quand le
législateur s'est trompé, parce qu'il parlait en termes trop
absolus, il est nécessaire de corriger son œuvre, de suppléer à
son silence, de prononcer comme il eût prononcé lui-même,
de faire la loi comme il l'eût faite, s'il avait pu prévoir et
connaître le cas particulier, dont il s'agit. Dans un État, tout
ne peut être exécuté par le moyen de la loi; il est des circonstances dans lesquelles il faut recourir à un décret spécial.
C'est alors à l'équité qu'il appartient de décider. L'homme
équitable sera, par conséquent, celui qui, par un libre choix
de sa raison, pratiquera les règles, non de la justice humaine,
étroite et incomplète, mais de l'équité, et qui ne poussera pas
son droit jusqu'à une fâcheuse rigueur, mais s'en relâchera,
bien qu'il ait pour lui l'appui de la loi (ὁ μὴ ἀκριβοδίκαιος ἐπὶ τὸ
χεῖρον ἀλλ' ἐλαττωτικός, καίπερ ἔχων τὸν νόμον βοηθὸν, ἐπιεικής ἐστιν) (2).

L'équité avait déjà, dans la *Rhétorique*, été définie par

(1) *Éthique à Nicomaque*, V, 10, 3, 1137, b, 11.
(2) *Éthique à Nicomaque*, V, 10, 8, 1138, a, 1.

Aristote avec la même précision dans la forme et la même
élévation dans les idées. Parlant de délits, le philosophe distingue entre ceux qui sont mentionnés dans la loi, et ceux qui
n'y sont pas prévus. C'est l'équité (τὸ ἐπιεικές) qui supplée à
ces lacunes de la loi écrite ; elle remplit le rôle de la justice,
lorsque la loi ne se prononce pas (ἔστιν δὲ ἐπιεικὲς τὸ παρὰ τὸν
γεγραμμένον νόμον δίκαιον) (1). Aristote détermine alors à quels
objets s'applique l'équité. Elle ne décide que dans les cas où
l'indulgence est nécessaire. Car l'on ne peut punir également
les erreurs (τὰ ἁμαρτήματα) et les délits (τά ἀδικήματα), les erreurs
et les malheurs (τὰ ἀτυχήματα) (2). L'équité consiste à pardonner
aux faiblesses de l'humanité ; à regarder non à la loi, mais au
législateur ; à considérer non la lettre, mais l'esprit des dispositions qu'il a prises, non l'acte même, mais l'intention ; à bien
peser, non pas ce qu'est actuellement le délinquant, mais ce
qu'il a toujours été ou été le plus longtemps. C'est elle qui
nous porte à nous souvenir du bien que nous avons éprouvé,
plutôt que du mal que nous avons souffert ; du bien que l'on
nous a fait, plutôt que du bien que nous avons fait. Être équitable, c'est supporter avec patience le dommage que l'on subit ;
c'est vouloir gagner son procès devant la raison plutôt que
devant le tribunal ; c'est s'en rapporter à des arbitres plus
volontiers qu'à des juges, car l'arbitre peut voir ce que l'équité
autorise, et le juge ne peut considérer que la loi ; les arbitres
n'ont, en effet, été institués que pour assurer le triomphe de
l'équité (3).

A cette théorie de l'équité, se rattache étroitement l'admi-
rable définition de la concorde, qu'Aristote a donnée dans son
Éthique à Nicomaque. La concorde (ὁμόνοια) procède de l'amitié.
Elle n'est pas la conformité d'opinion (ὁμοδοξία), car cet accord

(1) *Rhétorique*, I, 13, 1374, a, 27.
(2) *Rhétorique*, I, 13, 1374, a, 27.
(3) *Rhétorique*, I, 13, 1374, b, 2.

peut exister même entre gens qui ne se connaissent pas. Elle règne dans un État, quand l'on s'y entend sur les intérêts généraux, que l'on y prend les mêmes décisions, et que l'on y exécute de concert les résolutions communes. Elle s'applique donc toujours à des actes importants et également utiles aux deux partis en présence, ou même à tous les citoyens. Quand, au contraire, chacune des deux factions veut accaparer le pouvoir, l'État est en proie à la discorde. Il ne suffit pas, pour que la concorde règne, qu'elles aient l'une et l'autre la même manière de voir, il faut encore que cette unanimité ait le même objet, par exemple, quand le peuple et les modérés (οἱ ἐπιεικεῖς) s'entendent pour donner le pouvoir aux meilleurs citoyens (οἱ ἄριστοι); de cette façon, en effet, chacun a ce qu'il désire. Ainsi entendue, la concorde est comme une amitié civile (πολιτικὴ δὴ φιλία), car elle s'applique aux intérêts communs et aux exigences de la vie sociale. C'est chez les modérés que se rencontre cette concorde (ἔστιν δ' ἡ τοιαύτη ὁμόνοια ἐν τοῖς ἐπιεικέσιν); car ils sont toujours d'accord avec eux-mêmes et entre eux (ἑαυτοῖς ὁμονοοῦσιν καὶ ἀλλήλοις). Leurs volontés n'ont pas de flux et de reflux, mais demeurent inébranlables; ils ne veulent que des choses justes et utiles, et seulement dans l'intérêt commun. Entre méchants, au contraire, la concorde ne subsiste que de courts instants; ils ne peuvent être longtemps unis; tous désirent une part plus grande de profit, une part moindre de travail et de dépense; chacun, ne convoitant que des avantages, observe et entrave son voisin; l'intérêt général, dont personne ne se soucie, est sacrifié. Alors, ils sont en proie à la discorde, en voulant se forcer les uns les autres à observer la justice, sans que personne veuille s'astreindre à la pratiquer pour soi-même (1).

En résumé, de même que la théorie politique de la μέση πολιτεία, les théories morales de la vertu, de l'équité, de la

____

(1) *Éthique à Nicomaque*, IX, 6, 1-4, 1167, a, 22.

concorde, sont en parfait accord avec les principes, auxquels se rattachent les jugements, portés par l'auteur de l''Αθηναίων πολιτεία sur les Constitutions, qui ont successivement régi Athènes, et sur les institutions du régime démocratique. De part et d'autre, mêmes idées, et, ce qui n'est pas moins frappant, mêmes mots pour les exprimer. Aucune divergence entre les deux ouvrages, ni dans le fond, ni dans la forme. Aussi la même conclusion à laquelle nous étions précédemment arrivé s'impose-t-elle à nous, avec une évidence encore plus grande. C'est le théoricien de la *Politique* qui est l'auteur de la *Constitution d'Athènes*, et l'authenticité de l'ouvrage, déchiffré par Kenyon, sur le papyrus de Londres, ne saurait plus être contestée.

Nous n'avons pourtant pas encore atteint au terme de notre étude. Notre conclusion paraîtra plus solidement établie, si nous comparons le style de l'opuscule historique au style du traité philosophique ; si nous prouvons que, dans l'un et l'autre ouvrage, le vocabulaire, la syntaxe et le nombre présentent les mêmes caractères essentiels. Sans doute, ce rapprochement ne saurait avoir la même rigueur qu'une comparaison entre les faits et les idées. Elle n'en ajoutera pas moins une forte présomption aux preuves déjà produites, et nous permettra de contrôler les démonstrations, que nous avons tentées, et de confirmer les conclusions, que nous en avons tirées.

CINQUIÈME PARTIE

———

LE STYLE DE LA « CONSTITUTION D'ATHÈNES »

———

CINQUIÈME PARTIE

Le Style de la " Constitution d'Athènes "

CHAPITRE PREMIER

Les sources de l' 'ΑΘΗΝΑΙΩΝ ΠΟΛΙΤΕΙΑ.

Pour définir avec précision le style d'un écrivain, il convient tout d'abord de distinguer entre les parties authentiques de son œuvre et les interpolations. Cette précaution n'est pas superflue, quand il s'agit d'une œuvre comme la *Constitution d'Athènes*. Nous avons, en effet, démontré que le chapitre IV, dans lequel est exposée la prétendue réforme législative de Dracon, avait été introduit dans le texte par l'un des premiers éditeurs de l'ouvrage, à une époque qu'il est d'ailleurs impossible de déterminer. Nous ne devrons, par conséquent, en tenir aucun compte. Cette interpolation, à son tour, a été la cause de remaniements plus ou moins considérables. Tous les chapitres ainsi retouchés devront également être tenus pour suspects. Il en sera ainsi des paragraphes 3 et 4 du chapitre XXV, qui attribuent à Thémistocle un rôle actif dans l'abaissement de l'Aréopage, et qui, suivant l'opinion exprimée par M. Th. Reinach, et à laquelle nous nous sommes rangé, ont été indûment insérés dans le texte, et doivent en être éliminés.

L'on ne saurait donc alléguer contre l'authenticité de l' Ἀθη-ναίων πολιτεία l'emploi d'expressions telles que : ὅταν ἕδρα βουλῆς ἤ ἐκκλησίας ᾖ, qui se lit dans l'exposé de la Constitution attribuée à Dracon (IV, 3), et qui se retrouve précisément dans le texte du projet de Constitution, rédigé par les Cent commissaires, sous le régime oligarchique des Quatre cents : τὰς δ' ἕδρας ποιεῖν τῆς βουλῆς... (XXX, 4). De même, le mot μονοχίτων, compris dans le chapitre relatif à l'abaissement de l'Aréopage par Éphialte et Thémistocle (XXV, 4), ne saurait être attribué à l'auteur. Peut-être en est-il ainsi du verbe συνενεμήθησαν, qui se lit dans la première partie du chapitre de résumé (XLI, 2), celle qui a vraisemblablement été remaniée par l'auteur de l'interpolation relative à Dracon. Ce mot appartient-il à l'historien ? Nous ne saurions en décider. Quoiqu'il en soit, c'est un terme rare, bien que nous le trouvions dans l'*Histoire des animaux* (VI, 18).

Ce n'est pas tout, et notre champ d'études doit être resserré entre des limites plus étroites. L'exposé historique des révolutions constitutionnelles d'Athènes contient les citations de plusieurs textes ou projets de lois. Ainsi, au chapitre XXIX, 2-4, l'auteur rapporte textuellement le décret de Pythodoros et l'amendement de Clitophon. Il cite également les décisions prises par les Trente commissaires (XXIX, 4) et la Constitution qu'ils élaborèrent (XXIX, 5). Dans les chapitres suivants sont transcrits le projet de Constitution, rédigé par les Cent commissaires (XXX, 2-6) et la Constitution provisoire, qui devait être immédiatement mise en vigueur (XXXI, 1-3). Au chapitre XXXIX, nous trouvons relatés les termes mêmes de la Convention, conclue sous l'archontat d'Euclide, entre les partisans des Trente et les démocrates (XXXIX, 1-6). Ces textes n'appartiennent pas à l'auteur ; ce sont des documents ajoutés à son œuvre, pour en corroborer le témoignage. Ils ne sauraient donc être compris dans le champ de nos recherches, et, par conséquent, nous ne saurions imputer à l'auteur des mots comme προσαναζητεῖν, ἐπεισκαλεῖν et ἐπείσκλητος, qui se lisent, le premier dans l'amendement de Clitophon (XXIX, 3), les deux autres, dans le texte du projet de Constitution, rédigé par les Cent commissaires (XXX, 4). De même encore, l'expression τὸ νῦν εἶναι, comprise dans le texte de la Constitution provisoire, élaborée par les Cent commissaires (XXXI, 2), lui est étrangère. Au cours du récit, se rencontrent aussi de courtes citations, dont plusieurs contiennent des mots considérés comme insolites. Ces termes ne font pas partie du vocabulaire de l'historien. Ainsi, au chapitre XXXV, 2, le participe μανιῶν est employé dans un texte de loi, transcrit par l'auteur. Au chapitre LIV, 6, le mot ἐκθύματα est pris dans le sens de *sacrifice*. Or, objecte-t-on (1), il ne se rencontre que chez Hippocrate, où il désigne une éruption cutanée. Mais il suffit de lire la phrase de notre ouvrage : κληροῖ δὲ καὶ ἱεροποιοὺς δέκα τοὺς ἐπὶ τὰ ἐκθύματα καλου-μένους, pour reconnaître qu'elle est la citation exacte du titre officiel des ἱεροποιοί. Même observation doit être faite au sujet du mot φυλοκρινεῖν, qui se lit dans la citation d'un dicton : ὅθεν ἐλέχθη καὶ τὸ μὴ φυλοκρινεῖν (XXI, 2). De même encore, le mot φυλοβασιλεῖς, (VIII, 3), qui, d'ailleurs, se retrouve dans Pollux, est assurément le terme consacré pour désigner les rois des tribus.

Peut-être notre terrain n'est-il pas encore suffisamment déblayé. Si l'on rapproche la *Constitution d'Athènes* des sources auxquelles l'historien a puisé ses renseignements, l'on reconnaît qu'il en a toujours suivi le texte de très près; que, parfois, il en a même transcrit expressément les termes. Certains mots rares se rencontrent ainsi dans son ouvrage, qui appartiennent en propre aux historiens ses prédécesseurs, et qui ne sauraient, par conséquent, lui être attribués. Par exemple, dans le récit

_____

(1) Voir J.-B. Mayor : *Un Aristotelian words and phrases contained in the* Ἀθηναίων πολιτεία (*Classical Review*, 1891, p. 122).

du retour de Pisistrate à Athènes, après son premier exil, l'on a noté le mot poétique παραιβατεῖν : καὶ ὁ μὲν Πεισίστρατος ἐφ' ἅρματος εἰσήλαυνε, παραιβατούσης τῆς γυναικός... (XIV, 4). Or, nous savons par Athénée (XIII, p. 609, c.), que cette anecdote était empruntée à Clidème, et que cet annaliste se servait précisément de la forme παραιβατεῖν. Certains chapitres, dans lesquels sont accumulés les faits et les dates, et où le style semble à la fois moins précis et plus concis, paraissent très fidèlement imités, sinon exactement transcrits, de l'œuvre des atthidographes. Tels sont, en particulier, le chapitre XXII, 2-8, où sont relatés les événements, qui ont immédiatement suivi la réforme de Clisthènes; et le chapitre XXVI, 2-4, où est mentionnée la décision, qui admit les zeugites à l'archontat. C'est dans le premier de ces deux passages (XXII, 2) que l'expression ἡροῦντο κατὰ φυλάς est appliquée aux stratèges, bien que ces magistrats fussent désignés par la χειροτονία. D'autres rapprochements sont encore plus probants. La plus grande partie du récit des établissements successifs de Pisistrate à Athènes est tirée des *Histoires* d'Hérodote. Bien que l'auteur lui oppose le témoignage de certains annalistes (ἔνιοι) (1), il ne lui emprunte pas seulement la plupart des faits, il lui arrive, à plusieurs reprises, soit par un souci exagéré de l'exactitude, soit plutôt par négligence, de conserver la forme même de son modèle. Le rapprochement des deux textes montrera combien peu il se préoccupait de dissimuler ses emprunts :

Hérodote I, 59 et suivants.	*Const. d'Ath.* :
...γενέσθαι οἱ μετὰ ταῦτα τὸν Πεισίστρατον τοῦτον, ὃς στασιαζόντων σῶν παράλων καὶ τῶν ἐκ τοῦ πεδίου Ἀθηναίων, καὶ τῶν μὲν προεττεῶτος Μεγακλέος τοῦ Ἀλκ-	XIII, 3 : φαίνονται γὰρ ἀεὶ στασιάζοντες περὶ ταύτης τῆς ἀρχῆς... XIII, 4 : ... Ἦσαν δὲ αἱ στάσεις τρεῖς, μία μὲν τῶν παραλίων, ὧν προειστήκει Μεγακλῆς ὁ Ἀλκ-

(1) *Const. d'Ath.*, XIV, 4.

μέωνος, τῶν δὲ ἐκ τοῦ πεδίου Λυκούργου Ἀριστολαΐδεω, καταφρονήσας τὴν τυραννίδα ἤγειρε τρίτην στάσιν, συλλέξας δὲ στασιώτας καὶ τῷ λόγῳ τῶν ὑπερακρίων προστὰς μηχανᾶται τοίαδε. Τρωματίσας ἑωυτόν τε καὶ ἡμιόνους ἤλασε ἐς τὴν ἀγορὴν τὸ ζεῦγος ὡς ἐκπεφευγὼς τοὺς ἐχθροὺς οἵ μιν ἐλαύνοντα ἐς ἀγρὸν ἠθέλησαν ἀπολέσαι δῆθεν, ἐδέετό τε τοῦ δήμου φυλακῆς τινος πρὸς αὐτοῦ κυρῆσαι, πρότερον εὐδοκιμήσας ἐν τῇ πρὸς Μεγαρέας γενομένῃ στρατηγίῃ....

Ὁ δὲ δῆμος ὁ τῶν Ἀθηναίων ἐξαπατηθεὶς ἔδωκέ οἱ τῶν ἀστῶν καταλέξας ἄνδρας τούτους οἳ δορυφόροι μὲν οὐκ ἐγένοντο Πεισιστράτου, κορυνηφόροι δέ· ξύλων γὰρ κορύνας ἔχοντες εἵποντό οἱ ὄπισθε. Συνεπαναστάντες δὲ οὗτοι ἅμα Πεισιστράτῳ ἔσχον τὴν ἀκρόπολιν...

Μετὰ δὲ οὐ πολλὸν χρόνον τὠυτὸ φρονήσαντες οἵ τε τοῦ Μεγακλέος στασιῶται καὶ οἱ τοῦ Λυκούργου ἐξελαύνουσί μιν. Οὕτω μὲν Πεισίστρατος ἔσχε τὸ πρῶτον Ἀθήνας καὶ τὴν τυραννίδα οὔκω κάρτα ἐρριζωμένων ἔχων ἀπέβαλε...

Περιελαυνόμενος δὲ τῇ στάσι

μέωνος, οἵπερ ἐδόκουν μάλιστα διώκειν τὴν μέσην πολιτείαν. Ἄλλη δὲ τῶν πεδιάκων, οἱ τὴν ὀλιγαρχίαν ἐζήτουν· ἡγεῖτο δ'αὐτῶν Λυκοῦργος· τρίτη δ' ἡ τῶν διακρίων, ἐφ' ᾗ τεταγμένος ἦν Πεισίστρατος, δημοτικώτατος εἶναι δοκῶν...

XIV, 1 : Κατατραυματίσας ἑαυτὸν συνέπεισε τὸν δῆμον, ὡς ὑπὸ τῶν ἀντιστασιωτῶν ταῦτα πεπονθώς, φυλακὴν ἑαυτῷ δοῦναι τοῦ σώματος...

XIV, 1 : .... δημοτικώτατος δ' εἶναι δοκῶν ὁ Πεισίστρατος καὶ σφόδρ' εὐδοκιμηκὼς ἐν τῷ πρὸς Μεγαρέας πολέμῳ...

XIV, 1 : Λαβὼν δὲ τοὺς κορυνηφόρους καλουμένους, ἐπαναστὰς μετὰ τούτων τῷ δήμῳ κατέσχε τὴν ἀκρόπολιν...

XIV, 3 : Οὔπω δὲ τῆς ἀρχῆς ἐρριζωμένης ὁμοφρονήσαντες οἱ περὶ τὸν Μεγακλέα καὶ τὸν Λυκοῦργον ἐξέβαλον αὐτόν...

XIV, 4 : Περιελαυνόμενος ὁ

ὁ Μεγακλέης ἐπεκηρυκεύετο Πεισιστράτῳ, εἰ βούλοιτό οἱ τὴν θυγατέρα ἔχειν γυναῖκα ἐπὶ τῇ τυραννίδι...

Ἐν δὲ τῷ δήμῳ τῷ Παιανίει... ἦν γυνὴ τῇ οὔνομα ἦν Φύη, μέγαθος ἀπὸ τεσσέρων πηχέων ἀπολείπουσα τρεῖς δακτύλους καὶ ἄλλως εὐειδής. Ταύτην τὴν γυναῖκα σκευάσαντες πανοπλίῃ ἐς ἅρμα ἐσβιβάσαντες καὶ προδέξαντες σχῆμα οἷόν τι ἔμελλε εὐπρεπέστατον φανέεσθαι ἔχουσα, ἤλαυνον ἐς τὸ ἄστυ, προδρόμους κήρυκας προπέμψαντες, οἳ τὰ ἐντεταλμένα ἠγόρευον ἀπικόμενοι ἐς τὸ ἄστυ, λέγοντες τοιάδε· ὦ Ἀθηναῖοι, δέκεσθε ἀγαθῷ νόῳ Πεισίστρατον, τὸν αὐτὴ ἡ Ἀθηναίη... κατάγει... Αὐτίκα δὲ ἔς τε τοὺς δήμους φάτις ἀπίχετο ὡς Ἀθηναίη Πεισίστρατον κατάγει, καὶ οἱ ἐν τῷ ἄστει πειθόμενοι τὴν γυναῖκα εἶναι αὐτὴν τὴν θεὸν προσεύχοντό τε τὴν ἄνθρωπον καὶ ἐδέχοντο Πεισίστρατον...

Μεγακλῆς τῇ στάσει πάλιν ἐπικηρυκευσάμενος πρός τὸν Πεισίστρατον ἐφ' ᾧ τε τὴν θυγατέρα αὐτοῦ λήψεται...

XIV, 4 : Προδιασπείρας γὰρ λόγον ὡς τῆς Ἀθήνας καταγούσης Πεισίστρατον, γυναῖκα μεγάλην καὶ καλὴν ἐξευρών, ὡς μὲν Ἡρόδοτός φησιν, ἐκ τοῦ δήμου τῶν Παιανιέων,... τὴν θεὸν ἀπομιμχησάμενος τῷ κόσμῳ κατήγαγεν μέτ' αὐτοῦ, καὶ ὁ μὲν Πεισίστρατος ἐφ' ἅρματος εἰσήλαυνε παραιβατούσης τῆς γυναικὸς, οἱ δ' ἐν τῷ ἄστει προσκυνοῦντες ἐδέχοντο θαυμάζοντες...

De même, au chapitre XIV, 4 de l᾽Ἀθηναίων πολιτεία, l'on a noté, dans le membre de phrase ἡ δὲ Πυθία προέφερεν αἰεὶ τοῖς Λακεδαιμονίοις χρηστηριαζομένοις..., les deux verbes προφέρειν et χρηστηριάζεσθαι, qui n'appartiennent pas à la langue attique. Il eût suffi, pour en justifier l'emploi, de remarquer : 1°) que ce passage est tiré d'Hérodote (V, 63) : Οὗτοι οἱ ἄνδρες ἐν Δελφοῖσι κατήμενοι ἀνέπειθον τὴν Πυθίην χρήμασι, ὅκως.... προφέρειν σφι τὰς

Ἀθήνας ἐλευθεροῦν ; 2°) que le mot χρηστηριάζεσθαι se lit chez le même écrivain, au livre VIII, 134.

Cette comparaison des textes d'Hérodote et d'Aristote est intéressante. Elle prouve que l'auteur de la *Constitution d'Athènes* ne se faisait aucun scrupule d'emprunter aux historiens et aux annalistes, non seulement le fond, mais la forme même de son récit. Elle nous avertit, par conséquent, que nous devons être très prudents dans nos recherches, touchant le vocabulaire et même la syntaxe de l'écrivain, et que nous courons le risque de lui attribuer des mots et des tournures, simplement transcrits des textes, qu'il consultait.

C'est ainsi que dans les chapitres, qui viennent d'être rapprochés du texte d'Hérodote, et dans la rédaction desquels nous savons que l'auteur avait consulté, peut-être même cité l'œuvre des annalistes, l'on a relevé comme insolites les expressions suivantes :

> ζητεῖν τὴν ὀλιγαρχίαν (XIII, 4),
>
> οἱ ἀντιστασιῶται (XIV, 1),
>
> ὁμοφρονήσαντες (XIV, 3),
>
> τὴν θεὸν ἀπομιμησάμενος (XIV, 4),
>
> προδιασπείρας λόγον (XIV, 4).

Or, on lit, dans la *Poétique* (14, 1453, b, 11) : Οὐ γὰρ πᾶσαν δεῖ ζητεῖν ἡδονὴν ἀπὸ τραγῳδίας ἀλλὰ τὴν οἰκείαν, où le verbe ζητεῖν est employé dans une acception toute voisine ; et, dans le *Panégyrique* d'Isocrate (93), ζητεῖν σωτηρίαν. — Ἀντιστασιώτης appartient au vocabulaire d'Hérodote (I, 92) et de Xénophon (*Hélléniques*, VII, 1). — Ἀπομιμεῖσθαι est justifié par des exemples de Platon (*Cratyle*, 427, a) et de Xénophon (*Mémorables*, III, 10, 3). — Ὁμοφρονήσαντες, qui se rencontre, d'ailleurs, chez Hérodote (VII, 229), est vraisemblablement formé d'après la périphrase de ce même écrivain : τὠυτὸ φρονήσαντες.

Aussi bien Aristote a-t-il peut-être tiré ces expressions de l'œuvre des atthidographes, de ces ἔνιοι, au moyen desquels il complétait ou contrôlait le témoignage d'Hérodote. Ne peut-on pas admettre qu'il a rencontré chez l'un d'eux le mot προδιασπείρας, dont, en effet, aucun autre exemple ne nous est parvenu? Παραιβατεῖν ne nous étonnerait pas moins, si Athénée ne nous en avait indiqué l'origine. Il est vraisemblable que ἐπιδιανέμειν, qui se trouve dans le court exposé de la réforme monétaire de Solon (X, 2) provenait également d'une source qui nous est inconnue.

Dans son récit du meurtre d'Hippias par Harmodios et Aristogiton, Aristote a consulté Thucydide, qu'il contredit, d'ailleurs, sans le nommer. Il y a, dans l'*Histoire* de Thucydide, deux récits de la conjuration. La longue digression du VIe livre (54-59) contient plusieurs erreurs, que Thucydide a corrigées lui-même, dans un morceau du Ier livre (20), qui fut évidemment écrit après la fin de la guerre et qui appartient à la dernière rédaction de l'ouvrage. La *Constitution d'Athènes* s'accorde avec cette dernière narration, qu'elle complète et fait comprendre. Au VIe livre, Thucydide avait raconté que les conjurés s'étaient proposé de tuer Hippias, pendant qu'il ordonnait, au Céramique, la procession des Panathénées; que, se croyant trahis, ils rentrèrent dans la ville, pour tirer au moins vengeance d'Hipparque, celui des tyrans qui les avait offensés. Au Ier livre, il dit que la procession était dirigée par Hipparque, dans l'intérieur de la cité, près du Léokorion. Persuadés que leur secret était découvert, les conjurés se jetèrent sur lui, afin d'agir avant d'être arrêtés. Or, telle sera la version d'Aristote, qui nous expliquera pourquoi son prédécesseur, corrigeant les erreurs de son premier récit, motivait ainsi la conduite d'Harmodios et d'Aristogiton. C'est qu'Harmodios, dont Aristogiton avait embrassé la cause, avait été outragé, non par Hipparque, mais par le troisième fils de Pisistrate, Thettalos.

Quelque contradictoires que soient, d'ailleurs, ces témoignages, et quelques modifications que dût leur faire subir Aristote, il n'en a pas moins retenu, comme il avait fait, en consultant Hérodote, un grand nombre d'expressions. Il suffira pour s'en rendre compte de confronter les trois textes :

<table>
<tr><td align="center">Thucydide :</td><td align="center">Aristote :</td></tr>
</table>

Thucydide :

VI, 54, 2 : Πεισιστράτου γὰρ γηραιοῦ τελευτήσαντος ἐν τῇ τυραννίδι οὐχ Ἵππαρχος, ὥσπερ οἱ πολλοὶ οἴονται, ἀλλ' Ἱππίας πρεσβύτατος ὢν ἔσχε τὴν ἀρχήν.

VI, 55, 1 : Ὅτι δὲ πρεσβύτατος ὢν Ἱππίας ἦρξεν, εἰδὼς μὲν καὶ ἀκοῇ ἀκριβέστερον ἄλλων ἰσχυρίζομαι...

VI, 54, 6 : Τὰ δέ ἄλλα αὐτὴ ἡ πόλις τοῖς πρὶν κειμένοις νόμοις ἐχρῆτο, πλὴν καθ' ὅσον ἀεί τινα ἐπεμέλοντο σφῶ ναὐτῶν ἐν ταῖς ἀρχαῖς εἶναι.

VI, 56, 1 : ... ἀδελφὴν γὰρ αὐτοῦ κόρην ἐπαγγείλαντες ἥκειν κανοῦν οἴσουσαν ἐν πομπῇ τινι, ἀπήλασαν λέγοντες οὐδὲ ἐπαγγεῖλαι τὴν ἀρχὴν διὰ τὸ μὴ ἀξίαν εἶναι. Χαλεπῶς δὲ ἐνεγκόντες τοῦ Ἁρμοδίου πολλῷ δὴ μᾶλλον δι' ἐκεῖνον καὶ ὁ Ἀριστογείτων παρωξύνετο.

VI, 56, 2 : ... περιέμενον δὲ Παναθήναια τὰ μεγάλα, ἐν ᾗ μόνον ἡμέρᾳ οὐχ ὕποπτον ἐγίγνετο ἐν

Aristote :

XVIII, 1 : Ἦσαν δὲ κύριοι μὲν τῶν πραγμάτων διὰ τὰ ἀξιώματα καὶ διὰ τὰς ἡλικίας Ἵππαρχος καὶ Ἱππίας, πρεσβύτερος δὲ ὢν ὁ Ἱππίας καὶ τῇ φύσει πολιτικὸς καὶ ἔμφρων ἐπεστάτει τῆς ἀρχῆς.

XVI, 1 : Διῴκει δ' ὁ Πεισίστρατος ... τὰ κατὰ τὴν πόλιν μετρίως καὶ μᾶλλον πολιτικῶς ἢ τυραννικῶς...

XVI, 8 : ... ἔν τε γὰρ τοῖς ἄλλοις προῃρεῖτο πάντα διοικεῖν κατὰ τοὺς νόμους οὐδεμίαν ἑαυτῷ πλεονεξίαν διδούς.

XVII, 2 : ... καὶ τὸ τελευταῖον μέλλουσαν αὐτοῦ τὴν ἀδελφὴν κανηφορεῖν Παναθηναίοις ἐκώλυσεν, λοιδορήσας τι τὸν Ἁρμόδιον ὡς μαλακὸν ὄντα, ὅθεν συνέβη παροξυνθέντα τὸν Ἁρμόδιον καὶ τὸν Ἀριστογείτονα ...

XVII, 4 : ... ἀλλ' ὁ λεγόμενος λόγος, ὡς ὁ Ἱππίας ἀποστήσας ἀπὸ τῶν ὅπλων τοὺς πομπεύοντας ἐφώ

ὅπλοις τῶν πολιτῶν τοὺς τὴν πομπὴν πέμψοντες ἀθρόους γενέσθαι...

VI, 57, 1 : ... ὁ δὲ Ἁρμόδιος καὶ ὁ Ἀριστογείτων ἔχοντες ἤδη τὰ ἐγχειρίδια ἐς τὸ ἔργον προῇσαν... Ἱππίας μὲν ἔξω... διεκόσμει ὡς ἕκαστα ἐχρῆν τῆς πομπῆς προιέναι... Καὶ ὡς εἶδόν τινα τῶν ξυνωμοτῶν σφίσι διαλεγόμενον οἰκείως τῷ Ἱππίᾳ..., ἔδεισαν καὶ ἐνόμισαν μεμηνῦσθαί τε καὶ ὅσον οὐκ ἤδη ξυλληφθήσεσθαι. Τὸν λυπήσαντα οὖν σφᾶς καὶ δι᾽ ὅνπερ πάντα ἐκινδύνευον ἐβούλοντο πρότερον, εἰ δύναιντο, προτιμωρήσασθαι, καὶ, ὥσπερ εἶχον, ὥρμησαν ἔσω τῶν πυλῶν· καὶ περιέτυχον τῷ Ἱππάρχῳ περὶ τὸ Λεωκόριον καλούμενον, καὶ εὐθὺς ἀπερισέπτως προσπεσόντες καὶ ὡς ἂν μάλιστα δι᾽ ὀργῆς, ὁ μὲν ἐρωτικῆς, ὁ δὲ ὑβρισμένος, ἔτυπτον καὶ ἀποκτείνουσιν αὐτόν. Καὶ ὁ μὲν τοὺς δορυφόρους τὸ αὐτίκα διαφεύγει, ὁ Ἀριστογείτων, ξυνδραμόντος τοῦ ὄχλου, καὶ ὕστερον ληφθεὶς οὐ ῥᾳδίως διετέθη. Ἁρμόδιος δὲ αὐτοῦ παραχρῆμα ἀπόλλυται.

I, 20, 2 : Ὑποτοπήσαντες δέ τι ἐκείνῃ τῇ ἡμέρᾳ καὶ παραχρῆμα Ἁρμόδιος καὶ Ἀριστογείτων ἐκ τῶν ξυνειδότων σφίσιν Ἱππίᾳ μεμηνῦσθαι τοῦ μὲν ἀπέσχοντο ὡς προειδότος, βουλόμενοι δὲ πρὶν ξυλλη-

ρασεν τοὺς τὰ ἐγχειρίδια ἔχοντας, οὐκ ἀληθής ἐστιν· οὐ γὰρ ἔπεμπόν πω μεθ᾽ ὅπλων, ἀλλ᾽ ὕστερον τοῦτο κατεσκεύασεν ὁ δῆμος...

XVII, 3 : ... ἰδόντες τινὰ τῶν κοινωνούντων τῆς πράξεως φιλανθρώπως ἐντυγχάνοντα τῷ Ἱππίᾳ καὶ νομίσαντες μηνύειν, βουλόμενοί τι δρᾶσαι πρὸ τῆς συλλήψεως, καταβάντες καὶ προσεξαναστάντες τῶν λοιπῶν, τὸν μὲν Ἵππαρχον διακοσμοῦντα τὴν πομπὴν παρὰ τὸ Λεωκόριον ἀπέκτειναν, τὴν δ᾽ ὅλην ἐλυμήναντο πρᾶξιν, αὐτῶν δ᾽ ὁ μὲν Ἁρμόδιος εὐθέως ἐτελεύτησεν ὑπὸ τῶν δορυφόρων, ὁ δ᾽ Ἀριστογείτων ὕστερον συλληφθεὶς καὶ πολὺν χρόνον αἰκισθείς.

φθῆναι δράσαντές τι καὶ κινδυνεῦσαι,
τῷ Ἱππάρχῳ περιτυχόντες περὶ τὸ
Λεωκόριον καλούμενον τὴν Πανα-
θηναϊκὴν πομπὴν διακοσμοῦντι
ἀπέκτειναν.

Il résulte du rapprochement de ces textes que l'auteur de la *Constitution d'Athènes* a souvent conservé, dans son exposition, la forme même des témoignages, qu'il avait consultés. Est-ce pour donner plus d'autorité à son récit? Est-ce par d'inconscientes réminiscences? Nous ne saurions le dire. Les anciens, nous l'avons fait observer, n'avaient pas, à ce sujet, les mêmes scrupules que les modernes. D'ailleurs, Aristote n'a pu achever la révision de son ouvrage. Peut-être eût-il corrigé les disparates, qu'introduisent dans son style ces expressions et ces phrases d'emprunt. Quoi qu'il en soit, nous devons être très circonspects, en étudiant le vocabulaire et la syntaxe de la *Constitution d'Athènes*, et bien prendre garde d'imputer et de reprocher à l'auteur l'emploi de mots et de tours, qui ne lui appartiennent pas. Ces observations préliminaires n'étaient donc pas inutiles; nous aurions risqué de nous égarer, si nous n'avions restreint entre d'aussi étroites limites le champ de notre étude.

CHAPITRE DEUXIÈME

Les idées d'Aristote sur le style.

Dans la *Rhétorique* et dans quelques fragments de la *Poétique*, Aristote définit le style. Bien qu'il n'ait en vue que l'orateur et le poète, plusieurs de ses préceptes ne laissent pas que de s'appliquer à l'historien. Il n'est donc pas sans intérêt de les extraire de ces deux ouvrages, afin de rechercher si l'auteur de la *Constitution d'Athènes* les a respectés ou violés.

L'importance du style (τῆς λέξεως) ne doit pas être méconnue. L'on ne doit pas se contenter de savoir ce que l'on veut dire ; il y a, de plus, nécessité de le présenter sous une forme convenable, afin que le discours fasse l'impression désirée (1).

Ce n'est pas que le style soit bon en lui-même, mais il est nécessaire. La perfection serait de se borner, quand on parle, à ne causer à ses auditeurs ni peine ni plaisir, à ne demander ses armes et la victoire qu'aux choses mêmes, de telle sorte que tout ce qui serait en dehors de la démonstration devînt absolument inutile. Mais ces accessoires sont d'une grande importance, parce que les auditeurs sont corrompus (2).

Dans la *Poétique*, Aristote établit que le style doit tout ensemble être *clair* et *relevé* (λέξεως δὲ ἀρετὴ σαφῆ καὶ μὴ ταπεινὴν εἶναι). Il sera clair, s'il ne s'y rencontre que des mots *propres* (ἐκ τῶν κυρίων ὀνομάτων) ; mais, en revanche, il sera trivial. Pour s'élever au-dessus du langage vulgaire, l'écrivain doit introduire dans son vocabulaire des éléments *étrangers* (ξενικά), et,

(1) *Rhétorique*, III, 1, 1403, b, 14.
(2) *Rhétorique*, III, 1, 1404, a, 1.

par là, le philosophe entend les *provincialismes* (γλῶτται), les *métaphores* (μεταφοραί), les mots *allongés* (ἐπεκτεταμένον), *raccourcis* (ὑφῃρημένον) et *modifiés* (ἐξηλλαγμένον) ; bref, tout ce qui n'est pas le terme propre (1).

Le *provincialisme* (γλῶττα) avait été précédemment défini par opposition au mot *propre*. Le mot *propre* (ὄνομα κύριον) est celui dont se sert le commun des hommes ; le mot *local* n'est usité que parmi certaines gens. Le même terme peut donc être à la fois propre et local, suivant qu'il est employé par les uns ou par les autres. La *métaphore* consiste dans la substitution d'un mot à un autre (ὀνόματος ἀλλοτρίου ἐπιφορὰ), soit de l'espèce au genre, soit du genre à l'espèce, soit de l'espèce à l'espèce, soit d'un terme d'une proportion à un autre terme. Le mot est *allongé*, si l'on y ajoute une syllabe, ou si une voyelle brève y est changée en une longue ; il est *raccourci*, quand l'on en conserve une partie et que l'on refait l'autre (2).

Les mots propres ne peuvent être exclus du discours : ce serait une énigme, s'il n'y avait que des métaphores ; un barbarisme, si tous les termes étaient étrangers. Il faut donc combiner ces divers éléments. Les mots étrangers et métaphoriques, ainsi que les autres formes, élèveront le style au-dessus de l'usage commun ; les termes propres le rendront clair. Ce qui ne contribue pas peu à la clarté et à l'élévation du style, c'est d'allonger, de raccourcir, de modifier les mots. En s'éloignant de la forme consacrée, ils ne seront point vulgaires, et, par ce qu'ils ont de commun avec l'usage, ils produiront la clarté. Il convient, d'ailleurs, d'observer une juste mesure. Ce ne sont là que des licences ; si l'on en abuse, l'on sera ridicule. La plus grande attention doit être donnée à la métaphore. L'employer à propos est la preuve d'un heureux génie. Il

(1) *Poétique*, 22, 1458, a, 18.
(2) *Poétique*, 21, 1457, b, 1.

faut, pour y réussir, être habile à saisir les ressemblances (1).

Aristote détermine ensuite à quels genres poétiques conviennent ces diverses formes. Dans les vers iambiques, qui imitent le langage familier, il importe de choisir les expressions usitées dans la conversation, à savoir : le mot propre, la métaphore et ce que le philosophe désigne par le mot κόσμος, qu'il ne définit point, mais qui semble être l'épithète (2).

Les mêmes théories sont développées dans la *Rhétorique*. Les règles qui y sont formulées sont plus précises et plus complètes, en même temps qu'elles s'appliquent plus exactement au style de l'historien, qui ne se distingue par aucune différence essentielle du style de l'orateur.

Le premier mérite du style est la *clarté* (ὡρίσθω λέξεως ἀρετὴ σαφῆ εἶναι). En effet, si le discours ne se fait pas comprendre, il ne remplit pas son objet. En outre, le style ne doit être ni trop bas ni trop élevé, mais approprié au sujet (μήτε ταπεινὴν μήτε ὑπὲρ τὸ ἀξίωμα, ἀλλὰ πρέπουσαν). Par exemple, le style poétique n'est point bas, mais il ne convient pas à l'éloquence (3). Il a d'abord été en faveur. Comme Gorgias, l'on avait commencé par imiter les poètes, qui s'étaient rendus illustres par leur style, même en traitant de futilités. Mais cette mode fut de courte durée. Le drame lui-même, qui avait déjà abandonné le tétramètre trochaïque pour le trimètre iambique, a négligé tous les mots, qui n'appartiennent pas à la langue usuelle (4).

Ce qui fait que le style n'est point bas, mais, au contraire, orné, c'est précisément l'emploi de toutes les expressions, dont il a été parlé dans la *Poétique*. En détournant le style de l'acception vulgaire, on lui donne plus de dignité (τὸ γὰρ ἐξαλλάξαι ποιεῖ φαίνεσθαι σεμνοτέραν). En effet, l'on éprouve pour

(1) *Poétique*, 22, 1458, a, 23.
(2) *Poétique*, 22, 1459, a, 12.
(3) *Rhétorique*, III, 2, 1404, b, 1.
(4) *Rhétorique*, III, 1, 1404, a, 24.

le style la même impression, que produisent sur nous les
étrangers : ils nous paraissent supérieurs à nos concitoyens.
L'on admire ce qui vient de loin, et l'admiration est toujours
mêlée de plaisir. Il convient donc que notre style ait un air
étranger (διὸ δεῖ ποιεῖν ξένην τὴν διάλεκτον). Il doit, néanmoins,
convenir au sujet, et avoir tout ensemble la concision (ἐπισυ-
στελλόμενον) et l'ampleur (αὐξανόμενον) nécessaires. Il sera obscur,
s'il est diffus ou trop concis. C'est un juste milieu entre ces
deux extrêmes, qu'il convient de garder. Il faut toujours
cacher son art et sembler parler sans affectation et tout naturellement (μὴ δοκεῖν λέγειν πεπλασμένως ἀλλὰ πεφυκότως). C'est cette
simplicité qui persuade : l'affectation prévient et rebute. L'on
pourra dissimuler son artifice, en empruntant, à l'exemple
d'Euripide, ses expressions à la conversation usuelle (ἐκ τῆς
εἰωθυίας διαλέκτου) (1).

Il faut être très réservé dans l'emploi des provincialismes
(γλῶτται), des mots composés (διπλᾶ ὀνόματα) et des mots forgés
(πεποιημένα). En prose, l'on ne doit se servir que du mot
propre (κύριον), du mot usuel (οἰκεῖον) et de la métaphore
(μεταφορά). Si l'on est habile, l'on introduira dans son style un
élément étranger (ξενικόν), mais on saura le faire passer au
milieu d'expressions courantes, de façon à rester clair. La
métaphore, dont les diverses espèces ont été distinguées dans
la *Poétique*, réunit la clarté, l'agrément et la surprise, que
cause la nouveauté; mais elle ne doit jamais être tirée que
du sujet lui-même. Il faut aussi choisir des épithètes et des
métaphores cohérentes (ἁρμόττουσας), et l'on y réussira, en observant bien les proportions et les rapports (ἀνάλογον) (2).

Les mots doivent avoir leur beauté; et la beauté d'un mot
consiste, ou dans le son qu'il a, ou dans le sens qu'il exprime.
Tel mot est plus juste que tel autre; il ressemble davantage à ce

(1) *Rhétorique*, III, 2, 1404, b, 5.
(2) *Rhétorique*, III, 2, 1404, b, 26.

qu'il doit rendre; il met plus expressément l'objet sous nos yeux (1).

La froideur du style a pour cause l'abus des mots composés, des provincialismes, des épithètes trop longues, ou trop fréquentes, ou déplacées, et des métaphores (2).

La comparaison (εἰκών) est aussi une métaphore, puisque la métaphore n'est qu'une comparaison abrégée. Elle peut être employée en prose, mais avec beaucoup de réserve, parce qu'elle appartient en propre à la poésie (3).

En même temps que clair, le style doit être correct. Avant tout, il faut parler grec (ἔστι δ' ἀρχὴ τῆς λέξεως τὸ ἑλληνίζειν). Or, cette correction dépend de cinq conditions : Il faut : 1°) placer les conjonctions (τοὺς συνδέσμους) dans leur ordre naturel; 2°) employer le mot propre sans user de périphrases (τοῖς ἰδίοις ὀνόμασι λέγειν καὶ μὴ τοῖς περιέχουσιν); 3°) éviter les mots équivoques (μὴ ἀμφιβόλοις); 4°) distinguer les genres des mots (τὰ γένη τῶν ὀνομάτων), masculins, féminins et neutres; 5°) observer les nombres (τὰ πολλὰ καὶ ὀλίγα καὶ ἓν ὀρθῶς ὀνομάζειν) (4).

Ce que l'on écrit doit être facile à lire (εὐανάγνωστον) et à prononcer (εὔφραστον). De nombreuses conjonctions produisent l'effet contraire, de même que les phrases, qu'il est malaisé de ponctuer (ἃ μὴ ῥᾴδιον διαστίξαι). C'est une faute que de ne pas donner à deux mots joints ensemble le complément qui leur convient. La phrase est obscure, quand elle ne dit pas, dès le début, tout ce qu'elle devait dire, et que plusieurs idées accessoires y sont intercalées (5).

Au lieu de réunir les idées, l'on peut les disjoindre. Ou bien on les relie par des conjonctions, ou bien encore l'on supprime la conjonction, sans, d'ailleurs, rompre la liaison des idées (6).

<hr>

(1) *Rhétorique*, III, 3, 1405, b, 4.
(2) *Rhétorique*, III, 3, 1405, b, 34.
(3) *Rhétorique*, III, 4, 1406, b, 20.
(4) *Rhétorique*, III, 5, 1407, a, 19.
(5) *Rhétorique*, III, 5, 1407, b, 11.
(6) *Rhétorique*, III, 6, 1407, b, 36.

Le style doit être en un juste rapport avec la réalité qu'il exprime. L'on ne doit parler ni des choses grandes avec trivialité, ni des choses simples avec emphase, et ne pas ajouter à l'objet le plus simple des ornements inutiles. Approprié au sujet, le style a l'avantage de le faire aisément croire : l'auditeur se laisse séduire à l'accent de la vérité (1).

Si l'on considère la constitution même de la phrase, le style revêt deux formes. Ou bien il est *continu* (λέξις εἰρομένη), ou bien il est *implexe* (κατεστραμμένη). Le style continu est celui qui n'a pas de fin par lui-même et qui ne se termine qu'avec le sujet dont on traite. Il est désagréable, comme tout ce qui n'est pas achevé. Ce qui constitue le style implexe, c'est la *période* (κατεστραμμένη δὲ ἡ ἐν περιόδοις). La période est une phrase qui a par elle-même un commencement et une fin, et qui est d'une dimension facile à embrasser (λέγω δὲ περίοδον λέξιν ἔχουσαν ἀρχὴν καὶ τελευτὴν αὐτὴν καθ᾽ αὑτὴν καὶ μέγεθος εὐσύνοπτον). Elle plaît, parce qu'elle finit, et que l'auditeur croit toujours saisir quelque chose. Elle instruit, parce qu'elle se fait aisément comprendre et qu'on la retient sans peine. En effet, le style périodique a un nombre, et l'on se rappelle facilement tout ce qui a un rythme (2).

La période peut avoir plusieurs membres ou être simple (ἡ μὲν ἐν κώλοις, ἡ δ᾽ ἀφελής). La période à plusieurs membres est celle qui, étant achevée (τετελειωμένη), peut cependant être divisée (διῃρημένη), et que l'on peut aisément prononcer d'une haleine (εὐανάπνευστος), dans sa totalité et non pas seulement dans ses parties. Un membre (κῶλον) d'une période est l'une de ses parties. La période simple est celle qui n'a qu'un membre. Comme les périodes, les κῶλα ne doivent être ni trop courts ni trop longs. Une phrase trop courte fait broncher l'auditeur, qui, se portant avec élan sur ce qui doit suivre, est brusque-

(1) *Rhétorique*, III, 7, 1408, a, 10.
(2) *Rhétorique*, III, 9, 1409, a, 24.

ment arrêté et rejeté en arrière. Si, au contraire, la phrase est trop longue, vous laissez l'auditeur en route (1).

La période est divisée, quand les parties en sont indépendantes. Elle est antithétique (ἀντικειμένη), quand les parties en sont opposées. La forme antithétique plaît davantage, car les contraires sont ce qu'il y a de plus facile à saisir ; et plus ils sont rapprochés, mieux ils sont compris (2).

Sans être mesuré comme les vers, le style ne doit pas être dénué de tout rythme (μήτε ἔμμετρον εἶναι μήτε ἄρρυθμον). Assujetti à une forme trop rigoureuse, il semble factice ; l'attention de l'auditeur est distraite ; il ne pense plus qu'au retour obligé de la même forme. Mais si le style est sans rythme, la phrase ne finit pas. Il faut cependant, sans qu'elle soit expressément mesurée, que la fin en soit nettement marquée ; car ce qui n'est pas complet est désagréable et obscur. Tout se mesure par un nombre, et le nombre, dans la forme du style, c'est le rythme (ὁ δὲ τοῦ σχήματος τῆς λέξεως ἀριθμὸς ῥυθμός ἐστιν). Ce rythme ne devra pas être trop rigoureux, mais contenu entre certaines limites. Le rythme héroïque (ἡρῷος) est majestueux, mais n'a pas l'harmonie qui convient au ton de la conversation. L'iambe (ἴαμβος) a la forme même du langage ordinaire, mais il est, pour cette raison même, trop familier. Le trochée (τροχαῖος) est trop sautillant. — Remarquons, en passant, que la même observation est faite dans la *Poétique*. Lorsque la tragédie prit conscience de sa nature, et donna une plus grande extension au dialogue, elle trouva d'instinct le mètre qui lui convenait et substitua le trimètre iambique au tétramètre trochaïque. L'iambe est, en effet, de tous les mètres, le plus approprié au dialogue ; la preuve, c'est que, dans la conversation, l'on fait beaucoup de trimètres, au lieu que l'on fait peu d'hexamètres, et seulement quand on s'élève au-dessus du ton

(1) *Rhétorique*, III, 9, 1409, b, 13.
(2) *Rhétorique*, III, 9, 1409, b, 33.

familier (1). Reste donc le péon (παιάν), dans lequel les temps sont dans le rapport de trois à deux, soit un et demi; au lieu que, dans le dactyle, le rapport est un; et dans l'iambe, deux. Le péon, exprimant un rapport plus complexe, convient mieux à la prose. Mais la même forme de péon ne peut également s'adapter au commencement et à la fin de la phrase. Le péon premier, celui qui commence par la longue (— ∪ ∪ ∪), convient au début; le péon quatrième, qui se termine par la longue (∪ ∪ ∪ —), convient à la fin. Tombant sur une brève, la période semblerait boiteuse (2).

Les préceptes, qui viennent d'être exposés, forment les éléments d'une théorie complète sur le style. Il ne reste plus qu'à étudier si l'historien de l' Ἀθηναίων πολιτεία a respecté les règles énoncées dans la *Rhétorique*. Si nous ne relevons ni contradiction ni discordance entre les deux ouvrages, cette comparaison confirmera nos conclusions, touchant l'authenticité de la *Constitution d'Athènes*.

(1) *Poétique*, 4, 1449, a, 20.
(2) *Rhétorique*, III, 8, 1408, b, 21.

CHAPITRE TROISIÈME

LE VOCABULAIRE DE LA CONSTITUTION D'ATHÈNES

Aristote déclarait, dans la *Poétique* et la *Rhétorique*, que la première qualité du style est la clarté, et que l'écrivain est clair, lorsqu'il n'emploie que des mots propres. Or, il ne semble pas qu'en rédigeant la *Constitution d'Athènes*, il ait eu de plus grande ni de plus constante préoccupation que la propriété. Il ne se sert, en effet, que des termes propres et usuels; il évite toute circonlocution et toute périphrase; il va même jusqu'à proscrire toute métaphore, comme si la comparaison ne lui permettait pas d'étreindre assez étroitement sa pensée.

Aussi relevons-nous dans son ouvrage, et, en particulier, dans l'exposé des institutions démocratiques d'Athènes, un grand nombre de mots techniques, qui ne se rencontrent point du tout, ou seulement à l'état d'exception, dans l'œuvre des écrivains classiques, et qu'il empruntait au formulaire du droit public ou privé. Ainsi son style était, à la vérité, plus composite; il était, en revanche, plus précis.

Parmi ces mots techniques, ceux qui ne se lisent que dans la *Constitution d'Athènes* sont les suivants :

ζευγίσιον (VII, 4), qui sera employé par Pollux;

διαψήφισμός (XIII, 5),

ἐπιζημίωσις (XLV, 1), qu'autorise le verbe ἐπιζημιοῦν (1);

προδρομεύειν (XLIX, 1), qu'explique et justifie le mot πρόδρομος, employé dans la même phrase;

(1) Xénophon. *Helléniques*, V, 2, 22.

ἐπτετηρίς (LIV, 7), formé par analogie d'après πεντετηρίς (1) ;

τριαχοντόριον (LVI, 3) (2),

προεδριχός (LIX, 2),

βάλανος (LXIII, 2),

χληρωτηρίον (*pag.* XXXI du *pap.*),

δίχους et ἑπτάχους (*pag.* XXXIV du *pap.*),

διερρινημένον (*pag.* XXXVI du *pap.*) (3).

D'autres expressions sont moins rares, et l'on en trouve des exemples chez les écrivains classiques. Telles sont :

ἔφυγεν ἀειφυγίαν (I) (4),

χυαμεύειν (VII, 1) (5),

ἐπίσχοπος τῆς πολιτείας (VIII, 4) (6),

ὀστραχοφορία (XLIII, 5) (7),

εὐτημία (XLIV, 4) (8),

ἐπιστύλιον (XLVII, 5) (9).

D'autres locutions, peu usitées dans la prose attique, se rencontrent dans les ouvrages systématiques d'Aristote :

ἀριστίνδην (I), qui se lit dans la *Politique* (II, 8, 5, 1273, a, 23) (10),

πλουτίνδην (III, 1), rapproché d'ἀριστίνδην dans la *Politique* (VI, 5, 10, 1293, b, 10) ;

προστάτης τοῦ δήμου (II, 3), expression de la *Politique* (VIII, 4, 5, 1305, a, 20) ;

προαναχρίνειν (III, 5), également distingué de χρίνειν dans la *Politique* (VI, 11, 5, 1298, a, 30) ;

(1) Cf. Hérodote, IV, 94 ; Thucydide, III, 104, 2. — Voir plus haut, pages 27 et suivantes.

(2) Platon et Démosthènes emploient le mot τριαχόντορος.

(3) Une scolie aux *Chevaliers* d'Aristophane (v. 1147) cite ce mot comme appartenant à Aristote.

(4) Cf. Platon, *Lois*, 871, d.

(5) Démosthènes (XXIV, 150) emploie ce verbe au passif.

(6) Cf. dans Platon, *Lois*, 762, d, ἐπίσχοπος rapproché de νομοφύλαξ.

(7) Cf. Plutarque, *Vie d'Alcibiade*, XIII.

(8) Ce mot appartient à la langue d'Hippocrate.

(9) Cf. Plutarque, *Vie de Périclès*, XIII, et C. I. G. n° 4608.

(10) Cf. d'ailleurs Andocide, III, 30 ; Platon, *Lois*, 855, c ; Isocrate, IV, 146.

νομοφυλακεῖν (VIII, 4), justifié par νομοφύλαξ et νομοφυλακία, mots de la *Politique* (III, 11, 3, 1287, a, 21);

δίδραχμος (X, 2), dont les *Économiques* (II, 36, 1353, a, 17) offrent un exemple.

Sans doute, ces expressions techniques ne sont pas usuelles. Mais le nombre n'en est pas grand, et elles ne sont nullement obscures; le lecteur, qui trouve dans les développements mêmes, dont ces locutions font partie, de quoi les interpréter, n'a jamais de peine à en démêler ni à en préciser le sens.

La clarté est donc la qualité éminente du style de l' 'Αθηναίων πολιτεία. Telle en est même la transparence, que l'idée apparaît en pleine lumière, sans que la forme dont elle est revêtue arrête jamais les regards.

L'auteur, d'ailleurs, écrit avec aisance. Si divers que soient les événements qu'il raconte, si complexes que soient les institutions qu'il expose; si abstraites que soient les idées qu'il exprime, et générales les lois qu'il formule, il semble se jouer de toutes les difficultés, et son style ne trahit jamais le moindre effort. Il ne cherche pas à briller, mais à instruire. Il ne vise ni au rare ni au merveilleux, mais seulement au simple et au naturel. Le seul plaisir, auquel il soit sensible et qu'il veuille nous donner, est celui de comprendre. Il ne distrait jamais sur lui l'attention du lecteur, qu'il concentre tout entière sur sa pensée. Il ne demande qu'à se faire oublier, et il n'y réussit que trop, car nous n'admirons pas assez avec quelle habileté il manie et assouplit la langue, sans jamais en violer les lois ni en méconnaître le génie.

Le style ne doit pas seulement être clair, il doit aussi, selon le précepte de la *Rhétorique*, être approprié au sujet (πρέπουσα λέξις). Les révolutions constitutionnelles d'Athènes ne pouvaient être racontées en un style bas et trivial, ni les institutions de la démocratie exposées en un style tourmenté et trop haut guindé. Or l'auteur de l' 'Αθηναίων πολιτεία s'est tenu également éloigné de ces deux extrêmes. Son style pourrait être défini la μέση λέξις. Il s'élève au-dessus du ton de la conservation familière; mais il ne se hausse jamais jusqu'au langage de la poésie. Il s'interdit les mots composés; et, comme nous l'avons déjà remarqué, l'on chercherait vainement, dans tout son ouvrage, une métaphore ou une comparaison.

Nous y avons pourtant relevé quelques expressions poétiques, mais elles sont si peu nombreuses qu'elles passent presque inaperçues et ne produisent aucune disparate choquante. Ce sont les suivantes :

τὴν αἰτίαν τῆς στάσεως ἀνάπτει τοῖς πλουσίοις (V, 3) (1),

τὸ πρόπυλον (XV, 4) (2),

ἀγῶνας ἐπιφέρειν (XXV, 2),

ἐπὶ πέρας ἤγαγε τὴν εἰρήνην (XXXVIII, 4).

Peut-être la première de ces expressions est-elle une réminiscence et se lisait-elle dans les poèmes de Solon, qu'Aristote avait sous les yeux en rédigeant la *Constitution d'Athènes*, et dont il a, au cours de son exposé, cité de nombreux fragments. Il n'est pas impossible que les autres locutions aient la même origine. Nous avons démontré que l'historien ne se faisait aucun scrupule, en consultant les œuvres d'Hérodote et de Thucydide, d'en retenir non-seulement des mots, mais même des phrases entières. Il ne devait pas en user moins librement avec les logographes, qui, ayant hérité le langage de l'antique épopée, employaient fréquemment des expressions ou des tours poétiques.

Ce n'est pas, d'ailleurs, que l' Ἀθηναίων πολιτεία ne contienne un certain nombre de termes rares et de provincialismes (γλῶτται), qui donnent au style un caractère étranger (ξενικόν). Tels sont :

μεμψιμοιρία (XII, 5), qui se lit chez Lucien (3), mais dans un

<hr>

(1) Cf. Euripide, *Andromaque*, v. 1197.
(2) Cf. Sophocle, *Électre*, v. 1367; Euripide, *Héraclès furieux*, v. 523.
(3) Κρονοσόλων, 16.

tout autre sens, celui de « mécontentement de sa destinée » ;

προσεκεκόσμηντο τούτοις (XIII, 5), dans le sens de : « à ce parti s'étaient joints... », alors que προσκοσμεῖν signifie : « ajouter un ornement à... »,

ἐξαράμενος τὰ ὅπλα πρὸ τῶν θυρῶν (XIV, 2), expression dans laquelle le moyen ἐξαίρεσθαι n'est pas pris dans son acception ordinaire ;

μοῖρα (XIX, 4), synonyme de μέρος ;

ἐξαπορεῖν (XXIII, 1), dont l'on ne connaissait que le moyen (1) ;

ὑποφέρεσθαι (XXV, 1 ; XXXVI, 1) signifiant « être miné » ;

τὰ ἐπίθετα (XXV, 2), dans le sens de : « les prérogatives qu'ils s'étaient arrogées » ;

συναρέσκεσθαι τοῖς γιγνομένοις (XXXIII, 2), tournure passive, qui ne se rencontrera plus avant Sextus Empiricus (2) ;

οὐχ οἷον... ἀλλὰ καί... (XL, 3), expression qui, selon Phrynikos, n'est pas attique, mais sera usitée chez Polybe ;

προσεπιλαμβάνειν (XLI, 2), qui est fréquent au moyen, mais n'est pas usité à l'actif ;

ἐναγίσματα (LVIII, 1), dont l'on ne citait pas d'exemple avant Lucien (3) :

Ces expressions sont, sans doute, très rares et tout-à-fait étrangères au dialecte attique. Elles ne prouvent pas pourtant que la *Constitution d'Athènes* ne soit pas l'œuvre d'Aristote. Il y a des ἅπαξ dans la *Politique*, par exemple ἤπουθεν δή (4) et συμπλείονες (5). Est-ce à dire que ce traité soit apocryphe ?

Est-il besoin de faire observer que, dans cet abus des γλῶτται, se trahit l'influence de cette singulière théorie, professée par Aristote, dans sa *Rhétorique*, et suivant laquelle le style est plus noble, si l'écrivain détourne les mots de l'acception vul-

(1) Plutarque, *Vie d'Alcibiade*, V.
(2) *Adversus physicos*, II, 60.
(3) *Dialogue des courtisanes*, XXVIII.
(4) *Politique*, II, 2, 15, 1264, b, 9.
(5) *Politique*, III, 10, 10, 1286, b, 36.

gaire et leur donne un caractère étranger? Mais il faut aussi reconnaître qu'Aristote n'est pas un pur Attique, comme son maître Platon. Né à Stagire, colonie fondée sur les bords du Strymon et les confins de la Macédoine par des émigrés d'Andros et de Chalcis, il n'est, pour ainsi dire, qu'un demi-Grec. Athènes sera sa patrie d'adoption; mais il n'y sera qu'un étranger domicilié, un métèque; il n'aura pas accès aux affaires publiques. Les Athéniens, d'ailleurs, le regarderont toujours avec défiance. A leurs yeux, il restera un Macédonien, c'est-à-dire un barbare. Il se distingue d'ailleurs des Attiques, en ce qu'il est plus savant qu'artiste. Fils de Nicomaque, physicien renommé pour ses travaux de médecine, il reçut une éducation toute scientifique. Logicien, il a le génie de l'abstration. Ce n'est pas un imaginatif, mais un pur intellectuel. Il n'a pas, comme Platon, le don de poésie: il ne créera pas de mythes, pour suppléer aux défaillances ou à l'impuissance de sa raison; il ne procède pas par intuition, mais par raisonnement; il n'a qu'une méthode d'investigation, l'analyse, et il ne se préoccupe pas de lier et de composer par la synthèse les vérités, qu'en divisant les difficultés, il a découvertes. Ce n'est pas à dire que son esprit n'ait point été nourri aux lettres et aux arts. S'il n'a pas été disciple d'Isocrate, il a, du moins, subi son influence, et il n'est pas jusqu'à ses attaques passionnées, qui ne prouvent quelle impression profonde il en avait gardée (1).

(1) Durant son premier séjour à Athènes (362-347 avant Jésus-Christ), Aristote, tout en suivant les leçons de Platon, s'occupa plus particulièrement de rhétorique; il l'enseigna même et encourut ainsi le mécontentement d'Isocrate, qui était alors à l'apogée de sa gloire et de son influence. Il attaqua avec violence les compositions de l'illustre rhéteur (Cicéron, *de Oratore*, III, 35, 141; *Orator*, 19. 62; Quintilien, *Institutio oratoria*, III, 1, 126; IV. 2, 196). Selon Quintilien, Aristote tournait contre Isocrate ce vers du *Philoctète :* αἰσχρὸν σιωπᾶν μὲν καὶ Ἰσοκράτην ἐᾶν λέγειν. Denys d'Halicarnasse semble très irrité de l'animosité qu'Aristote montre contre le rhéteur : καὶ οὔτ' Ἀριστοτέλει πείθομαι ῥυπαίνειν τὸν ἄνδρα βουλομένῳ (*Jugement d'Isocrate*, p 577). Céphisodore, disciple et ami d'Isocrate, défendit son maître, dans une réponse en quatre livres, fort prisée de Denys, et dans laquelle il

La *Poétique* et lá *Rhétorique* témoignent combien les œuvres des poètes et des orateurs lui étaient familières; il cite de mémoire Homère et les Tragiques; il juge avec autant de goût que de science les chefs d'œuvre des arts plastiques, dont un siècle auparavant, Périclès avait orné Athènes; il note entre Zeuxis et Polygnote les différences les plus subtiles; il emprunte volontiers ses exemples et ses comparaisons à la peinture, la sculpture et l'architecture. Nous voyons, par la *Rhétorique*, qu'il était sensible à la beauté propre des mots. Il était éloquent, et son commerce avait, sans doute, un grand charme, car son ami Antipater devait écrire à son sujet : « A tant d'autres talents, il joignait celui de gagner les cœurs » (1). Il n'en est pas moins vrai qu'il parlait une langue plus composite que son maître, et ne se faisait point scrupule de fondre dans le dialecte attique des provincialismes ou même des termes étrangers. L'alliage a de l'éclat et de la solidité. Il n'a pas la pureté du métal vierge, forgé par Platon et Démosthènes.

C'est ainsi que certaines expressions, inusitées chez les auteurs attiques, sont autorisées par les ouvrages systématiques. Telles sont :

ὑποποιεῖσθαι (VI, 3); cf. *Politique*, VIII, 3, 1, 1303, b, 24;

συγγνωμονιχός (XVI, 2); cf. *Rhétorique*, II, 6, 1384, b, 3;

ἀναμίσγεσθαι (XXI, 3); cf. ἀναμιχθῶσι, employé dans la *Poli-*

---

attaquait tout ensemble Aristote et Platon. Il était aisé, disait-il, de trouver, même chez les meilleurs poètes et les plus habiles sophistes, ἐν ἢ δύο πονηρῶς εἰρημένα, ce qui semble indiquer qu'Aristote avait blâmé certaines phrases d'Isocrate. A la mort de Platon, en 347, Aristote ouvre, non pas une école de philosophie, rivale de l'Académie, mais une école de rhétorique, où il s'applique à réfuter les théories d'Isocrate. Il ne devait cependant composer sa *Rhétorique* qu'après son retour à Athènes, en 335. A cette époque, Isocrate était mort et son école fermée. Mais Aristote se tourne alors vers la philosophie. Il ne néglige cependant pas la rhétorique. Dans le Lycée, en effet, la philosophie était enseignée le matin; l'après-midi était consacrée à la rhétorique et à d'autres sujets plus accessibles à la foule.

(1) Plutarque, *Parallèle d'Alcibiade et de Coriolan*, III. Cf. *Parallèle d'Aristide et de Caton*, II.

lique, VII, 2, 11, 1319, b, 25, précisément à propos du même Clisthènes ;

εὐδιάφθορος (XLI, 2); cf. *Politique*, VIII, 5, 7, 1306, a, 10 (1).

Il en est encore de même des locutions suivantes :

τοιαύτης δὲ τῆς τάξεως οὔσης ἐν τῇ πολιτείᾳ (V, 1), qui peut être rapproché de ἐπεὶ δὲ περὶ τῶν ἄλλων μορίων εἴρηται τῶν ἐν τοῖς ζῴοις, dans le traité de la *Génération des animaux* (705, a, 1);

ἀλλά construit en corrélation avec μήτε (XVI, 3), comme dans la *Rhétorique* (I, 4, 1259, b, 6) et la *Politique* (VIII, 7, 7, 1308, b, 11);

οὐχί (XVIII, 5), qui d'après l'*Index* de l'édition de Berlin, ne se trouverait que dans deux passages de la *Poétique*, mais qui, selon Vahlen, est plus fréquent dans l'œuvre d'Aristote;

σφᾶς αὐτούς (XXI, 4), synonyme de ἑαυτούς, comme dans l'*Éthique à Nicomaque* (X, 6, 3, 1176, b, 15);

δίκαιος πρὸς τὴν πολιτείαν (XXV, 1), qui correspond à δικαιοσύνην... τὴν πρὸς τὴν πολιτείαν de la *Politique* (VIII, 7, 14, 1309, a, 36):

ὁ μέν εἷς... ὁ δ' ἕτερος... (XXXVII, 1), qui se rencontre dans la *Politique* (VIII, 9, 10, 1314, a, 30).

Tout au contraire, d'autres locutions, étrangères aux autres œuvres d'Aristote, sont usitées chez les écrivains classiques. Mais il n'en faut rien préjuger contre l'authenticité de la *Constitution d'Athènes*. En raison même du sujet, le vocabulaire en devait être plus varié que celui des ouvrages systématiques. S'il en eût été besoin, Aristote n'eût certes pas hésité à employer dans ses Πραγματεῖαι les expressions suivantes :

κατά, signifiant : « à condition de » (II, 2), comme dans les contrats de louage du IVe siècle (2);

παραστρατηγεῖσθαι (VI, 2), dont l'historien modifie le sens,

---

(1) Susemihl considère, il est vrai, ce passage comme interpolé.
(2) Cf. C. I. A. n°s 1055, 1059.

suivant une acception de la préposition παρά, et qui signifie : « être l'objet d'une manœuvre » (1);

βλασφημεῖν (VI, 2), fréquent chez Platon, Isocrate et Démosthènes ;

καταρρυπαίνειν (VI, 3), familier à Platon (*Lois*, 919, c) et à Isocrate (XII, 63);

καταφατίζειν (VII, 2), que conservera Plutarque (*Vie de Solon*, XXV);

βραβεύειν (XI, 2), mot de Démosthènes (III, 28);

μεταθέσθαι, à la construction absolue (XI, 2), comme chez Thucydide (VIII, 53) et Platon (*République*, 334, e);

προδανείζειν (XV, 2), qu'emploiera Plutarque (*Vie de Périclès*, XIII) ;

παρωνύμιον (XVII, 3), qui se lit également chez Plutarque (*Vie de Numa*, XXI) ;

μεθιδρυσόμενος (XIX, 2), dont l'actif se rencontre chez Platon (*Lois*, 904, e) et le moyen chez Plutarque (*Vie d'Agésilas*, XII);

προσοργισθέντες (XIX, 5), qu'emploiera Plutarque (*Éducation des enfants*, XVIII) ;

ἀγηλατεῖ (XX, 3), emprunté à Hérodote (V, 72) ;

στοχαζόμενοι (XXII, 1), dans une acception dont Platon offre un exemple (*Lachès*, 178, b);

παροργίζειν, à l'actif (XXXIV, 1), justifié par le passif, qui se rencontre chez Démosthènes (XXVI, 17) ;

κακοπράγμονες (XXXV, 3), qui appartient à la langue de Xénophon et d'Isocrate ;

ἀντεγγράφειν (XXXVI, 2), employé au passif par Démosthènes (XXV, 73) ;

σπουδάζειν, construit avec une proposition infinitive (XXXVIII, 2), comme chez Xénophon (*Helléniques*, VI, 3, 11);

---

(1) Cf. παραστρατηγεῖν employé dans un autre sens par Plutarque, *Vie de Phocion*, VII; *Vie d'Alexandre*, XXXIX.

ψευδομαρτυρία (LIX, 6), que l'on retrouverait dans Platon (*Théétète*, 148, b).

Il est d'autres expressions, qui semblent déroger à l'usage d'Aristote. Par exemple :

αὐτοτελεῖς « qui jugent souverainement » (III, 5) est justifié par la *Politique* : οὐδὲ τὰς διανοίας εἶναι μόνας ταύτας πρακτικὰς τὰς τῶν ἀποβαινόντων χάριν γινομένας ἐκ τοῦ πράττειν, ἀλλὰ πολὺ μᾶλλον τὰς αὐτοτελεῖς καὶ τὰς αὐτῶν ἕνεκεν θεωρίας καὶ διανοήσεις (IV, 3, 5, 1325, b, 17. Cf. *Topiques*, I, 6, 9) ;

κυρίως, « en dernier ressort » (III, 6), est légitime, puisqu'Aristote attribue le même sens à l'adjectif κύριος ;

ἐλέγεια (V, 2), alors qu'Aristote se sert habituellement de ἐλέγειον ; mais les deux termes sont synonymes, et il n'y a point de raison pour qu'il se soit interdit la première forme.

La locution ἐντὸς τριῶν μνῶν (XLIX, 3) semble être étrangère à la langue d'Aristote, mais elle n'a rien d'insolite ni d'anormal.

Ὡς ἔπος εἰπεῖν (XLIX, 4 et LXVII, 1), au lieu de ὡς εἰπεῖν, qu'emploie d'ordinaire Aristote, est justifié par la *Rhétorique* (I, 2, 1357, a, 26) et la *Métaphysique* (III, 5, 1009, b, 16).

Au chapitre V, 3, l'on ne saurait objecter le rapprochement de τὰ πράγματα et de ἡ οὐσία, car l'expression τὰ πράγματα n'est pas ici synonyme de τὰ χρήματα ; elle signifie proprement non la fortune (οὐσία), mais la situation.

Μέλλειν est construit avec l'infinitif présent (VII, 4), alors qu'Aristote le fait d'ordinaire suivre du futur. Mais le présent n'est pas rare (Cf., en effet, Platon, *Protagoras*, 312, b ; Xénophon, *Anabase*, II, 1, 3).

L'emploi de φύσει dans cette phrase : οἱ καὶ τῇ φύσει τῶν ἐπιφανῶν καὶ φίλοι τοῖς τυράννοις ἦσαν (XVIII, 4) semble contredire à la distinction établie par Aristote dans ce passage de la *Politique* : φύσει γὰρ τὸν βασιλέα διαφέρειν μὲν δεῖ, τῷ γένει δ' εἶναι τὸν αὐτόν (I, 5, 2, 1259, b, 15) ; mais ne s'agit-il pas ici des qualités morales, autant que de la naissance, et le mot φύσις n'est-il pas le seul qui puisse exprimer cette idée ? C'est ainsi que l'historien écrivait plus haut : Ἦν δ' ὁ Σόλων τῇ μὲν φύσει καὶ τῇ δόξῃ τῶν πρώτων (V, 3).

Ὑπερβάλλεσθαι (XXXVI, 2) a ici le sens de « différer ». Or, l'on a remarqué qu'Aristote exprime cette idée par ἀναβάλλεσθαι (*Rhétorique*, III, 10, 1411, b, 14). Mais ne lit-on pas, dans la *Constitution d'Athènes* : ἀναβαλλομένων τὴν ἀπογραφήν (XL, 1), et n'est-ce pas que les deux verbes sont synonymes ?

Enfin, il est vrai que l'adverbe παραυτίκα (XXVIII, 4) ne se rencontre pas dans les ouvrages systématiques. Mais c'est là un mot d'un usage courant.

Il en est de même de δή renforçant un superlatif (XL, 3). Assurément, c'est pur hasard si Aristote ne lui a pas fait jouer le même rôle dans ses Πραγματεῖαι.

En résumé, le vocabulaire de la *Constitution d'Athènes* est plus varié, et, par conséquent, moins pur que celui des œuvres systématiques. Cette différence s'explique par la nature même des sujets et aussi parce que l'ouvrage devait être publié. Le vocabulaire des Πραγματεῖαι est assez pauvre. Les mots qui le composent sont comme les signes d'une algèbre qui se prêtent à des combinaisons infinies, bien qu'ils soient en nombre restreint. C'est, en effet, une algèbre que la langue des œuvres didactiques. Elle n'a plus l'incomparable richesse ni la prestigieuse beauté de l'idiome platonicien. Elle en a la simplicité, la clarté, l'aisance ; elle en a perdu la grâce, l'élévation, l'éclat et la poésie. En revanche, elle peut exprimer les idées les plus abstraites et formuler les lois les plus générales ; elle est un puissant instrument d'analyse ; elle ne sert pas seulement au philosophe à consigner les résultats de l'investigation scientifique, elle lui permet aussi d'étreindre plus étroitement la vérité, de la contempler sous tous ses aspects, d'en démêler toutes les conséquences. Mais, en la rendant capable d'abs-

traction et de généralisation, Aristote en a éliminé un grand
nombre de mots concrets; il l'a, par conséquent, appauvrie;
et il s'en faisait d'autant moins faute que ses ἀκροάσεις n'étaient
pas destinées au public, mais réservées à ses disciples. Quand
il voulut exposer aux Athéniens les éléments de sa doctrine
ou leur faire connaître les résultats de ses recherches sur
l'histoire constitutionnelle ou les institutions de leur cité, il
reconnut que cette algèbre, claire pour ses élèves, obscure
pour le vulgaire, ne lui suffisait plus; il sentit la nécessité
d'enrichir son vocabulaire; et, son propre fonds épuisé, il puisa
des mots aux sources les plus variées et parfois les plus troubles.
Il n'a jamais été ni incorrect ni barbare, mais il s'est souvent
écarté de la sévère tradition attique. Si le vocabulaire de la
Constitution d'Athènes est plus étendu et plus composite que
celui des Πραγματεῖαι, il ne s'en distingue, du moins, par aucun
caractère essentiel.

Une autre preuve vient encore confirmer cette conclusion,
c'est que les termes par lesquels Aristote désigne, dans la
Politique, les éléments constitutifs de l'État, ont exactement la
même acception dans la *Constitution d'Athènes*. Nous avons
remarqué, à propos de la prétendue réforme législative de
Dracon, que la distinction établie dans la *Politique* entre les
mots νόμοι ou θεσμοί et l'expression τάξις τῆς πολιτείας était
observée dans l' Ἀθηναίων πολιτεία, à l'exception précisément du
chapitre relatif à Dracon. De même encore les mots αἵρεσις et
αἱρεῖσθαι sont appliqués dans les deux ouvrages au mode de
recrutement des mêmes magistrats Nous avons vu aussi que,
parlant des Cinq Mille, l'auteur approuvait le nouveau régime
parce qu'il n'accordait les droits politiques qu'aux citoyens en
état de s'armer. Or, cette catégorie de citoyens est désignée
par les mots οἱ ἐκ τῶν ὅπλων (XXXIII, 2); et, dans la *Politique*,
où il confirme ce jugement, Aristote se sert, à deux reprises,
de la périphrase οἱ τὰ ὅπλα ἔχοντες (VI, 10, 8, 1297, b, 1, et II,

5, 5, 1268, a, 21). Ailleurs, il distingue entre οἱ ὁπλιτεύοντες et οἱ ὡπλιτευκότες (VI, 10, 9, 1297, b, 12). Ce dernier terme n'est-il pas l'équivalent exact de οἱ ἐκ τῶν ὅπλων? Enfin, nous avons démontré, par de nombreux rapprochements, que les expressions οἱ μέσοι, ἡ μέση πολιτεία, οἱ ἐπιεικεῖς, avaient une signification absolument identique dans l'ouvrage historique et dans le traité philosophique.

D'autres comparaisons peuvent être faites, qui ne paraîtront pas moins décisives. Dans la *Politique*, le mot δῆμος désigne le peuple, en tant qu'il représente le parti démocratique, opposé aux partis aristocratique et oligarchique. Ainsi, pour ne citer qu'un exemple, on lit, II, 6, 15, 1270, b, 18 : ἡσυχάζει γὰρ ὁ δῆμος διὰ τὸ μετέχειν τῆς μεγίστης ἀρχῆς... Or, il en est de même dans la *Constitution d'Athènes* : τότε δὲ κύριος ὁ δῆμος γενόμενος τῶν πραγμάτων, ἐνεστήσατο τὴν νῦν οὖσαν πολιτείαν... (XLI, 1). Quant au peuple, considéré comme formant la majorité et détenant la souveraineté, sous le régime démocratique, Aristote le désigne par le mot πλῆθος. La *Politique* définit ainsi la démocratie : δημοκρατία δέ ἐστιν, ὅταν ᾖ κύριον τὸ πλῆθος (III, 5, 5, 1279, b, 21). Même acception dans l' Ἀθηναίων πολιτεία : ἔπειτα βουλομένων Λακεδαιμονίων ἐκ Δεκελείας ἀπιέναι ἐφ' οἷς ἔχουσιν ἑκάτεροι καὶ εἰρήνην ἄγειν, ἔνιοι μὲν ἐσπούδαζον, τὸ δὲ πλῆθος οὐκ ὑπήκουσεν... (XXXIV, 1). C'est ainsi que ὁ δῆμος et τὸ πλῆθος peuvent être rapprochés, sinon comme synonymes, du moins comme désignant un même objet considéré de deux points de vue différents : καὶ καθίσταται βασιλεὺς ἐκ τῶν ἐπιεικῶν... ὁ δὲ τύραννος ἐκ τοῦ δήμου καὶ τοῦ πλήθους ἐπὶ τοὺς γνωρίμους (*Politique*, VIII, 8, 2, 1310, b, 12) ;... τρίτον δ' ᾧ μάλιστά φασιν ἰσχυκέναι τὸ πλῆθος, ἡ εἰς τὸ δικαστήριον ἔφεσις· κύριος γὰρ ὢν ὁ δῆμος τῆς ψήφου κύριος γίγνεται τῆς πολιτείας (*Const. d'Ath.* IX, 2). Ἡττωμένος δὲ ταῖς ἑταιρείαις ὁ Κλεισθένης προσηγάγετο τὸν δῆμον, ἀποδιδοὺς τῷ πλήθει τὴν πολιτείαν (*Const. d'Ath.* XX, 1). A côté de τὸ πλῆθος, l'expression οἱ πολλοί se rencontre de part et d'autre, avec le même sens (*Politique*, III, 5, 1, 1279, a, 30 ;

Const. d'Ath., XXVII, 1). On a noté que le mot ὄχλος, si fréquent dans la *Politique* (ex. VII, 3, 2, 1320, a, 10) ne se trouvait pas dans la *Constitution d'Athènes*. Or, il nous semble qu'il était employé dans l'un des premiers chapitres, aujourd'hui perdus, de l'ouvrage. En effet, Plutarque, citant Aristote, à propos de Thésée (*Vie de Thésée*, XXV), s'exprime ainsi : ὅτι δὲ πρῶτος ἀπέκλινε πρὸς τὸν ὄχλον, ὡς Ἀριστοτέλης φησί... Ne semble-t-il pas rapporter les termes mêmes de l''Αθηναίων πολιτεία? Dans ce dernier ouvrage, l'épithète δημοτικός se lit avec le sens de « partisan de la démocratie » (VI, 2; XXXIV, 3), comme dans la *Politique* (II, 3, 12, 1266, a, 22; VI, 11, 8, 1298, b, 24; VII, 3, 2, 1320, a, 13). L'acception de « favorable à la démocratie (X, 1; XIII, 4) » n'a rien d'anormal.

Le parti aristocratique est désigné, de part et d'autre, par l'expression οἱ γνώριμοι : ἐπὶ τὰς τῶν γνωρίμων φιλονεικίας καὶ στάσεις καὶ διὰ τῶν νόμων πειρᾶσθαι δεῖ φυλάττειν (*Politique*, VIII, 7, 5, 1308, a, 31); ... ἐβούλοντο γὰρ καὶ τῶν γνωρίμων καὶ τῶν δημοτικῶν οἱ πολλοί (*Const. d'Ath.*, XVI, 9). Mais il est remarquable que l'expression équivalente οἱ ἐπιφανεῖς ne se lit que dans la *Constitution d'Athènes*.

L''Αθηναίων πολιτεία appelle les riches οἱ πλούσιοι (II, 2) ou οἱ εὔποροι (II, 2), comme la *Politique* (II, 4, 2, 1266, b, 3; VII, 6, 4, 1294, a, 16). Il en est de même pour les mots οἱ πένητες, désignant les pauvres (*Const. d'Ath.*, II, 2; et *Politique*, VII, 7, 5, 1294, b, 23). Mais nous devons reconnaître que l'expression οἱ ἄποροι (*Politique*, VII, 7, 5, 1294, b, 23) ne se rencontre pas dans la *Constitution d'Athènes*. Au parti oligarchique est appliquée, dans les deux ouvrages, la dénomination οἱ ὀλίγοι (*Const. d'Ath.*, V, 1; *Politique*, VIII, 1, 9, 1302, a, 14). Le mot ἐξουσία a aussi, de part et d'autre, la même acception (*Const. d'Ath.*, VI, 4; *Politique*, II, 4, 2, 1266, b, 7). Il en est de même de πλεονεκτεῖν (*Const. d'Ath.*, V, 3; *Politique*, II, 4, 12, 1267, b, 7) et de πλεονεξία (*Const. d'Ath.*, VI, 3; *Politique*, III,

7, 2, 1282, b, 29). Enfin, est-il besoin de rappeler que l'idée
de souveraineté est, ici et là, exprimée par l'adjectif κύριος
(*Const. d'Ath.*, IX, 2; *Politique*, III, 6, 1, 1281, a, 11), et que
toutes les magistratures, mentionnées dans les deux ouvrages,
y sont désignées par les mêmes termes? La *Constitution
d'Athènes* et la *Politique* appliquent donc exactement les mêmes
dénominations aux mêmes institutions et aux mêmes magistratures. Toutes les différences, qui peuvent être relevées dans
le vocabulaire des deux ouvrages, et que nous avons nous-
mêmes notées, ne peuvent prévaloir contre une aussi parfaite
concordance. Ce ne sont pas là des rencontres fortuites. Il est
manifeste que deux écrivains n'auraient point désigné par les
mêmes mots les mêmes éléments politiques. Si les mêmes expressions se lisent dans l'exposé historique et le traité didactique, c'est que l'un et l'autre sont inspirés par les mêmes
idées, se rattachent aux mêmes principes, et relèvent de la même
doctrine; en un mot, parce qu'ils ont été conçus par une même
pensée, et composés par un même auteur.

CHAPITRE QUATRIÈME

La syntaxe de la CONSTITUTION D'ATHÈNES

La plupart des particularités de syntaxe qui peuvent être remarquées dans les ouvrages systématiques d'Aristote s'expliquent par l'ellipse, la syllepse et l'anacoluthe (1). Or, il en est de même de toutes les tournures, qui, dans la *Constitution d'Athènes*, attirent l'attention du lecteur. Nous nous contenterons d'indiquer celles qui nous ont le plus vivement frappé.

A) — *De l'Ellipse.*

L'attribut du sujet est parfois formé d'un substantif ou d'un adjectif, régime d'une proposition : II, 2 : ἡ δὲ πᾶσα γῆ δι' ὀλίγων ἦν ; XXIX, 1 : ... ἐὰν δι' ὀλίγων ποιήσωνται τὴν πολιτείαν (Cf. *Politique*, III, 7, 9, 1283, b, 5 : οἷον ἡ μὲν τῷ διὰ πλουσίων, ἡ δὲ διὰ τῶν σπουδαίων ἀνδρῶν εἶναι); III, 6 : αὕτη (sous-ent. ἀρχή)· μεμένηκε διὰ βίου καὶ νῦν. Cet attribut peut aussi être un adverbe; telle est la construction des adverbes ἀριστίνδην et πλουτίνδην (III, 1 et 6).

Le verbe est fréquemment construit au pluriel avec un sujet sous-entendu et indéterminé : III, 1 :... ἀρχὰς καθίστασαν, ἦρχον δέ... Quelquefois, à ce sujet indéterminé est rapportée une apposition XXXIII, 1 : Ἡττηθέντες δὲ ... χαλεπῶς ἐνεγκόντες ... ἐτύγχανον

---

(1) Telle est, en effet, la conclusion, qui se dégage des études de Bonitz sur le style et le texte d'Aristote : *Aristotelische Studien (Sitzungsberichte der kaiserlischen Akademie der Wissenschaften zu Wien.* B. 39, 42, 52; 1862-66). Nous renvoyons le lecteur à cet ouvrage, car il n'entre pas dans notre plan de définir la syntaxe des Πραγματεῖαι.

ὠφελούμενοι ... κατέλυσαν ... Aussi arrive-t-il fréquemment, dans la construction absolue au génitif, que le sujet du participe ne soit pas exprimé : θεσμοθέται δὲ πολλοῖς ὕστερον ἔτεσιν ἡρέθησαν ἤδη κατ' ἐνιαυτὸν αἱρουμένων τὰς ἀρχάς (III, 4. Cf. XL, 2).

Le relatif sujet est sous-entendu, alors qu'il est déjà exprimé à un autre cas : LVI, 4 : ... τῶν ἐπιμελητῶν, οὓς πρότερον μὲν ὁ δῆμος ἐχειροτόνει δέκα ὄντας, καὶ τὰ εἰς τὴν πομπὴν ἀναλώματα παρ' αὐτῶν ἀνήλισκον, νῦν δ' ἕνα ... Cette dérogation aux règles de l'accord peut également s'expliquer par l'anacoluthe.

Le participe, relié en apposition au sujet du verbe principal, peut tenir lieu d'une proposition causale : V, 2 : il est dit, à propos de Solon : καὶ τὴν πολιτείαν ἐπέτρεψαν αὐτῷ ποιήσαντι τὴν ἐλέγειαν ...

Une proposition infinitive est parfois rattachée à une proposition principale par le moyen d'un verbe sous-entendu, qu'il est nécessaire de suppléer. Parlant de Solon, qui émigre après avoir rédigé sa Constitution, l'auteur dit : XI, 1 : βουλόμενος μήτε ταῦτα κινεῖν μήτ' ἀπεχθάνεσθαι παρὼν ἀποδημίαν ἐποιήσατο κατ' ἐμπορίαν ἅμα καὶ θεωρίαν εἰς Αἴγυπτον ... δέκα ἐτῶν· οὐ γὰρ οἴεσθαι δίκαιον εἶναι τοὺς νόμους ἐξηγεῖσθαι ἀλλ' ἕκαστον τὰ γεγραμμένα ποιεῖν. C'est par une ellipse de ce genre que s'explique la phrase suivante : Λέγεται δὲ Σόλωνα ... ἀντιλέξαι καὶ εἰπεῖν ὅτι τῶν μὲν εἴη σοφώτερος, τῶν δ' ἀνδρειότερος· ὅσοι μὲν γὰρ ἀγνοοῦσι Πεισίστρατον ἐπιτιθέμενον τυραννίδι, σοφώτερος εἶναι τούτων, ὅσοι δ' εἰδότες κατασιωπῶσιν, ἀνδρειότερος (XIV, 2). C'est encore par une ellipse, que se justifie l'emploi de la négation μή, dans le passage suivant : εἰσάγουσιν οὗτοι καὶ γραφὰς παρανόμων καὶ νόμον μὴ ἐπιτήδειον (LIX, 2).

Une autre figure, qui est tout l'opposé de l'ellipse, consiste à construire le verbe ποιεῖν avec un substantif verbal, au lieu d'employer le verbe simple, correspondant à ce substantif : XIII, 1 : ἀποδημίαν ποιήσασθαι; XV, 4 : ἐξοπλισίαν ποιεῖσθαι. Cette périphrase, qui permet d'analyser l'idée avec plus de précision, était particulièrement fréquente chez Thucydide, dont nous avons démontré qu'Aristote avait subi l'influence. Or, il est remarquable que la *Politique* en offre aussi des exemples, entre autres : τὴν παραίρεσιν ποιεῖσθαι τῶν ὅπλων (VIII, 8, 7, 1311, a, 11).

B) — *De la Syllepse.*

La syllepse est, sans doute, moins fréquente que l'ellipse. Cependant, l'on en pourrait citer de nombreux exemples : εἴωθεν γὰρ κἂν ἐξαπατηθῇ τὸ πλῆθος, ὕστερον μισεῖν τούς τι προαγαγόντας ποιεῖν αὐτοὺς τῶν μὴ καλῶς ἐχόντων (XXVIII, 3); τὸ δὲ πλῆθος οὐχ ὑπήκουσεν, ἐξαπατηθέντες ὑπὸ Κλεοφῶντος (XXXIV, 1); ... ἐφ' οἷς ἔχαιρον ἡ πόλις γιγνομένοις, ἡγούμενοι ... (XXXV, 3). L'auteur passe ainsi du singulier au pluriel, sans que le sujet ait été changé : ... νῦν δ' ἔφεσίς ἐστιν εἰς τὸ δικαστήριον ... ἐπερωτῶσιν δ' ὅταν δοκιμάζωσιν ... ταῦτα δ' ἀνερωτήσας ... (LV, 3).

C) — *De l'Anacoluthe.*

L'anacoluthe est fréquente : XV, 1 : Ἡ μὲν οὖν πρώτη κάθοδος ἐγένετο τοιαύτη. Μετὰ δὲ ταῦτα ὡς ἐξέπεσε τὸ δεύτερον, ἔτει μάλιστα ἑβδόμῳ μετὰ τὴν κάθοδον, — οὐ γὰρ πολὺν χρόνον διακατέσχεν, ἀλλὰ διὰ τὸ μὴ βούλεσθαι τῇ τοῦ Μεγακλέους θυγατρὶ συγγίγνεσθαι, φοβηθεὶς ἀμφοτέρας τὰς στάσεις ὑπεξῆλθεν. LXI, 1 : ... καὶ τούτους διατάττουσι τῇ χειροτονίᾳ, ἕνα μὲν ἐπὶ ὁπλίτας, ὃς ἡγεῖται τῶν ὁπλιτῶν, ἂν ἐξίωσι, ἕνα δ' ἐπὶ τὴν χώραν, ὃς φυλάττει, κἂν πόλεμος ἐν τῇ χώρᾳ γίγνηται, πολεμεῖ οὗτος.

C'est dans les énumérations que cette figure est le plus ordinaire. Parlant de la royauté, l'auteur dit : τούτων δὲ πρώτη μὲν ἡ τοῦ βασιλέως, αὕτη γὰρ ἐν ἀρχῇ κατέστη... L'idée, exprimée par κατέστη, l'amène à écrire : δευτέρα δ' ἐπικατέστη πολεμαρχία; puis il revient au tour primitif : τελευταία δ' ἡ τοῦ ἄρχοντος ... (III, 2).

A l'anacoluthe doit être rattachée la construction parenthétique, qui consiste à intercaler un membre de phrase au

milieu d'un autre : κατὰ ταύτην γὰρ τὴν μίσθωσιν εἰργάζοντο τῶν
πλουσίων τοὺς ἀγρούς, — ἡ δὲ πᾶσα γῆ δι' ὀλίγων ἦν, — καὶ εἰ μὴ...
(II, 2). — ... δευτέρα δ' ἐπικατέστη πολεμαρχία διὰ τὸ γενέσθαι τινὰς τῶν
βασιλέων τὰ πολέμια μαλακούς, — πρῶτον δὲ τὸν Ἴωνα μετεπέμψαντο
χρείας καταλαβούσης —, τελευταία δὲ ... (III, 2), — τοὺς δὲ δικαστὰς
κληροῦσι πάντες οἱ ἐννέα ἄρχοντες, — δέκατος δ' ὁ γραμματεὺς ὁ τῶν θεσμο-
θετῶν, — τοὺς τῆς αὑτοῦ φυλῆς ἕκαστος (LIX, 7). Cette construction est particulièrement fréquente dans les ouvrages systématiques, où le philosophe semble moins préoccupé d'enchaîner
rigoureusement ses propositions et de composer régulièrement
ses phrases, que de noter, lier et classer ses idées, en vue de
son enseignement oral. En effet, il se sert volontiers de la
parenthèse, soit pour illustrer par des exemples les lois formulées dans les diverses propositions, soit pour préciser les idées,
qui y sont exprimées, y apporter des restrictions ou en déduire
des conséquences. Souvent alors il abandonne le tour qu'il avait
donné au commencement de sa phrase, la laisse en suspens, et
en construit les derniers membres sur le même plan que l'in-
cise. La parenthèse détermine à son tour une anacoluthe. Qu'il
nous suffise de citer un exemple entre mille : *Poétique*, 1, 1447,
b, 28 : ἐπεὶ δὲ μιμοῦνται οἱ μιμούμενοι πράττοντας, ἀνάγκη δὲ τούτους ἢ
σπουδαίους ἢ φαύλους εἶναι, — τὰ γὰρ ἤθη σχεδὸν ἀεὶ τούτοις ἀκολουθεῖ
μόνοις, κακίᾳ γὰρ καὶ ἀρετῇ τὰ ἤθη διαφέρουσι πάντες, — ἤτοι βελτίονας
ἢ καθ' ἡμᾶς ἢ χείρονας ἢ καὶ τοιούτους, ὥσπερ οἱ γραφεῖς· — Πολύγνω-
τος μὲν γὰρ κρείττους, Παύσων δὲ χείρους, Διονύσιος δὲ ὁμοίους εἴκαζεν·
— δῆλον δὴ ὅτι καὶ τῶν λεχθεισῶν ἑκάστη μιμήσεων ἕξει ταύτας τὰς
διαφορὰς καὶ ἔσται ἑτέρα τῷ ἕτερα μιμεῖσθαι τοῦτον τὸν τρόπον.

D) — *De l'ordre des mots.*

Les mots sont presque constamment ordonnés, dans la proposition, du général au particulier. Aussi la phrase commence-
t-elle souvent par le verbe συμβαίνειν. Cette notion générale est

ensuite précisée par des déterminations particulières, classées
suivant leur importance. Ainsi, pour exprimer cette idée :
« ensuite éclata une sédition entre les nobles et la plèbe, et
ces dissensions durèrent longtemps », l'auteur n'a qu'à construire : Μετὰ δὲ ταῦτα συνέβη στασιάσαι τούς τε γνωρίμους καὶ τὸ
πλῆθος πολὺν χρόνον (II, 1). L'ordre des mots suffit à analyser
l'idée.

Placé en tête de la phrase, le verbe résume l'idée, exprimée
dans la phrase précédente, et sert de transition vers la phrase
qui suit, dont ce sera justement la fonction de préciser l'idée
antérieurement énoncée : Τὰς μὲν ἀρχὰς καθίστασαν ἀριστίνδην καὶ
πλουτίνδην· ἦρχον δὲ τὸ μὲν πρῶτον διὰ βίου, μετὰ δὲ ταῦτα δεκαέτειαν
(III, 1). L'attribut peut jouer le même rôle. Ainsi, dans la
phrase qui vient d'être citée, on lit : ἦρχον δὲ... μέγισται δὲ καὶ
πρῶται τῶν ἀρχῶν ἦσαν... τούτων δὲ πρώτη μὲν ἡ τοῦ βασιλέως ...

Cette construction, procédant du général au particulier, est
dite *analytique* ou *descendante*. Or, elle se retrouve dans presque toutes les définitions d'Aristote. Dans sa thèse sur *l'Ordre
des mots dans les langues anciennes* (1), M. Weil cite plusieurs
définitions de la *Rhétorique* : Ἀρετὴ δ᾽ ἐστὶ μὲν δύναμις... ποριστικὴ
ἀγαθῶν καὶ φυλακτικὴ, καὶ δύναμις εὐεργετικὴ πολλῶν καὶ μεγάλων, καὶ
πάντων περὶ πάντα (I, 9, 1366, a, 36); — Ἔστιν δ᾽ ἔπαινος λόγος
ἐμφανίζων μέγεθος ἀρετῆς (I, 9, 1367, b, 27); — Τούτων δὲ ὑποκειμένων
ἀνάγκη φίλον εἶναι τὸν συνηδόμενον τοῖς ἀγαθοῖς καὶ συναλγοῦντα τοῖς
λυπηροῖς μὴ διά τι ἕτερον ἀλλὰ δι᾽ ἐκεῖνον (II, 4, 1381, a, 3); puis il
les caractérise ainsi : « Le philosophe décompose l'idée, dont
il veut donner la définition, et, en nous présentant le résultat
de ce travail intellectuel, il nous fait passer en revue les éléments de cette idée un à un, dans l'état le plus développé, le
moins lié, le moins enchaîné... On ne rencontre guère dans
Platon ces définitions bien développées et d'une tournure ana-

(1) Paris, Vieweg, 1879. (V. p. 57 et suivantes).

lytique ; c'est que Platon n'aime pas autant à scinder ; il veut construire, il tend à l'unité ».

La construction peut, d'ailleurs, rester analytique, même quand l'ordre grammatical est inversif ; par exemple II, 2 ; καὶ δὴ καὶ ἐδούλευον οἱ πένητες τοῖς πλουσίοις — καὶ αὐτοὶ καὶ τὰ τέκνα καὶ αἱ γυναῖκες — καὶ ἐκαλοῦντο πελάται καὶ ἑκτήμοροι. C'est ainsi qu'un adverbe peut, au lieu d'être rapproché du verbe, dont il détermine le sens, être rejeté à la fin d'une phrase. C'est qu'en réalité il tient lieu, à lui seul, de toute une proposition : III, 6 : καὶ κολάζουσα καὶ ζημιοῦσα πάντας τοὺς ἀκοσμοῦντας κυρίως. Κυρίως équivaut ici à une proposition entière : αὐτῶν δ' ἡ κρίσις κυρία ἦν.

L'inversion n'est qu'une dérogation apparente à cet ordre analytique descendant. La construction de la phrase reste conforme au développement logique de l'idée. Ainsi, quand l'auteur écrit : ὅτι δὲ … σημεῖον καὶ … (III, 4), c'est que le fait, énoncé dans la proposition complétive, est déjà connu ; au lieu que la preuve, qui va en être indiquée, est encore nouvelle. De même les mots Διὸ καὶ νεωστὶ γέγονεν ἡ ἀρχὴ μεγάλη (III, 3) sont logiquement construits. La phrase grecque correspond au français : « Ce n'est que plus tard que … » Telle est encore l'inversion suivante : VIII, 5 : ὁρῶν δὲ τὴν μὲν πόλιν πολλάκις στασιάζουσαν, τῶν δὲ πολιτῶν ἐνίους … L'idée, exprimée par τῶν πολιτῶν, étant impliquée dans τὴν πόλιν, sert tout naturellement de transition entre les deux propositions. C'est toujours le même procédé d'analyse, que nous avons précédemment défini.

L'inversion est souvent employée pour rapprocher les éléments constitutifs de la pensée, en rapprochant les mots qui les expriment. Là encore la construction reste analytique et logique : II, 2 : Ἡ δὲ πᾶσα γῆ δι' ὀλίγων ἦν καὶ οἱ δανεισμοὶ πᾶσιν ἐπὶ τοῖς σώμασιν ἦσαν μέχρι Σόλωνος. — II, 3 : Χαλεπώτατον μὲν οὖν καὶ πικρότατον ἦν τοῖς πολλοῖς τῶν κατὰ τὴν πολιτείαν τὸ δουλεύειν· οὐ μὴν ἀλλὰ καὶ ἐπὶ τοῖς ἄλλοις ἐδυσχέραινον· οὐδενὸς γὰρ ὡς εἰπεῖν ἐτύγχανον μετέχοντες.

E) — *Syntaxe des propositions.*

Si de la proposition nous passons à la phrase, et si, au lieu
de l'ordre des mots, nous étudions l'ordre des membres, nous
remarquons que la construction analytique et descendante est
de beaucoup la plus fréquente. Les conséquences de l'action ou
du fait, énoncé dans la proposition principale, ou les causes
qui l'ont déterminé, ou les circonstances qui l'ont accompagné,
ou, s'il s'agit, non d'un fait, mais d'une idée, les restrictions
qui doivent y être apportées, sont, le plus souvent, exprimées
dans une série de propositions subordonnées, qui suivent la
principale. Seules les subordonnées temporelles la précèdent
ordinairement : Ἐπεὶ δὲ | μετὰ τὴν ἐν Σικελίᾳ γενομένην συμφορὰν |
ἰσχυροτέρα τὰ τῶν Λακεδαιμονίων ἐγένετο, | διὰ τὴν πρὸς βασιλέα συμ-
μαχίαν, ‖ ἠναγκάσθησαν | κινήσαντες τὴν δημοκρατίαν, | καταστῆσαι τὴν
ἐπὶ τῶν τετρακοσίων πολιτείαν, ‖ εἰπόντος τὸν μὲν πρὸ τοῦ ψηφίσματος
λόγον Μηλοβίου, | τὴν δὲ γνώμην γράψαντος Πυθοδώρου τοῦ Ἐπιζήλου, |
μάλιστα δὲ συμπεισθέντων τῶν πολλῶν, | διὰ τὸ νομίζειν βασιλέα μᾶλλον
ἑαυτοῖς συμπολεμήσειν, | ἐὰν δἰ ὀλίγων ποιήσωνται τὴν πολιτείαν (XXIX, 1).

Dans la phrase, le rapport des propositions est parfois ren-
versé, de sorte que l'idée la plus importante est exprimée, non
dans la proposition principale, mais dans la subordonnée.
C'est que la construction reste analytique. Voulant expliquer
quelle autorité avait l'Aréopage, l'auteur écrit : III, 6 : ἡ γὰρ
αἵρεσις τῶν ἀρχόντων ἀριστίνδην καὶ πλουτίνδην ἦν, ἐξ ὧν οἱ Ἀρεοπαγῖται
καθίσταντο. La construction ordinaire eût été synthétique : ἐκ γὰρ
ἀρχόντων, ἀριστίνδην καὶ πλουτίνδην ᾑρημένων, οἱ Ἀρεοπαγῖται καθίσταντο.
La proposition la plus importante peut être ainsi subordonnée
à une proposition principale dont la seule fonction est de servir
de transition : X, 1 : ἐν μὲν οὖν τοῖς νόμοις ταῦτα δοκεῖ θεῖναι δημοτικά,
πρὸ δὲ τῆς νομοθεσίας ποιήσας τὴν τῶν χρεῶν ἀποκοπήν.

F) — *Liaison des phrases.*

Les phrases sont toujours liées. L'asyndète ne se rencontre qu'après des démonstratifs comme τοῖοσδε. III, 1 : ˣ Ἦν δ᾽ἡ τάξις ... τοιαδε· τὰς μὲν ἀρχὰς καθίστασαν... Mais les particules de liaison sont peu nombreuses, et le jeu en est très simple. Les plus fréquentes sont καί et δέ, cette dernière tantôt précédée de μέν, tantôt isolée, et servant simplement à juxtaposer les membres de phrases. La prédominance de ces deux conjonctions contribue à donner au style son caractère analytique. Λ καί peut se rattacher τε, dans un membre antérieur. Καὶ δὴ καί indique la progression du récit. Il en est de même de εἶτα, de μετὰ ταῦτα ou μετὰ δὲ ταῦτα, formules très fréquentes. L'auteur emploie aussi διό, ἔτι δέ, ἔτι δὲ καί, locutions si ordinaires dans les ouvrages systématiques; ἅμα δέ, καὶ τέλος. Pour résumer, il se sert de μὲν οὖν. Le type de phrase le plus usité est le suivant : Ἡ μὲν οὖν πρώτη κάθοδος ἐγένετο τοιαύτη· μετὰ δὲ ταῦτα... (XV, 1). Les explications sont introduites par γάρ, les oppositions par δέ, ἀλλά, οὐ μὴν ἀλλά, οὐ μὴν ἀλλὰ καί. Telles sont les particules usuelles, auxquelles supplée souvent, soit le démonstratif, soit le relatif. L'accent logique d'un mot n'est jamais renforcé par γε. Seule, la particule δή, et une seule fois, joue ce rôle après un superlatif. Cette sobriété dans l'emploi des particules est encore un caractère qui rapproche la *Constitution d'Athènes* des œuvres systématiques d'Aristote.

CHAPITRE CINQUIÈME

Le rythme et le nombre oratoire dans la CONSTITUTION D'ATHÈNES

A) — *De l'Hiatus*

Depuis Isocrate, les écrivains grecs ne se permettent l'hiatus qu'après certains mots, qui se rencontrent dans presque toutes les phrases, dont ils sont pour ainsi dire les organes essentiels, et que les grammairiens ont maintes fois énumérés. L'auteur de la *Constitution d'Athènes* se conforme à cette règle. Il n'admet l'hiatus que dans les cas suivants :

1º) Après καί, l'article, δέ, τινά, ἔπειτα, εἶτα, ἀλλά, μήτε, μηδέ, πάντα, σφόδρα, διά, περί, μάλιστα. Encore la plupart de ces mots se prêtent-ils à une élision, qui résout l'hiatus. Après μή, il est tantôt permis et tantôt évité.

2º) L'hiatus se rencontre naturellement dans les expressions techniques, les locutions qui servent à préciser une date, les termes constitutionnels ou juridiques. Il sera, par conséquent, moins rare dans la seconde partie de l'ouvrage que dans la première.

3º) L'hiatus est assez ordinaire devant les formules de transition ἔτι δέ, ἔτι δὲ καί, qui sont familières à Aristote ; et, enfin, il se rencontre dans l'expression : ᾗ, ᾧ, ὄνομα ἦν, et dans la formule : ἀγαθοῦ πολίτου ἔργον, si fréquente dans la *Politique*. Ces dernières libertés sont dues à l'emploi de formes usitées dans la langue philosophique d'Aristote. En reprenant ses habitudes de style, il est tout naturel qu'involontairement et presque à son insu, il se relâche de sa rigueur.

4°) Après un κῶλον, la pause n'autorise pas l'hiatus. Cette règle est sévère; et l'on sait qu'Isocrate lui-même ne s'était pas imposé cette obligation.

Cependant ces exigences sont moins étroites qu'elles ne l'eussent été pour un disciple d'Isocrate. Ce sont sensiblement les mêmes qui sont observées dans les ouvrages systématiques. Dans la *Poétique*, la *Rhétorique*, l'*Éthique*, la *Physique*, Aristote semble y avoir prêté peu d'attention. En traitant d'une matière scientifique, qui exige l'emploi de nombreux termes techniques, il est, en effet, difficile d'éviter ces rencontres de voyelles. Le philosophe ne sacrifie jamais à l'harmonie de la phrase le mot propre, ni le tour le plus convenable à l'expression de la pensée. A mesure qu'il avance dans la rédaction d'un traité, on voit que sa sévérité se relâche. C'est qu'il s'applique de plus en plus au fond, et de moins en moins à la forme.

Le début du *Traité de l'âme*, de la *Poétique*, de chaque livre du *Traité du Ciel* et de l'*Éthique*, semble plus soigné, Dans l'introduction historique de la *Métaphysique*, l'hiatus est rare. Il y a une différence sensible entre les diverses parties dont se compose la *Politique* : le premier et le septième livres semblent avoir été plus rapidement écrits ou moins attentivement révisés que les autres. La différence n'ont pas moins sensible entre la première et la seconde partie de la *Constitution d'Athènes*, la seconde étant d'un caractère plus technique que la première.

B) — *Du rythme.*

Dans la *Préface* de son édition (1) Fr. Blass s'applique à démontrer que l'auteur de la *Constitution d'Athènes* a observé les règles rythmiques, formulées dans la *Rhétorique*. Nous

---

(1) *Aristotelis* Πολιτεία 'Αθηναίων (Leipsig, Teubner, 1892).

croyons que cette tentative est restée vaine : la plupart des observations de Fr. Blass nous paraissent inexactes, et ses conclusions fort exagérées.

Il y a, dans l' Ἀθηναίων πολιτεία, peu de phrases, où il soit possible de démêler un rythme régulier et persistant. Certaines semblent cependant avoir la forme *péonique*, c'est-à-dire que, dans le développement verbal, se rencontrent plusieurs péons :

Μετὰ δὲ ταῦτα συνέβη στασιάσαι ... (II, 1),

∪ ∪ ∪ — | ∪ ∪ ∪ — | ∪ ∪ ∪ — | ...

Ἔτι δὲ καὶ διὰ τὸ μή ... (IX, 2).

∪ ∪ ∪ — | ∪ ∪ ∪ — | ...

Μετὰ δὲ ταῦτα συνέβαινεν πολλῷ τραχυτέραν εἶναι τὴν τυραννίδα· καὶ

∪ ∪ ∪ — | ∪ ∪ ∪ — | . . . . | ∪ ∪ ∪ — | . . . .

γὰρ διὰ τὸ τιμωρεῖν τἀδελφῷ καὶ διὰ τὸ πολλοὺς... (XIX, 1).

. . | ∪ ∪ ∪ — | . . . . | ∪ ∪ ∪ — | . . .

Μετὰ δὲ ταῦτα συνέβαινεν ἀνίεσθαι... (XXVI, 2).

∪ ∪ ∪ — | ∪ ∪ ∪ — | ∪ ∪ ∪ — | . . . .

Est-il besoin de faire remarquer que toutes les phrases, si nombreuses, qui commencent par les formules μετὰ δὲ ταῦτα ou μετὰ δὲ ταῦτα συνέβαινεν, ont la forme *péonique* ?

... προσοργισθέντες τῷ γενομένῳ, Κλεομένην ἐξέπεμψαν τὸν βασιλέα

. . . . | ∪ ∪ ∪ — | ∪ ∪ ∪ — | . . . . | ∪ ∪ ∪ — |

στόλον ἔχοντα... (XIX, 5).

∪ ∪ ∪ — | . . .

Le rythme *anapestique* est beaucoup plus rare ; il n'est cependant pas sans exemple :

Διένειμε δὲ καὶ τὴν χώραν κατὰ δήμους τριάκοντα μέρη, δέκα μὲν

∪ ∪ — | ∪ ∪ — | — — | — ∪ ∪ | — — | . . . | — — | ∪ ∪ — | ∪ ∪ — |

τῶν ... (XXI, 4).

. . . .

D'autres fois, le rythme est dû à la répétition d'éléments métriques plus complexes :

Μετὰ δὲ ταῦτα συνέβη στασιάσαι τούς τε γνωρίμους καὶ τὸ πλῆθος πολὺν
∪ ∪ ∪ − | ∪ ∪ ∪ − | ∪ ∪ ∪ − | − ∪ − ∪ − | . . . . | − ∪ −
χρόνον . . . (II, 1).
∪ − | . . .

. . . ὅπως ἀναγράψαντες τὰ θέσμια φυλάττωσι πρὸς τὴν τῶν παρανομούντων
. . . . | − ∪ ∪ ∪ − − − ∪ − | . . . | − ∪ ∪ ∪ − −
κρίσιν . . . (III, 4).
∪ − | . . .

. . . ἐπὶ δὲ τοῖς σώμασιν ἦσαν οἱ δανεισμοί, καθάπερ εἴρηται, καὶ ἡ χώρα
∪ ∪ ∪ − − | . . . . | ∪ ∪ ∪ − − | . . . . |
δι ὀλίγων ἦν . . . (IV, 5).
∪ ∪ ∪ − − | . . .

. . . τὰ μὲν ἐπιτιμῶντες, τὰ δὲ ἀνακρίνοντες . . . (XI, 1).
∪ ∪ ∪ ∪ − − − | ∪ (∪) ∪ ∪ − − − | . . .

Le rythme est ici rendu plus apparent par l'*homoioteleuton*.

. . . τὰ δὲ σύμπαντα σὺν οἷς ὁ πατὴρ ἦρξεν ἑνὸς δεῖ πεντήκοντα (XIX, 6).
∪ ∪ − − ∪ ∪ − | ∪ ∪ − − ∪ ∪ − | . . . .
Τούτων δὲ γενομένων δημοτικωτέρα πολὺ τῆς Σόλωνος ἐγένετο ἡ πολι-
| − ∪ ∪ ∪ ∪ − | − ∪ ∪ − ∪ | − ∪ ∪ − ∪ | − ∪ ∪ ∪ ∪ − | . . . .
τεία . . . (XXII, 1).
. . . .

. . . ἔπεμψαν δ' εἰς Λακεδαίμονα, βοηθείαν μεταπεμπόμενοι καὶ χρή-
∪ − − − | . . . . | ∪ − − − | ∪ ∪ − ∪ ∪ − | . . . . .
ματα δανειζόμενοι (XXXVIII, 1).
. . . | ∪ ∪ − ∪ ∪ − | ,

Blass mentionne des rythmes plus complexes, mais dans lesquels les mètres empiètent les uns sur les autres; dont l'unité par conséquent, n'est pas saisissable, et dont l'effet musical est nul.

La règle formulée dans la *Rhétorique*, et suivant laquelle il est préférable de commencer le κῶλον ou la phrase par un péon premier et de la terminer par un péon quatrième n'est que rarement observée :

... ὧν χάριν ὁ νόμος ἐτέθη... (XXII, 6).

— ∪ ∪ ∪ | . . | ∪ ∪ ∪ —

Les deux péons ainsi opposés appartiennent souvent à deux κῶλα différents :

... ἐπὶ τὴν τοῦ πολέμου κατάλυσιν. Οἱ δὲ παραλαβόντες... (XXVIII, 1).

. . . . | ∪ ∪ ∪ — ‖ — ∪ ∪ ∪ | . . . .

Le péon premier seul commence parfois plusieurs κῶλα consécutifs : XXVIII, 4 :

$$\left.\begin{array}{l}\text{Οἱ δὲ περὶ τὸν...} \\ \text{Ἀλλὰ διὰ ταῦτα...}\end{array}\right\} \quad —\ ∪\ ∪\ ∪\ ...$$

Il peut aussi commencer et finir le κῶλον : XVI, 10 :

... θέσμια τάδε Ἀθηναίοις καὶ πάτρια.

— ∪ ∪ ∪ | . . . . | — ∪ ∪ ∪.

En revanche, le péon quatrième, qui commence un très grand nombre de phrases, se rencontre souvent au commencement et à la fin du κῶλον : XI, 2 :

Ἅμα δὲ καὶ συνέβαινεν αὐτῷ .... διὰ τὰς τῶν χρεῶν ἀποκοπάς.

∪ ∪ ∪ — | . . . . | ∪ ∪ ∪ — |

... Μετὰ δὲ ταῦτα .... τῆς ἡγεμονίας... εἶθ' οὕτω κατασχήσειν τὴν

∪ ∪ ∪ — | . . . . | ∪ ∪ ∪ — | . . . .

ἡγεμονίαν (XXIV, 1).

. . | ∪ ∪ ∪ — |.

Les deux péons correspondants peuvent appartenir à deux κῶλα différents : III, 1 :

Ἦρχον δὲ τὸ μὲν πρῶτον διὰ βίου, μετὰ δὲ ταῦτα δεκαέτειαν.

. . . . | ∪ ∪ ∪ — ‖ ∪ ∪ ∪ — | . . . | ∪ ∪ ∪ — | —.

La forme métrique présentée par les premiers mots de la phrase se retrouve fréquemment dans les derniers : III, 5 :

Διὸ καὶ μόνη τῶν ἀρχῶν οὐκ ἐγένετο πλεῖον ἢ ἐνιαύσιος.

∪ ∪ — ∪ — |............... | ∪ ∪ — ∪ — |

.... Πεισιστρατιδῶν· Συνεβάλλετο δ᾽ οὐκ ἐλάττω... ὑπάρχουσα φιλία.

.... ∪ ∪ — ‖ ∪ ∪ — | ∪ ∪ — |............. | ∪ ∪ — ‖

Τὸ μὲν οὖν ... ἔχοντα στρατίαν (XIX, 4 et 5).

∪ ∪ — |............ ∪ ∪ — |

'Η μὲν οὖν Πεισιστράτου τυραννίς .... κατέστη τοῦτον τὸν τρόπον ...

— ∪ — |... | — ∪ — |............... | — ∪ — |

ἕν τε γὰρ τοῖς ἄλλοις ... παραμελῶσι τῶν ἄγρων (XVI, 1 et 2).

| — ∪ — |............. | — ∪ — |

Ces éléments métriques peuvent d'ailleurs appartenir à deux membres différents. VIII, 1 :

... εἶτ᾽ ἐκ τούτων κυαμεύειν. Σημεῖον δ᾽ ὅτι κληρωτὰς ...

— — — ∪ ∪ — — ‖ — — — ∪ ∪ — — |....

... βουλόμενος μήτε ταῦτα κινεῖν, μήτ᾽ ἀπεχθάνεσθαι παρὼν (XI, 1).

......: | — ∪ — ∪ — — ‖ — ∪ — ∪ — — |.......

... βελτίω τὰ κατὰ τὴν πολιτέιαν ἦν, τελευτήσαντος δὲ Περικλέους ...

.... | ∪ — — — — ‖ ∪ — — — — |....

(XXVIII, 1).

Il arrive fréquemment que dans un même développement, plusieurs κῶλα commencent de la même manière : I :

τὰ δὲ γένος αὐτῶν ἔφυγεν ἀειφυγίαν· Ἐπιμενίδης δὲ ...

∪ ∪ ∪ ∪ — |............... ‖ ∪ ∪ ∪ ∪ — |...

VII, 1 et 2 :

'Αναγράψαντες δὲ τοὺς νόμους εἰς ...
ἀναθήσειν ἀνδρίαντα χρυσοῦν .... } ∪ ∪ — — — ∪ — ∪ — — ...
κατεκύρωσεν δὲ τοὺς νόμους ....

VIII, 2 et 5 :

Σόλων μὲν οὖν οὕτως .... }
'Ορῶν δὲ τὴν μὲν πόλιν .... } $\cup - \cup - - \ldots$

XI, 1 et 2 :

Διατάξας δὲ τὴν πολιτείαν .... }
διὰ τὰς τῶν χρεῶν ἀποκοπὰς ...... } $\cup \cup - - \cup - \ldots$

Tels sont les rythmes, très rudimentaires et très imparfaits, dont il est possible, en dehors de toute prévention, de relever la trace dans la *Constitution d'Athènes*. Ils suffisent à donner à la phrase le nombre indispensable au style soutenu. Mais ils ne permettent point de comparer la prose d'Aristote à celle d'Isocrate ou de Démosthènes. Par là, l' 'Αθηναίων πολιτεία se rapproche des Πραγματεῖαι, dans la rédaction desquelles le philosophe ne semble pas s'être préoccupé du nombre. Il a évité l'hiatus, parce qu'il sentait que de trop fréquentes rencontres de voyelles sont toujours choquantes; il n'a pas cru nécessaire d'assujettir sa phrase à un rythme rigoureux et continu.

CHAPITRE SIXIÈME

Les observations, que nous avons précédemment faites, sur le style d'Aristote, sont sans doute fort sommaires. Elles ont, du moins, suffi à démontrer que la *Constitution d'Athènes* ne diffère pas plus par la forme des ouvrages systématiques qu'elle ne s'en distinguait par les idées. Elles nous permettront aussi de comprendre les jugements portés par les critiques anciens sur le style du philosophe.

C'est surtout par la clarté de ce style que Denys d'Halicarnasse semble avoir été frappé. Voici le texte même de son jugement : Παραληπτέον δὲ καὶ Ἀριστοτέλη εἰς μίμησιν τῆς τε περὶ τὴν ἑρμηνείαν δεινότητος καὶ τῆς σαφηνείας καὶ τοῦ ἡδέος καὶ πολυμάθους. Τοῦτο γάρ ἐστι μάλιστα παρὰ τοῦ ἀνδρὸς λαβεῖν (Τῶν ἀρχαίων κρίσις, p. 440). Or, que faut-il entendre par les mots τῆς περὶ τὴν ἑρμηνείαν δεινότητος? Ἑρμηνεία désigne proprement l'expression de la pensée par la parole (1). Denys admire donc l'habileté avec laquelle Aristote expose les faits les plus complexes et exprime les idées les plus variées (πολυμάθους). Nous avons nous-même loué cette qualité de l'écrivain, et nous ne pouvons que souscrire au jugement du critique grec. Le mot σαφήνεια

(1) Cf. Xénophon, *Mémorables*, IV, 3, 2 : τῇ γλώττῃ χρῆται (ὁ ἄνθρωπος) πρὸς τὴν ἑρμηνείαν. C'est même ainsi que, par dérivation, le mot a pu prendre, en philosophie, le sens d'explication, et, en rhétorique, celui d'élocution : Platon. *Théétète*, 209, a : λόγος ἦν ἡ τῆς σῆς διαφορότητος ἑρμηνεία. Aristote, *Poétique*, 6, 1450, b, 13 : λέγω δὲ... λέξιν εἶναι τὴν διὰ τῆς ὀνομασίας ἑρμηνείαν, ὃ καὶ ἐπὶ τῶν ἐμμέτρων καὶ ἐπὶ τῶν λόγων ἔχει τὴν αὐτὴν δύναμιν.

ne nous paraît pas moins juste. Sans doute il y a, dans les ouvrages systématiques d'Aristote, des pages fort obscures. Mais ce qui en rend l'interprétation malaisée, ce ne sont ni les mots, ni des tours qui faussent ou voilent la pensée de l'auteur, ce sont les idées mêmes, qui, au lieu d'être présentées isolément, sont accompagnées de toutes les idées accessoires, qui les déterminent, les précisent ou les nuancent. Ce ne sont là, d'ailleurs, que des exceptions. Si la pensée de l'auteur est parfois, en raison de la nouveauté de ses théories, ou de la délicatesse de ses analyses, difficile à pénétrer, la forme dont elle est enveloppée est presque toujours transparente. Aussi le style d'Aristote n'est-il pas dépourvu d'agrément, et le mot ἡδέος n'est-il point pour nous choquer, car c'est plaisir pour le lecteur que de voir le philosophe réduire des lois aussi générales à des formules aussi simples, et exprimer des idées aussi abstruses en des termes aussi clairs.

Les divers jugements portés par Cicéron confirment celui de Denys. Dans le préambule de ses *Topiques*, il blâme les philosophes et les rhéteurs, qui ignorent le traité des Τοπικά. Il faut, dit-il, d'autant moins leur pardonner qu'ils auraient dû être séduits non seulement par la variété et l'originalité des idées, mais aussi par l'abondance et le charme du style : « quod non modo rebus iis, quae ab illo dictae et inventae sunt, allici debuerunt, sed *dicendi* quoque *incredibili quadam cum copia, tum etiam suavitate* ». Dans le *de Oratore*, c'est encore la facilité d'élocution du philosophe et l'agrément de son style qu'admire Cicéron. Mais ici l'éloge est partagé entre Aristote, Théophraste et Carneades : « Et si Plato de rebus a civilibus controversiis remotissimis divinitus est locutus, quod ego concedo ; si item *Aristoteles*, si Theophrastus, si Carneades in rebus iis de quibus disputaverunt, *eloquentes et in dicendo suaves atque ornati* fuerunt, sint hae res, de quibus disputant, in aliis quibusdam studiis, oratio quidem ipse propria est hujus orationis, de qua loquimur et quaerimus » (1). Dans le *de Inventione*, faisant allusion à la *Rhétorique* d'Aristote, il s'exprime ainsi : « Ac veteres quidem scriptores artis usque a principe illo atque inventore Tisia repetitos unum in locum conduxit *Aristoteles* et nominatim cujusque praecepta magna conquisita cura perspicue conscripsit atque enodata diligenter exposuit ; ac tantum inventoribus ipsis *suavitate et brevitate dicendi* praestitit, ut nemo illorum praecepta ex ipsorum libris cognoscat, sed omnes, qui quod illi praecipiant velint intellegere, ad hunc quasi ad quemdam *multo commodiorem explicatorem* revertantur » (2). En même temps que le charme, Cicéron vante ici la concision du style d'Aristote. Dans le *Brutus*, il en loue la force : « Quid Aristotele *nervosior*, Theophrasto dulcior » (3).

Quintilien s'en tiendra exactement à l'opinion exprimée par son maître Cicéron. Il dira, en effet : « Quid *Aristotelem?* Quem dubito scientia rerum, an scriptorum copia, an *eloquendi vi ac suavitate*, an inventionam acumine, an varietate operum clariorem putem (4) ».

Deux jugements, formulés par Cicéron, pourraient seuls nous surprendre. Ce sont les suivants :

1º) « Cum enim tuus iste Stoïcus sapiens syllabatim tibi ista dixerit, veniet *flumen orationis aureum fundens Aristoteles*, qui illum desipere dicat ». (*Academica priora*, ll, 38, 119).

2º) « Meus autem liber totum Isocrati μυροθήκιον atque omnes ejus discipulorum arculas ac nonnihil etiam *Aristotelis pigmenta* consumpsit » (*ad Atticum*, II, 1, 1).

Mais il faut tout d'abord observer que, dans ses deux passages, il s'agit vraisemblablement, non pas des Πραγματεῖαι ni

---

(1) *De Oratore*, I, 11, 49.
(2) *De Inventione*, ll, 2, 6!
(3) *Brutus*, XXXI, 121.
(4) *Institution oratoire*, X, 1, 83.

des Πολιτεῖαι, mais des *Dialogues*, dont nous n'avions pas à nous préoccuper dans cette étude, et dans lesquels il nous eût été facile de démontrer que le style d'Aristote est plus éclatant, sinon plus abondant, plus imagé et plus coloré que dans ses autres ouvrages.

De plus, Cicéron, dans ses propres *Dialogues*, s'inspirait, non pas de Platon, dont il désespérait, sans doute, d'égaler le naturel et la vérité; mais d'Aristote, dont il nous apprend lui-même qu'il a imité les préambules (1). Or, il n'est pas surprenant qu'il ait à dessein rabaissé les mérites de Platon et fait valoir son modèle, afin d'en faire rejaillir l'éclat sur ses propres ouvrages. Ainsi s'explique ce qu'il y a d'hyperbolique dans les jugements que nous venons de citer. Ces réserves faites, il n'y a plus rien, dans les opinions exprimées par les critiques anciens sur le style d'Aristote, qui ne confirme nos propres observations, et ne nous autorise à conclure que la *Constitution d'Athènes* a été rédigée par l'auteur de la *Politique*.

(1) *Ad Atticum*, IV, 16 : ... « Quoniam in singulis libris utor *prooemiis*, ut Aristoteles, in eis quos ἐξωτερικούς vocat ».

CONCLUSION

Parvenu au terme de notre étude, il ne nous reste plus qu'à la résumer, afin d'en tirer les conclusions.

Il y a entre les Πολιτεῖαι, dont la *Constitution d'Athènes* était la plus importante, et les Πραγματεῖαι, d'étroites relations, qu'Aristote lui-même a pris soin de définir dans l'*Éthique à Nicomaque*. La théorie ne suffit pas à constituer la science politique ; elle ne saurait avoir de base solide, que si elle s'appuie sur la pratique. Le philosophe restant éloigné des affaires, c'est par l'étude des Constitutions, promulguées dans les cités grecques ou barbares, qu'il suppléera à l'expérience des hommes et des institutions. Il y avait donc, dans l'école péripatéticienne, un *Recueil de Constitutions*. Sans doute, toutes les Πολιτεῖαι ne sont pas l'œuvre d'Aristote ou de ses élèves ; il est, du moins, vraisemblable qu'il en a composé les principales, et surtout l'Ἀθηναίων πολιτεία, où devaient être exposées les institutions du gouvernement démocratique le plus parfait, qui ait régi une cité grecque.

Les indications chronologiques que contient la *Constitution d'Athènes* donnent à croire qu'elle a été composée dans les dernières années de la vie d'Aristote. Mais, puisque le philosophe fait, dans l'*Éthique à Nicomaque*, allusion à ce *Recueil* des Πολιτεῖαι, il semble que la première rédaction en doive être antérieure à la *Politique*. L'ouvrage fut révisé par l'auteur, pendant son dernier séjour à Athènes, quand déjà il avait ouvert son école du Lycée. La mort ne lui laissa pas le temps d'achever son œuvre. Ce furent ses disciples qui la publièrent. Les éditions de l' Ἀθηναίων πολιτεία durent être fort nombreuses; elle fut remaniée et interpolée par des lecteurs ignorants ou prévenus. Conservée dans la bibliothèque d'Alexandrie, avec les œuvres qui, du vivant d'Aristote, étaient sorties de l'école, elle nous a été rendue par l'Égypte, où, durant de longs siècles, elle était restée ignorée. Quand elle a été tirée de l'oubli par l'éditeur Kenyon, les savants ne connaissaient plus que la *Politique*, qui nous était parvenue par Rome et grâce à l'édition d'Andronikos de Rhodes.

Si l'on compare chapitre par chapitre la *Constitution d'Athènes* à la *Politique*, tous les faits racontés et toutes les institutions exposées dans l'opuscule historique, se trouvent expliqués et rattachés à leurs lois dans le traité théorique. C'est-à-dire que les deux ouvrages nous apparaissent comme inséparables. Ils se complètent et se commentent. Si l'on veut pénétrer dans la pensée du philosophe, l'on ne saurait lire l'un, sans feuilleter en même temps l'autre. Les nombreux rapprochements, que nous avons faits, ne nous ont révélé que deux contradictions formelles entre l' Ἀθηναίων πολιτεία et les ouvrages systématiques : la première, à propos de la Constitution de Dracon; la seconde, touchant le rôle actif de Thémistocle, dans la campagne d'Éphialte contre l'Aréopage.

L' 'Αθηναίων πολιτεία attribue à Dracon une *Constitution*. La *Rhétorique* et la *Politique* ne connaissent que les *lois* de Dracon. Il y a là une difficulté insoluble, si l'on n'admet que l'exposé de la réforme constitutionnelle de Dracon a été interpolée dans le récit de l'historien. Peut-être objectera-t-on que la difficulté est ainsi éludée, non tranchée; que la réforme de Solon avait rejeté dans l'oubli la Constitution de Dracon; qu'Aristote, par conséquent, l'ignorait quand il composait la *Politique;* que Thucydide a prouvé à l'évidence, au sujet des Pisistratides, combien leur propre histoire était inconnue des Athéniens; qu'un Macédonien, dont la moitié de la vie s'était écoulée hors de l'Attique, et qui n'avait résidé à Athènes qu'à titre de métèque, n'en pouvait connaître exactement les antiquités; qu'il ne retrouva le texte de cette Constitution dans les archives de la cité, qu'en réunissant les matériaux de son 'Αθηναίων πολιτεία, et que la mort ne lui laissa pas le temps d'en faire mention dans sa *Politique*, simple cahier de cours, qui ne servait qu'à son enseignement oral et n'était point destiné à la publicité. Mais si la *Constitution d'Athènes* a été tirée de l'oubli par Aristote, l'on s'étonnera qu'il n'ait pas insisté davantage sur sa découverte, pour mieux attirer l'attention des lecteurs; qu'il n'en ait pas plus clairement démontré l'intérêt et l'importance. De plus, cette hypothèse suppose que l'ouvrage est postérieur à la *Politique*. Or, s'il fut révisé après, il semble bien qu'il ait, sous sa première forme, été rédigé avant ce traité. Si fortes, d'ailleurs, que soient ces objections, elles ne peuvent, à notre avis, prévaloir contre les preuves suivantes : 1°) Le chapitre consacré à Dracon est en contradiction, dans le fond et dans la forme, avec le reste du récit. 2°) L'*epitome* d'Hérakleidès, qui résume l' 'Αθηναίων πολιτεία, ne nomme même pas le législateur. 3°) Les historiens postérieurs, qui ont consulté et même cité Aristote, ignorent cette Constitution. — Ce sont là des raisons suffisantes pour rejeter du texte l'exposé de la réforme législative attribuée à Dracon et résoudre la première contradiction entre la *Constitution d'Athènes* et la *Politique*.

Le même remède semble devoir être appliqué à la seconde. Dans l' Ἀθηναίων πολιτεία, il est, à plusieurs reprises, question de l'abaissement de l'Aréopage. Or, un seul de ces passages prête à Thémiscocle un rôle actif dans cette campagne. De plus, à l'époque où l'historien place la conjuration d'Éphialte et de Thémistocle, celui-ci était, depuis dix ans, frappé d'ostracisme, et réfugié à la cour d'Artaxerxès. Plutarque connaissait la *Constitution d'Athènes*. Il la cite au § 10 de sa *Vie de Thémistocle*. Or, il n'est, dans cette biographie, fait aucune mention de l'intervention de Thémistocle dans la lutte d'Éphialte et de Périclès contre les Aréopagites. Comment donc s'expliquerait son silence, si l' Ἀθηναίων πολιτεία n'avait été interpolée?

Ces deux difficultés ainsi résolues, la *Politique* confirme partout le témoignage de la *Constitution d'Athènes*. Cette parfaite concordance, qui ne saurait être fortuite, est une première preuve en faveur de l'authenticité de cet ouvrage. Il y en a une autre, plus décisive encore. Des jugements portés par l'historien de l' Ἀθηναίων πολιτεία sur les hommes et les institutions d'Athènes, se dégagent les éléments d'une doctrine, conforme aux théories professées par Aristote dans la *Politique*, l'*Éthique* et la *Rhétorique*, sur la supériorité de la classe moyenne et l'importance qui doit lui être attribuée dans l'État, sur l'excellence de la μέση πολιτεία, sur la vertu considérée comme un juste milieu, sur la modération, l'équité et la concorde. L'influence de Thucydide a, sans doute, joué son rôle dans la formation de ces idées ; elles n'en appartiennent pas moins en propre à Aristote, qui seul a pu formuler les jugements de la *Constitution d'Athènes*.

Telles sont les preuves qui peuvent être tirées du fond de l'ouvrage. L'étude de la forme en fournit d'autres, moins décisives peut-être, mais fort intéressantes. Aristote a, pour composer l' Ἀθηναίων πολιτεία, puisé aux sources les plus diverses. Or, il a emprunté aux œuvres, qu'il consultait, non seulement des faits, mais même des mots et des phrases entières. Il en résulte que le vocabulaire de cet ouvrage est plus varié que celui des œuvres systématiques. Il est en même temps plus concret, car, dans la *Constitution d'Athènes*, Aristote raconte les faits, au lieu que, dans la *Politique*, il en formule les lois. Il est enfin moins scolastique, parce que l' Ἀθηναίων πολιτεία devait être publiée, tandis que les Πολιτικά étaient réservés à l'école. Mais le vocabulaire de l'opuscule historique ne se distingue par aucun caractère essentiel. Au contraire, tous les termes techniques, qui désignent les institutions, les magistratures, les éléments constitutifs de l'État, sont pris de part et d'autre dans la même acception. Si l'on se place à ce point de vue, l'on reçoit la même impression qu'en comparant les faits et les idées, et l'on incline à conclure que la même main a rédigé les deux ouvrages.

De même encore, toutes les particularités de syntaxe qui peuvent être relevées dans la *Constitution d'Athènes* s'expliquent presque toutes par l'ellipse, la syllepse, et surtout l'anacoluthe, qui sont les figures les plus caractéristiques du style d'Aristote dans ses Πραγματεῖαι. L'ordre des mots y est, comme dans ceux-ci, analytique et descendant ; la construction des phrases, d'ailleurs très simple, est implexe. L'historien évite l'hiatus, mais les

prescriptions auxquelles il se soumet, et auxquelles il ne sacrifie
rien de sa liberté, ne sont pas plus rigoureuses que les règles
observées dans ses traités. La théorie développée par Fr. Blass
dans la *Préface* de son édition, sur le nombre oratoire dans
l' Ἀθηναίων πολιτεία, avait posé à nouveau la question d'authenticité, car, dans les œuvres systématiques, Aristote ne semble
prêter aucune attention au rythme. Mais les observations de
Blass sont, pour la plupart, erronées. L'historien a, d'instinct,
donné à sa prose le nombre indispensable au style soutenu; il
n'a point cherché à exprimer sa pensée en des périodes rythmiques. Si le style de la *Constitution d'Athènes* est plus nombreux que celui des Πραγματεῖαι, ce n'est pas que les membres
de phrase soient symétriques ou assonnants, ni que, dans le
développement de la période, certaines formes métriques soient
répétées ou entrelacées, c'est que tous les éléments de la proposition sont exprimés, que le style est moins abrégé, moins
elliptique, plus continu, plus ample, par conséquent, et plus
harmonieux. Aussi, bien que la grâce en soit un peu sévère,
n'est-il point dépourvu d'agrément et de charme, et mérite-t-il
les éloges des critiques anciens, qu'en l'absence de tout texte
qui les justifiât, les modernes trouvaient fort exagérés.

Ces preuves sont moins fortes, sans doute, que les précédentes. Elles ne laissent pas pourtant que d'avoir un grand
poids, et nous fournissent de nouvelles raisons d'attribuer la
Constitution d'Athènes à Aristote. Telle est notre conclusion,
et tel est bien le résultat auquel nous avions l'ambition d'atteindre, en commençant notre travail. Mais il ne nous échappe
pas qu'un problème aussi complexe ne peut être définitivement
résolu. Trop de difficultés y sont impliquées, pour que nous
ayons la prétention de dire le dernier mot dans un débat

depuis longtemps ouvert, et qui, nous le craignons, restera
toujours pendant. Nous aurons du moins touché à notre but,
et nous nous tiendrons récompensé de nos efforts, si nous
avons montré l'intérêt de la discussion engagée, si nous en
avons dégagé quelques vérités, et surtout si nous avons ouvert
la voie à des recherches plus savantes et, — c'est notre plus
ardent désir, — à des études plus fécondes.

Médéric Dufour,
A Lille, le 5 Avril 1895.

Vu et lu :
En Sorbonne, le 3 Juillet 1895,
Par le Doyen de la Faculté des Lettres de Paris,
A. HIMLY.

Vu et permis d'imprimer :
Le Vice-Recteur de l'Académie de Paris,
GRÉARD.

INDEX

DES FRAGMENTS D'ARISTOTE CITÉS DANS CET OUVRAGE

TABLE DES MATIÈRES

www.ingramcontent.com/pod-product-compliance
Ingram Content Group UK Ltd.
Pitfield, Milton Keynes, MK11 3LW, UK
UKHW021509090726
13657UKWH00001B/136